草原王權的誕生

斯基泰與匈奴，早期遊牧國家的文明

スキタイと匈奴 遊牧の文明

林 俊雄（創價大學教授）——著

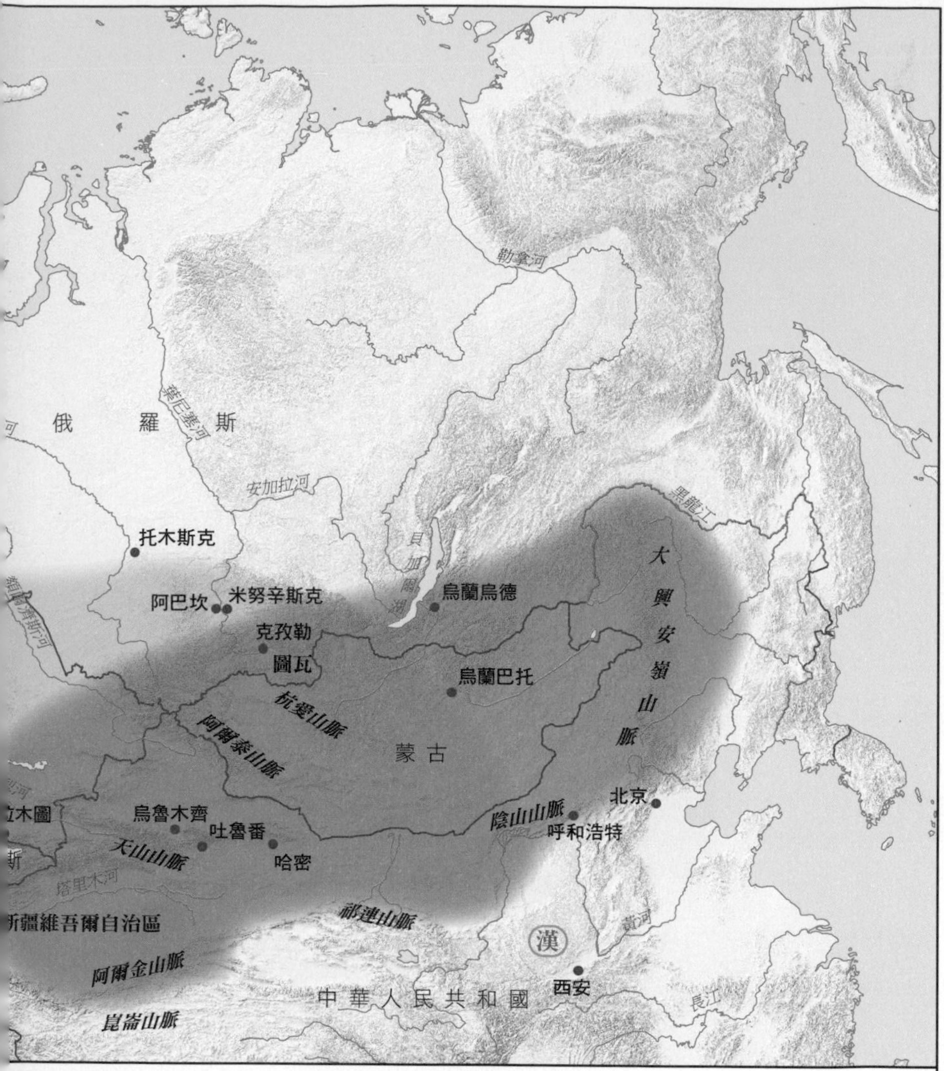
勒拿河
葉尼塞河
俄羅斯
安加拉河
托木斯克
阿巴坎
米努辛斯克
貝加爾湖
烏蘭烏德
黑龍江
大興安嶺山脈
克孜勒
圖瓦
烏蘭巴托
杭愛山脈
阿爾泰山脈
蒙古
烏魯木齊
吐魯番
哈密
天山山脈
塔里木河
新疆維吾爾自治區
祁連山脈
阿爾金山脈
崑崙山脈
陰山山脈
呼和浩特
北京
漢
黃河
西安
中華人民共和國
長江

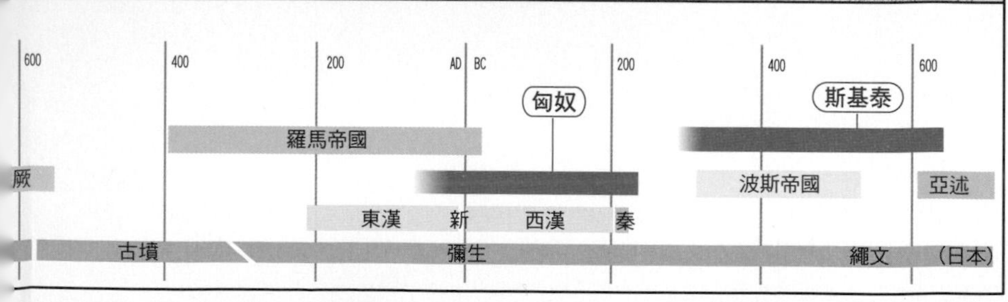
600
400
200
AD
BC
200
400
600
匈奴
斯基泰
羅馬帝國
波斯帝國
亞述
東漢
新
西漢
秦
古墳
彌生
繩文
(日本)

世界史上最早登場的遊牧國家

東起蒙古高原、西至東歐的喀爾巴阡山脈，馳騁於歐亞大陸的騎馬遊牧民——斯基泰與匈奴，分別鄰接古代波斯帝國和漢朝，對於農耕社會的定居民而言，一直都是最大的威脅。

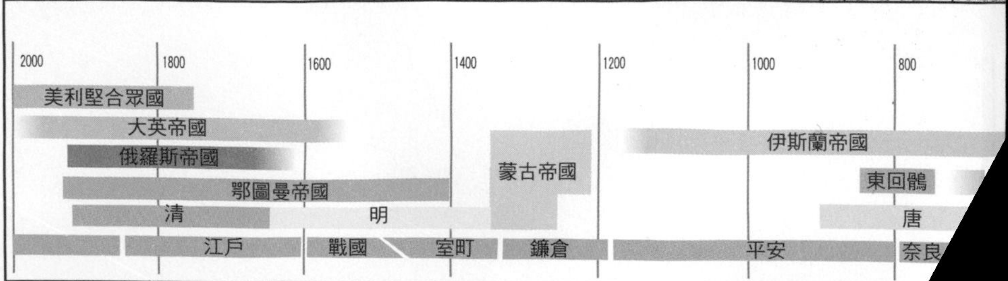

目錄

第四章 草原的古墳時代

前言

蒙古草原　廣闊的蒙古草原上，放牧著騎馬遊牧民族賴以維生的馬匹。

◎什麼是騎馬遊牧民？

「騎馬遊牧民」這個詞彙，可以分解成「騎馬＋遊牧＋民」來說明。「民」，指的就是人類的集體，至於「騎馬」與「遊牧」，先在這裡簡單說明。

「遊牧」是畜牧的一種，指的是定期更換牧地的遷移型態。畜牧與農耕並列，都是為了取得糧食和衣料的代表性生產手段。加上「遷移」的要素，帶給居住環境和生活型態很大的影響，就連住居（帳篷）的布料來源，也是畜牧生產獲得。英語稱遊牧民為「pastoral nomads」，或稱「nomads」，遊牧則稱為「nomadic pastoralism」或單稱「nomadism」。

「騎馬」指的是乘坐在馬背上，又稱騎乘。「騎」字右邊的「奇」代表「彎曲成鉤形」，也就是雙腳彎曲而跨坐的意思。因此，以原本的意思來說，橫坐在馬上不算騎乘。英語稱作「horseback riding」（乘坐在馬背上），騎馬遊牧民則稱作「mounted nomad」或「nomadic horsemen」。

如今的騎馬遊牧民的分布，僅限自蒙古高原至阿爾泰山脈、天山山脈、喀喇崑崙山脈、興都庫什兩山脈周邊；但過去他們廣布於東西長達八千公里的歐亞乾燥地帶，東起蒙古高原、西至多瑙河流經的匈牙利平原。然而，並非所有遊牧民都騎馬，像是非洲的遊牧民不乘坐馬匹，在北極圈附近和部分西伯利亞地區也有用麋鹿取代馬的遊牧民。

遊牧民加上騎馬，會發生什麼事呢？詳情留待第一章說明，但從結果來看，他們經常在歐亞的中央地區創建擁有廣大領域的國家，帶給鄰近的東亞、西亞，甚至歐洲巨大的影響。本書前半便以騎馬遊牧民與西亞、地中海方面的交流為主題，後半則將焦點放在騎馬遊牧民與東亞、尤其是與中國之間的攻防關係。

「興亡的世界史」系列叢書全二十一卷，第六卷《絲路、遊牧民與唐帝國》、第十卷《蒙古帝國的漫長遺緒》、再加上本卷，共有三卷的主角是騎馬遊牧民。在眾多世界歷史相關書籍當中，很少有像本系列這樣如此優待騎馬遊牧民的。在過往的歷史學中，關於騎馬遊牧民的敘述，儘管強調其重要性，卻很少花篇幅進行描寫。

我過去曾寫過一篇論文，名為〈回鶻的對唐政策〉（ウイグルの対唐政策）。結果收到友人的感想：「至今讀的，都是像『唐的對外政策』這樣的論文，但從他國的觀點看中華王朝如此狂妄（他沒說這麼嚴重）的論文題目，還是第一次見到。」我自己在取論文名的時候並沒有如此狂傲，但以學界的常識來看，也許會覺得我的態度太過大膽妄為。

然而近年來，在本系列叢書的杉山正明編輯委員等人積極的執筆活動之下，騎馬遊牧民族在世界史上所扮演的角色，逐漸開始獲得各界的重新評價。這樣的傾向不僅侷限於日本，也慢慢擴展到歐美學界。以遊牧國家的王權，或是其與中國王朝之間的關聯為主題的著作和研討會，也逐漸增加。

◎所謂的「騎馬民族」

另外還有一個與騎馬遊牧民相似的用語，那就是「騎馬民族」，在這裡也稍加說明。這個名詞始自江上波夫在戰後不久所提倡的學說，而廣為人知。江上波夫將「以騎馬遊牧民為代表、形成複合國家的群體」稱作「騎馬民族」，並將世界的主要民族分為騎馬民族和非騎馬民族，正是因為少數的騎馬民族的入侵，才導致定居農耕地帶的國家的形成。江上波夫並舉出日本古墳時代的大和政權為例，提出大和政權是東北亞的騎馬軍團自大陸以征服者的身分渡海所創建。天皇家並非日本土著、而是出身大陸，這種騎馬民族說尤其受到一般歷史愛好者的廣大歡迎，但歷史學、考古學的專家皆否定和忽略這樣的說法，而考古學家小林行雄和佐原真等人，也陸續提出批判。

此學說對於解除戰前那種談及天皇家便噤口不語的束縛、以及從與大陸交流的觀點看待日本古代史等方面，都值得給予很高的評價。另外，儘管我無法判斷此學說中關於日本的部分是否適當，然而我可以舉出許多在歐亞大陸、相對少數的武裝集團入侵其他地區的例子。只是，我並不認同將這些集團統稱為「騎馬民族」。

「民族」這個用語在歷史學上，如果與國家或政治權力結合使用的時候，指的是近代政治獨立的國族國家或試圖獨立的集團。而現代的政治領導人，在將自己的國民講成是一種宛若自古以來便已持續存在的實體時，也經常使用民族這個詞彙。超越時代性的人類學，會用「ethnos」這個中性的詞來代替「民族」，但在無法忽視時代性的歷史學裡，「民族」這個在近代才變得根深蒂固的概念，是否適用於古代或中世紀的國家、尤其是適用於由歐亞草原地帶的騎馬遊牧民所創建的國家？對此，我還是感到猶疑不定。

這個話題雖然稍微艱澀了一些，不過根據上述的理由，本書決定統一使用「騎馬遊牧民」這個用語。

◎以斯基泰和匈奴為主題的理由

在此，我再針對本書列舉的斯基泰和匈奴簡單說明一下。斯基泰是所有曾在歷史留名的騎馬遊牧民當中最古老的一支，於西元前八至七世紀就已經登上歷史的舞台。他們出現的場所是高加索和黑海北方的草原地帶以及西亞；不過，由於分布於中亞北部到蒙古，乃至中國北部的文化也與斯基泰文化極度相似，因此這些發生在亞洲東方的文化也多冠名為「斯基泰系」。簡單說，高加索、黑海北方的斯基泰可稱為「狹義的斯基泰」，而包含蒙古、中國北部的斯基泰則為「廣義的斯基泰」。

說到騎馬遊牧民，也許一般讀者會馬上聯想到野蠻和破壞的化身，與文明無緣。然而，這不過是留下文字記錄的定居農耕社會的單方面看法。實際上，斯基泰系文化所特有、以動物圖樣為裝飾的工藝品備受好評，甚至讓俄羅斯的艾米塔吉博物館另闢特別的展室來陳列。不僅艾米塔吉博物館，在中央歐亞草原地帶各地的美術館、博物館所收藏的騎馬遊牧民相關出土遺物，在世界各地舉辦展覽時，都獲得相當的好評。

斯基泰的美術工藝品除了獨有的要素之外，還融合了西亞、希臘、中國等古代先進文明地帶的美術樣式。他們將取自西方的構想傳向東方，或是從東方傳播到西方；可以說，他們不僅是創造者，也是傳達者——後者的重要地位也不容忽視。

歷史上明確出現匈奴之名乃是西元前三世紀的事。匈奴對於漢來說，幾乎是唯一且最大的「敵國」（《史記》〈匈奴列傳〉中的說法）。「敵國」並非「敵對之國」，而是「匹敵之國」、也就是「對等之國」的意思。匈奴在人口、經濟上，照理說應該處於劣勢，遠遠無法與漢相比，為何能讓漢承認與之對等呢？

以北方的匈奴和南方的漢為代表而互相對立的結構，在西元前三世紀之後，也維持了非常長一段時間，最後以蒙古帝國壓制中國全境和歐亞大陸的大部分地區而作結。在這一層意義上，匈奴可說是蒙古帝國的原型。探究匈奴強盛的要因，對於理解之後東亞、甚至於廣大歐亞大陸的歷史，可以說非常重要。

◎希羅多德和司馬遷

然而，斯基泰和匈奴沒有文字，無法記錄自己的歷史。騎馬遊牧民要到西元六世紀之後，才開始用文字敘說自己的故事。幸好，有兩位在東西方被稱作「歷史之父」的當代史家，分別詳細寫下了斯基泰與匈奴的生活和習俗。這兩位分別是希羅多德和司馬遷。

希羅多德的出生地不是希臘本土，而是愛琴海對岸卡里亞一帶的哈利卡那索斯（今日土耳其西南部的博德魯姆）。據推測他出生於西元前四八〇年代中期，逝於前四二〇年代中期。在他生活的前五世紀中葉，雖然阿契美尼德王朝波斯帝國已經略走下坡，但在當時的西亞與地中海世界，仍是唯一的壓倒四方的超級大國。

為了調查希臘最大敵手波斯帝國的歷史，希羅多德前往波斯帝國的領域旅行各地。根據在埃及的所見所聞，他說出了「埃及是（尼羅）河的贈禮」這句名言。（見《歷史》卷二之五。不過有一說主張，此名言其實是早希羅多德兩個世代的歷史家赫卡塔埃烏斯所說。）希羅多德又調查帝國鼎盛時期登場的大流士一世（西元前五二二～前四八六年在位）的治績，結果發現有一個連大流士一世都無法征服的部族集團，於是他轉向調查這個部族集團——斯基泰。為此，他繼續前往斯基泰居住的黑海北岸旅行，在當地蒐集資料，其成果便展現於《歷史》一書中。

另一方面，司馬遷的生卒年亦不明確。他的出生年，有西元前一四五年或前一三五年之說，卒年也有西元前九三年或前八七年左右之說。司馬遷旅行的距離並不輸給希羅多德，而關於他旅行的目的也有許多種說法，不過他年輕時的旅行是以蒐集資料和學習禮儀為目的，當官之後則是以使者或隨漢武帝出巡的身分旅行。司馬遷旅行的目的地大多在漢的南方（今日的四川、雲南、湖南）和東方（浙江、山東），北方則去到距離長城很近的地方。儘管從未越過長城進入匈奴領域，但他的身分可以自由使用宮廷內的史料，想必也會從遠赴匈奴的使節和張騫這樣長期住在匈奴領地的人身上，得到有關匈奴的情報。

匈奴不僅對漢影響深遠，也是導致司馬遷遭受永久性身體傷痛的主因——因為他為被匈奴俘虜的李陵辯護而惹怒漢武帝，結果被下令處以宮刑，喪失了男性生殖能力（關於李陵，將在第七章詳細說明）。

◎「歷史之父」眼中的騎馬遊牧民

希羅多德和司馬遷共通的特徵，就是不受限於自己生活的定居農耕地帶的觀念，而能理解騎馬遊牧民的生活方式和風俗習慣是適合草原地帶的；他們不持有偏見，承認與自己不同的價值觀之存在。為此，希羅多德也不免受到「偏袒蠻族」之類的批評和中傷。然而，這兩位史家能以客觀的角度看事情、對人類擁有深刻的洞察力，同時又是少見的敘事大師，可說是具備了身為史家最優秀的資質。正因如此，他們的著作在東西方分別獲得史書的最高地位，至今仍被讀者傳承不倦。

有趣的是，兩人筆下的斯基泰和匈奴，他們的風俗習慣有著驚人的相似。以下試著加以比較：

希羅多德《歷史》卷四	司馬遷《史記》卷一一〇、匈奴列傳
不修築城市或城廓	毋城郭
不留下一人，家宅隨人遷移	逐水草遷徙
擅長騎馬射箭	士力能毋弓，盡為甲騎
既不播種，也不知耕種	無耕田之業
生活……仰賴家畜	寬則隨畜
波斯王若進，則邊逃邊撤退，波斯王若退，則追蹤攻擊	利則進，不利則退，不羞遁走

根據上表，可以發現斯基泰與匈奴的共通點如下：

①是不從事農耕的純粹遊牧民。

②與家畜一起遷徙，沒有固定居住的城市或村落。

③尤其擅長弓箭，所有男子皆是騎馬戰士。

④戰術富有機動性，而且很現實：情勢不利時，毫不吝惜撤退。

這些共通的特徵皆與定居農耕地帶的文化、社會和道德基準完全相反。在這當中，沒有「城廓」這一點，對於定居社會的居民來說尤其不可置信。說到「城」，日本人會立刻聯想到弘前城或姫路城等擁有天守閣[1]的「城堡」，但漢語的「城」原本代表的意思是「城牆」。請大家試著聯想萬里長城，便是「長的城牆」；另一方面，「廓」指的是用柵或牆圍起來的土地。因此，「城廓」指的是城牆圍繞起的土地。為何土地要用城牆圍繞呢？當然是為了防止城市受到外敵的襲擊，畢竟作為財富聚集地的城市，容易成為被掠奪的對象。

不僅漢語，德語的「burg」、英語的「borough」、法語的「bourg」、斯拉夫諸語的「grad」，代表的皆是城牆圍繞的城市。另外，無論是西亞或印度，城市指的都是城牆圍繞的場所。關於這一點，只有日本例外。經常有人說平城京和平安京是模仿中國的洛陽和長安建成，但其實並非完全的模仿，因為古代日本的都城，並沒有使用厚重的城牆圍繞。為何日本的都城沒用城牆圍起來呢？這個問題就交由日本史的研究學者探討，不過在歐亞大陸，若有未用城牆圍起的城市，那會是非常不可思議的事。

總而言之，斯基泰和匈奴如此相似，絕非偶然。歐亞草原地帶的自然環境適合孕育這些騎馬遊牧民，而包括鄰近地區在內，也逐漸具備了適合讓這些騎馬遊牧民登場、活躍於歷史上的條件。接下來在第一章，我們將看到他們如何逐漸具備這些自然、技術、歷史的條件。

1 天守閣：具有瞭望、指揮功能的建築，為日本城池的代表性象徵。

第一章

騎馬遊牧民的誕生

東西方歷史學之父　由於斯基泰和匈奴沒有文字，無法記錄自己的歷史，兩位史家——希羅多德（左）、司馬遷（右）——分別詳細寫下了斯基泰與匈奴的生活和習俗。

在蒙古發掘古墳

◎在蒙古高原的一角

二〇〇五年夏天，我們在蒙古高原埋首於遺跡的發掘調查工作。時而品嘗新鮮的羊肉，時而與蒙古的考古學家共飲馬奶酒和伏特加；在空氣新鮮的環境之下——只是沒有風的時候蚊子很惱人——發掘工作順利進行。

我們的專案名稱是「騎馬遊牧民社會中權力的誕生」。中央歐亞草原地帶的主要居民——騎馬遊牧民，他們的社會是在何時、何地、如何產生權力？換句話說，統合騎馬戰士集團這個強大軍事力量的領袖、也就是「王」，究竟是於何時、何地誕生的？這個問題是此次調查的最終目標。調查於一九九九年開始著手，經過三年的中斷，於二〇〇三年再次展開。

遺跡位於由紅色花崗岩構成的小山丘「Ulaan Uushig」（意為「紅色的肺臟」，標高一千七百二十八公尺）東南山腳下廣闊的草原，由十來座積石塚和鹿石群組成。同樣的遺跡群在這座山的周遭共有十處獲得確認，分布於標高一千三百一十二至一千三百二十公尺處

（但北側沒有）。我們將發掘對象的遺跡群標為「I」，然後順時針方向依序標記至「X」。

積石塚周圍再以石頭圍繞成圓形或方形，圍成圓形的稱作「圓形赫列克蘇爾」，圍成方形的稱作「方形赫列克蘇爾」。同樣的遺跡從蒙古高原北方，一直到更北邊的布里亞特、圖瓦、阿爾泰，以及西方的天山都有發現。蒙古人一般將這種遺跡稱作「希爾吉斯虎魯」（khirigsuur，音譯，吉爾吉斯人之墓），不過自從十九世紀俄羅斯研究者根據發音寫作「赫列克蘇爾」（khereksur）以來，考古學上便以「赫列克蘇爾」稱呼這種古墓。有的大型赫列克蘇爾周圍的方形石列邊長二百公尺、中央的積石塚高達五公尺，也有石列邊長或直徑十公尺左右的小型赫列克蘇爾。石列的外側尤其以東為中心，從二、三列至十幾二十列，另外還有小型的石堆（直徑二至五公尺）。

發掘 Ulaan Uushig Ⅰ遺跡的情景 小型十二號赫列克蘇爾（積石塚）的調查。2005 年。作者拍攝。

鹿石指的是幾乎整面淺刻上鹿之圖案的石柱。其分布地區幾乎與赫列克蘇爾重疊，也常常伴隨著赫列克蘇爾出現。在我們選作調查對象的 Ulaan Uushig「I」遺跡，大小不同的赫列克蘇爾沿著斜面南北排列，而鹿石的位置或與赫列克蘇爾並排，或在稍微遠一點的地方同樣南北排列（東側的行列有三根，西側原本有十二根、其中一根的碎片由當地的木倫博物館保存）。

Ulaan Uushig Ｉ**遺跡四號鹿石的左側面**　鹿的樣貌圖案化，鼻面細長，鹿角如煙霧繚繞般延伸。下半部還刻有腰帶、短劍、小刀等（類型①）。作者拍攝。

赫列克蘇爾與鹿石有著怎樣的關係？或是沒有關係？為了什麼而建造？在哪一個年代建造？這些基本的問題其實尚未有明確的解答，因為發掘的案例非常稀少、而且也幾乎沒有遺物出土，就連赫列克蘇爾是否是墳墓（或是祭祀遺跡）都還不能確定。

◎古墳與王權

簡單說明我們的最終目標與赫列克蘇爾發掘之間的關係。

某個地區首度出現王權的指標，經常是以巨大的建築物為代表。那是因為巨大的建築物需要集體勞動力，因此可以假定存在管理這些勞動力的權力。另外，無論從哪個角度看，紀念碑式建築物都非常顯眼，是讓初成立的王權廣為人知的有效手段。尤其是與「王」本人直接相關的王墓，在彰顯王是否偉大方面，它的巨大程度更具備了重要機能。另外，古墳經常成群出現，當中墳丘、墓室的大小和多樣性，以及陪葬品的貧富之差，也在在顯示出社會內部的等級或年代的變化，對於研究王以下的階級和王權持續期間有很大的貢獻。

然而，經過一段時間後，建造巨大王墓的時代結束，王墓的墳丘開始趨向小型化，或只在地表留下象徵性的建築物。之所以會出現如此變化，是因為王權已經獲得普遍認知，不需要再特別花費龐大的勞力和費用來誇示它的存在？或是為防盜掘而不在地表上做標識？又或者是因為接受了新的宗教而有所限制？種種理由不一而足。

在世界各地都可以見到這樣的現象。日本在彌生時代後期出現墳丘墓，進入古墳時代之

N
0
1000km
葉尼塞河
鄂畢河
俄羅斯
勒拿河
額爾齊斯河
安加拉河
托木斯克
波泰
安德羅諾沃
貝加爾湖
黑龍江
阿巴坎
米努辛斯克
阿爾贊
烏蘭烏德
巴澤雷克
克孜勒
伊利摩伐亞帕迪(音譯)
圖雅赫塔
德雷斯圖伊(音譯)
查拉姆
圖瓦
上卡爾金
Ulaan Uushig(音譯)
諾彥烏拉
阿克阿拉哈
高勒毛都I(音譯)
烏蘭巴托
阿爾泰山
杭愛山脈
塔米爾
齊列克塔
高勒毛都II(音譯)
伊犁河
楚河
別斯沙特爾
烏魯木齊
蒙古
夏家店
拉木圖
伊塞克
蘇巴什
哈密
陰山山脈
天山山脈
吐魯番
呼和浩特
北京
爾吉斯
塔里木河
阿魯柴登
新疆維吾爾自治區
吉克
祁連山脈
納林高兔
黃河
度河
阿爾金山
中華人民共和國
崑崙山脈
西安
長江

波羅的海
聖彼得堡
波河
亞得里亞海
羅馬
喀爾巴阡山
第聶伯河
基輔
聶斯特河
莫斯科
頓河
卡馬河
辛塔
德雷耶夫卡
恰斯特耶
托羅斯塔
多瑙河
喬爾托姆利克
伏爾加河
菲力波夫卡
奧倫堡
庫爾奧巴
烏拉爾河
君士坦丁堡
庫瑪洛沃
烏爾斯基
克萊門茲
愛琴海
錫諾普
闊斯托羅姆斯卡
哈薩克
安卡拉
克拉努爾夫瓦
克拉斯諾伊茲納姆亞
伊米爾勒
高加索山
哈利卡那索斯
卡曼卡勒赫於克
安那托利亞
提比里斯
Dzhetasar（音
卡爾米爾呼魯魯
塞亞尼
鹹海
（音譯）
塔吉斯肯
Norsuntepe
葉里溫
（音譯）
裏海
底格里斯河
烏茲別克
尼尼微
幼發拉底河
土庫曼
阿姆河
尼羅河
巴格達
德黑蘭
興都庫什山
▲遺跡名稱
○現代的都市名稱
●古代的都市名稱
波斯波利斯

中央歐亞遺跡分布圖

後一舉出現大山古墳（通稱「仁德天皇陵」）這般巨大的古墳，但在頒布薄葬令後，規模便急速縮小；這便可視為是在國家形成時期興建古墳的例子。朝鮮半島也同樣於國家形成逐漸明朗的三國時代和之後的統一新羅時代，建造大型古墳。

埃及的金字塔並非於古代埃及三千年間持續建造。巨大的金字塔集中在古王國初期，之後逐漸縮小，中王國時期便不再建造金字塔。圖坦卡門（新王國時代）的墓並非在金字塔之下。由於他的墓建於被稱作「帝王谷」的山谷深處，地面上沒有任何標識，且建於地下，因此免於受到盜墓者之擾。

當然也有例外。在中國，殷、周時代的王墓並沒有墳丘，而是直到戰國時代才出現，並於秦始皇陵達到頂峰，而之後的王朝也依舊繼續建造巨大的帝陵（但有例外）。

甚至到了現代也有建造巨大墳墓的權力者。在土耳其，建國之父凱末爾·阿塔圖克死後，於首都安卡拉中心的山丘上興建了祭祀他的巨大靈廟。北韓宣稱在平壤附近發現了傳說中的英雄「檀君」遺骨，因此在發現處興建起超級大的墓塚。姑且不論現代的例子，在王權誕生之初，這些權力者一般都會建造大型王墓，想必都是為了作為國家統一的象徵。

◎赫列克蘇爾與鹿石的關係

我們認為赫列克蘇爾正是顯示草原權力產生的指標，於是開始了發掘調查。然而，發掘大型赫列克蘇爾非常不容易——無論是調查時間、工作人數、大型機械、費用都很龐大，於是我們選擇了中型的一號赫列克蘇爾和小型的十二號赫列克蘇爾。第一個年度結束後，發掘工作暫時中斷，二〇〇三年起重啟調查，至二〇〇五年止，完成共計四次的調查。下面簡單總結調查結果。

位於一號赫列克蘇爾中心的積石塚直徑為十二至十三公尺，高約一點五公尺，周圍由邊長二十五至三十公尺的方形石圍環繞。石堆從積石塚向東方延伸呈現弧形，那裡的石圍從外觀來看，稍微有點遭

Ulaan Uushig **丨遺跡一號赫列克蘇爾**　方形的邊長約 25 ～ 30 公尺，屬於中型遺跡。照片是除去積石塚南側半邊石頭後的狀況。2003 年。空拍。調查團拍攝。

到破壞。石圍的四個角落都有圓形的石堆。另外，在石圍東半部的外側，共有二十一座石堆，其中靠近石圍的石堆比外側的石堆大。（見頁二九）

值得注意的是，在二十一座石堆裡皆發現了馬的頭骨和頸椎。頭骨就放在淺挖地面而成的凹槽裡，鼻面朝東，從第一和第二頸椎之間切斷頭和頸部，頸椎則排列在南側。如果留有馬蹄和尾椎，則蹄尖也朝東。石堆全部都集中在東半部，且馬的鼻面朝東，想必這是重視東邊的表現。根據《史記》的記載，匈奴的單于（王的稱號）每天早上都要朝著太陽升起的方向膜拜。另外，在突厥的埋葬遺跡中，東側也立有石人。但由於各個時代都可以看到重視東方的表現，因此無法作為決定時代的參考。

儘管如此，這個發現仍擁有重大的意義。因為鹿石的周邊也有許多用石頭圍成的圈，也一定會在

四號鹿石周邊石圈的馬骨出土狀況　頸椎與朝向東的頭骨平行放置。作者拍攝。

地面挖一個凹槽，切斷馬的頭骨和頸椎平行擺放，與蹄一起朝向東邊放置。由於與赫列克蘇爾幾乎一致，代表將馬的頭骨埋進赫列克蘇爾周圍石堆的人，與將馬的頭骨埋進鹿石周遭石圈的人，擁有相同的文化。更進一步來說，建造赫列克蘇爾的人和樹立鹿石的人屬於同一個集團。

只是也有人質疑，赫列克蘇爾和周圍的石堆是否屬於同一個年代？是否有可能是每年建造一座石堆，或是之後才作為崇拜的對象而建造？的確，蒙古人至今依舊會在敖包（蒙古人在山崖或泉邊堆積小石頭、作為信仰對象的堆石塚。第六章再詳細說明）放上馬的頭蓋骨，因此也不能否定它是後世的人用來供奉馬的頭蓋骨的可能。

然而我認為，應該否定此種說法。理由有兩個：緊鄰一號赫列克蘇爾南邊的四號方形赫列克蘇爾，其周圍除了西側之外，有許多石堆，石堆群當中有三座圓形的小赫列克蘇爾插入。這三座赫列克蘇爾明顯是破壞幾個石堆後、利用其石頭建造而成。我們對於這些方形和圓形的赫列克蘇爾，現在還沒有足夠的材料判斷有多少年代的差距，但圓形小赫列克蘇爾的東側同樣有石堆，考慮到這一點，推測兩者應屬同一文化，很難想像之間有幾百年的差距。因此，周圍的石堆應該是在赫列克蘇爾建造後不久，在相對較短的時間內建造。這是第一個理由。另一個理由留待「赫列克蘇爾是墓嗎？」這一小節說明。

◎從鹿石的年代推測赫列克蘇爾的年代

如前所述，赫列克蘇爾的發掘案例很少。就算發掘的案例少，如果能從當中發現大批重要遺物的話，就還有希望可藉此推測年代，但至今尚未出現如此幸運的例子，幾乎完全沒有發現遺物。為此，推測其時代的手段非常貧乏。然而另一方面，鹿石則有些線索可以推測大致的年代。因此，藉由與鹿石的對比，有可能找出赫列克蘇爾的年代。下面首先簡單說明鹿石。

鹿石一般分為三類：

①細長延伸的鼻面，強調角和頸部的鹿，刻滿了整個石面，幾乎沒有空隙。左右側面的上部刻有圓圈和首飾，下部刻有腰帶、短劍、刀、斧、弓箭等，背面則刻有五角形的盾。正面上部刻有兩、三條斜線，偶爾也會刻上人面。從斷面看來，幾乎都是長方形或接近正方形的角柱。高度近四公尺，多數都是大型的石柱。其分布以蒙古中部和西部為中心，擴及北邊的布里亞特、圖瓦，以及位於西邊中國境內的阿爾泰山附近。

（左圖）**刻有人面的鹿石**（類型①）　可以看出側面上部的圓圈是大的耳環。Ulaan Uushig Ⅰ遺跡十四號。背後的山就是 Ulaan Uushig。作者拍攝。

（右圖）**刻有三條斜線的鹿石**（類型①）　側面上部圓圈、首飾的下方刻有鹿，下部則可看到腰帶。正面上部的三條斜線推測象徵的是臉部。蒙古西北部、雅達津耶夫（音譯）。作者拍攝。

（下圖）**沒有動物圖案的鹿石**（類型③）　立於蒙古西部、烏布蘇省的圓形赫列克蘇爾上。作者拍攝。

②上部刻有二、三條斜線，還會刻上圓圈、首飾，這些與①相同，但鹿、馬、豬的樣貌更加寫實，表現出伸直腿的姿勢。這一種類型的鹿石有許多無圖案的空白部分。有些也會刻上身體蜷曲的虎或豹等猛獸。多為角柱，但不如①大。伸直腳的寫實動物圖案是初期斯基泰時代（西元前八至六世紀中葉左右）的特徵。分布於蒙古西部、圖瓦、俄羅斯及中國境內的阿爾泰山附近。

③只刻上二、三條斜線和圓圈、首飾、弓箭、腰帶等，完全沒有動物的圖案。東起蒙古至圖瓦、阿爾泰，自天山北方起至烏拉爾山、黑海北岸，分布的範圍很廣。多半是圓柱或圓石狀，一般而言較①、②小，但烏拉爾山以西也發現有一些比較大的鹿石。

類型②裡，鹿的圖案相對較少，③則完全沒有鹿，但由於擁有其他包括斜線和圓圈等共通要素，因此也被稱作鹿石。從上述的特徵可以知道，鹿石要表達的其實是人類，而且是裝備武器的戰士，但很難判斷刻的究竟是什麼樣的人物。

若是單獨立於墓旁，則可以推測表現的是墓裡埋葬的人物。然而，我們無法確定赫列克蘇爾是否為墓（之後詳述），假設真的是墓，但有時候不只單獨一根鹿石，而是複數，甚至十根以上，故很難都視為是墓裡埋葬的人物。

那麼，究竟鹿石是墓中人物的隨從？或是只有一根是墓中人物、其他是隨從？或者不是人而是神？至今仍無法判斷。

至於鹿石的年代，關於這個問題有各種不同的議論。

第一種說法：前述的鹿石類型以③最古老，逐漸演變成②、再來是①。

第二種說法：反過來，由①、②、③依序演進。

第三種說法：①、②、③同時期並存。

現在認同第一種說法的人較少，第二種和第三種說法則呈現抗衡的狀況。第二種說法重視在類型①中看到的卡拉蘇克式短劍——特徵是柄和刃之間有小的鐔（劍環），於是推測①屬於卡拉蘇克文化時期（西元前十三世

俄羅斯、圖瓦、科修佩的鹿石（四面展開圖）

混合本文中說明的類型①的特徵——鼻面長、肩胛骨隆起的鹿圖案，以及類型②的特徵——身體蜷曲的動物圖案。盾出現在左側面實屬少見。出自：*Arkheologicheskie vesti* 5, 1998.

紀或前十二～前八世紀），②屬於西元前八至前七世紀中左右，③屬於西元前七至六世紀。第三種說法則重視混合①和②要素的鹿石（見頁三五），認為所有鹿石都屬於西元前九至前五世紀。

整體而言，我認為第三種說法最適當，但當中又以①最古老，②和③則較新。如果我的想法正確，與①的鹿石共存的赫列克蘇爾屬於西元前九至前七世紀，與②和③共存的赫列克蘇爾則屬於西元前八至五世紀。如此一來，我們所調查的赫列克蘇爾，其年代應屬西元前九至前七世紀。

◎赫列克蘇爾是墓嗎？

接下來探討赫列克蘇爾究竟是不是墓。沒有動物圖案的類型③鹿石立於圓形赫列克蘇爾的矮積石塚上，中央的積石塚朝著圓形石圍的方向延伸出多條石列。從上空看來，好像是一個以積石塚為車軸、輻條朝著輪緣的方向成放射線狀延伸的車輪。

俄羅斯考古學家古拉斯（A. Gulácsi）於俄羅斯領土圖瓦發掘了一個車輪形的赫列克蘇

爾，他認為，由於當中沒有出土人骨，因此這個遺跡不是墓，而是崇拜太陽的祭祀場所。古代將太陽的運行（實際上是地球轉動）和車輪的轉動同等視之，是故車輪經常被認為是太陽的象徵。

然而，赫列克蘇爾真的不是墓嗎？我們調查的一號赫列克蘇爾沒有輻條，但除此之外的構造皆相同。一九九九年，我們不從積石塚下手，而是以其外側為中心進行調查。二〇〇三年，去除積石塚南側半邊的石頭之後，看到中心部有大石頭堆疊時，我們心中充滿期待。如果這是石槨（石頭堆疊的方形空間），則當中應該躺著遺骸。

二〇〇四年，移開北側的石頭，中央終於出現石槨。地表上四片大塊的石板堆疊出長方形的空間。雖然是一百四十一乘以七十二公分的狹小空間，但若是蜷曲雙腳，也就是所謂的屈葬，空間也足夠容納一個大人的遺體。我們滿懷期待，移開蓋石，稍微往下挖掘，但卻什麼也沒有發現。即使如此我們依舊不放棄，移開所有的石頭之後，下面便出現柔軟的土層；當我們繼續往下挖掘，突然出現一個空間，竟然找到了鬆軟的嫩草、鞋帶、工作手套——似乎是旱獺等齧齒目小動物的巢穴。

根據共同進行調查的蒙古考古學家額爾頓巴圖爾（D. Erdenebaatar）的說法，旱獺為了保護自己不受鷲或鷹的攻擊，就算是冬天，也會躲在能發揮隔熱作用的赫列克蘇爾積石之下。另外，由於旱獺會咬人骨，因此也很難在赫列克蘇爾之下發現人骨或陪葬品。就算發現類似於埋葬設施的石槨，如果沒有找到人骨，就不能說是墓。

二〇〇五年，我們再度挑戰，挖掘較小的十二號圓形赫列克蘇爾（石圍直徑約十六公尺）。除去上層的石頭之後，在中心部可以看到細長的石頭有如花瓣一般，呈現放射狀排列。進一步除去周圍的石頭，中心部出現一個空間，可以看到小小的人骨四散。內部雖然是一百一十乘以六十公分的狹小空間，但如果是孩童的話可以容納得下。根據蒙古人類學者的鑑定，這些人骨據說是五到六歲孩童的骨頭。至此才終於確認赫列克蘇爾是埋葬遺跡。

然而，這座十二號赫列克蘇爾連一座石堆也沒有。之前介紹過石堆有可能是在赫列克蘇爾完成後很久才建造，如果後世的人將赫列克蘇爾視為崇拜對象而埋葬馬的頭骨，那麼這個赫列克蘇爾也應該有石堆才是。既然沒有石堆，想必他們知道這個赫列克蘇爾裡的被埋葬者是孩童，因此參加葬儀的人才沒有造石堆。

◎大型赫列克蘇爾代表的意義

如前所述，從圍繞一號赫列克蘇爾的二十一座石堆當中，出土了馬的頭骨和頸椎，有些還有馬蹄和馬尾。如果認定赫列克蘇爾是埋葬遺跡，那麼馬骨的意義自然相當清楚，那就是獻給埋葬於赫列克蘇爾內的人物的犧牲品。

我們試著重現當時的狀況。被埋葬者的親屬或是具有從屬關係的下屬，從附近的 Ulaan Uushig 山挖鑿岩石，並運下山，首先建造石槨、積石塚，以及石圍。之後屠宰二十一頭馬（代表主要與會者為二十一人或是二十一個家族），將馬的頭、頸、蹄、尾椎骨朝向東邊放置，再蓋上石頭。不僅頭，連馬蹄和馬尾也一起放入，是為了保持首尾完整，代表奉獻一整匹馬。

馬的其他軀體想必是由與會者分食。關於頸部、頸椎排列成一直線，所有的頸椎都與馬的下顎骨放在同一水平（土層中的高處）上，考慮到這一點，可以推測是在去除肉的部分之後排列，也就是把肉分食了。從殘留下來的牙齒判斷，馬多半為小馬。就算是小馬，肉的量也比其他家畜多。若要同時分食二十一匹馬，到底有多少人參加葬儀呢？想必至少可以充分滿足兩百至三百人的胃。

數百人列席，也許讀者不會覺得是一場大規模的葬儀，但在人口稀薄的草原地帶，可是非常可觀的人數。順道一提，蒙古國現在的面積雖然是日本的四倍以上，有一百五十六萬平方公里，但人口在一九八九年也只有兩百零四萬人，就算到了二〇一五年，也不過是三百零六萬人而已，更不用說將近三千年前的當時了。因此，被埋葬在這座赫列克蘇爾中的人物，想必擁有相當程度的權力。

鄰近一號赫列克蘇爾南邊的是四號赫列克蘇爾，其石圍當中的面積是一號的六倍大。石圍外側的石堆雖因後世遺跡而遭到大幅破壞，但其數量大約有一百座以上，也就是說屠宰了超過一百匹馬。不過這還不夠驚人，我所知道最大的方形赫列克蘇爾，光是石圍的邊長就超過二百公尺，中心的積石塚高五公尺，石圍外側的石堆有

蒙古中西部扎爾嘎朗特的大型赫列克蘇爾　中央的積石塚高 5 公尺。石堆高達 1700 座，代表至少有相同數目的馬匹遭到屠宰。作者拍攝。

一千七百座以上。

這個超級大的方形赫列克蘇爾遺跡位於蒙古中西部的扎爾嘎朗特，自二〇〇三年起，美國匹茲堡大學的調查團在此進行測量調查。我們調查團的額爾頓巴圖爾也參加了匹茲堡大學的調查計劃，因此可以從他口中得知該調查的概要。根據他的說法，與我們調查的赫列克蘇爾相同，調查團試著發掘數座周圍的石堆，都發現了朝向東邊的馬的頭骨和頸椎。可以推測，一千七百座石堆當中，都埋有馬的頭骨和頸椎。

這個赫列克蘇爾，在石堆外面還有好幾層石環圍繞。如果這下面也埋有馬骨，則被屠宰的馬匹不下兩千匹。如果是在葬儀上吃了這麼多匹馬，那麼列席者必須以萬計算。這個數目遠遠超過死者親屬的範圍。

有能力將岩石切成適當的大小並從山裡運出，建造大型積石塚的人物、擁有一千至二千匹馬，或是能讓人準備這麼多馬的人物，想必擁有相當的權力。這一點也意味著西元前九世紀左右蒙古草原上的騎馬遊牧民，已經誕生了巨大的權力。

Ulaan Uushig 山周圍的「I」～「X」遺跡群，從大型（只有一座）至中型、小型，包括各種規模的赫列克蘇爾。規模的大小，想必代表了被埋葬者在地位和身分上的差異。如果是這樣的話，那麼可以推測這個社會已經發展出了階級，形成能夠動員許多人的權力者、在其之下的有力階層、以及一般民眾（遊牧民）的組織架構。而支持這種權力的，想必就是騎馬軍團的軍事力量。

動物的家畜化

◎畜牧的起源

由遊牧民組成的騎馬軍團於西元前九世紀成立，這樣的看法並非一直都是最有力的學說。更早以前，也曾出現遊牧民騎馬軍團於西元前四千至前三千年成立的說法，並得到一定的支持。這樣的說法與馬家畜化的目的和年代等相關問題，以及印歐語族的起源和擴散等相關問題之間，有著密切的關聯。以下試著概觀包含馬在內的動物家畜化歷史，以及當中騎馬遊牧民所扮演的角色。

人類在開發畜牧這種生產技術之前，取得食物的手段是狩獵和採集。對於畜牧是從狩獵發展而來的推測幾乎沒有異議，但關於它究竟是如何開始，則有著各式各樣的議論。先前今西錦司根據戰前在內蒙古的調查經驗，所提倡的說法是：追逐移動的綿羊和山羊群的人們，逐漸縮小追逐的距離，增加與動物的親近，經過這樣的過程而將動物群納入直接的管理之下。這可說是家畜主導、人類追隨型的畜牧起源。根據這樣的說法，人類為了追逐移動的動物群而輾轉遷徙；也就是說，遊牧才是畜牧最古老的型態。

說到家畜化，總是會有人類主動支配家畜的印象，但上述這種可說是反向思考的論點，

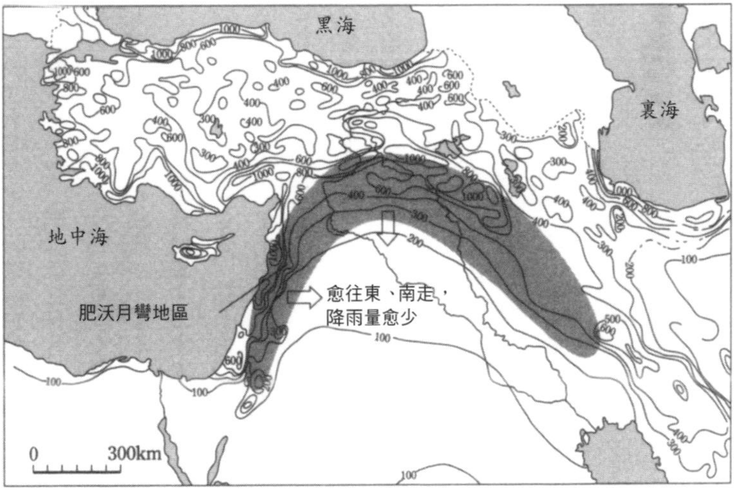

西亞的降雨量和肥沃月彎地區　根據藤井純夫《麥和綿羊的考古學》（2001 年）製作。

也獲得了部分文化人類學者和動物學者的熱烈支持。然而，根據二十世紀後半期逐漸發達的西亞考古學調查成果顯示，最初將動物家畜化的是住在聚落的定居民，而且有可能已經開始栽種小麥。如果是這樣的話，最初的畜牧就不是遊牧，而是定居式。

在舊石器時代最終期，即西元前一萬二千年左右（這裡採用的年代是根據放射性碳定年法所得到的年代，再加上各種條件的補正所推測。經過補正之後的年代大多會更久遠），在人稱肥沃月彎的地中海附近地區——也就是今日的黎巴嫩、以色列、巴勒斯坦，出現定居式的聚落，人們採集野生的麥，進行團體圍獵。肥沃月彎有野生的麥，也有山羊、綿羊，也是勉強能夠僅靠雨水進行所謂「天水農耕」的地帶。西元前九千五百年左右，聚落逐漸擴大，開始栽培小麥、大麥。這是新石器時代的開始，但尚未出現粗陶。

之後，部分聚落的規模愈來愈大，固定化的傾向更強烈，農耕的比例增加，開始出現人口集中的現象。西元前七千六百年左右，同樣在肥沃月彎地區和其周邊，開始出現山羊和綿羊的家畜化。人們成群捕獲山羊和綿羊，將牠們收容在聚落當中的圍欄裡，不一次全部殺光，保留部分活口。如果在圍欄裡生產，則牠們的下一代已經不是野生，而更接近「家畜」。如果在圍欄裡出現世代交替，便可視為家畜的徹底誕生。如果進行農耕，收割穗之後留下的莖部也可以成為家畜的飼料。也就是說，大型定居式聚落和農耕的確立，乃是家畜化的前提，這是現在最有力的說法（藤井純夫，《麥和綿羊的考古學》，同成社，二〇〇一年）。

在稍晚之後的西元前七千年左右，肥沃月彎西北部地區似乎也開始出現牛和豬的家畜化。然而，豬和狗同樣具有自己接近人類聚落的特性，因此很有可能在世界各地獨立產生家畜化的現象。

◎家畜的角色

接下來，讓我們看看家畜化之後的動物扮演什麼樣的角色。如前所述，比起其他任何目的，首先是為了確保食用肉的充足而將山羊和綿羊家畜化。羊肉在日本也相當受歡迎，但就算如此，仍不算是一般家庭日常會吃的東西。至於山羊肉，除了沖繩以外，幾乎不會出現在餐廳的菜單上。然而，在中國北部、中央歐亞、西亞、地中海地區，羊肉是最普遍的食用肉。

羊肉可以吃兩分熟或完全生吃。如果是兩分熟的話，當中的維生素不會遭到破壞，非常健康。另外，現宰的羊肉最好吃。在電冰箱尚未普及的時候，我曾去西亞的鄉下進行團體旅行，進入街邊的食堂之後，被帶到後庭。那裡有好幾頭羊，店裡的人問我要選哪一頭。選好了之後大約一個小時，桌上就會出現水煮的熟羊肉。蒙古最高級的料理是蒸羊或山羊肉。將現宰的肉切成適當的大小，和燒熱的石頭一起放入大的鋁罐（或是剛宰的山羊皮）裡。約一個小時後，就可以品嘗到味道鎖住的蒸肉和濃厚的肉汁。

屠宰家畜之後當然也會得到毛皮。毛皮可以當成禦寒衣物，另外，也可以只剃羊毛而不宰殺。羊毛紡成毛線之後可以織成布，或直接加水固定製成毛氈（不織布）。另外，一頭羊的乳量雖少，但一次擠數十頭，就可以獲得大量的羊乳，加工後，還可以製成乳酪和奶油等各式各樣的乳製品。

只是，這些純食用之外的家畜利用方式，是從什麼時候開始出現的呢？這一點眾說紛紜。有一說是家畜化不久後便開始，但家畜化一到兩千年後才開始有其他利用方式的說法似乎比較有力。毛氈具有優秀的防水性和保溫性，也適合用來做帳篷。另外，乳製品是可以保存的食物，對於經常需要遷移的人們與遊牧民而言非常重要。毛氈的帳篷和乳製品的開發不見得是遊牧不可或缺的條件，但應該是促進遊牧的要素。

牛也是供給肉和乳的重要來源，皮也可以利用，且牛還擁有力氣大的特徵，可用來牽犁和牽車（漢字「犁」和「牽」都有「牛」字）。馬的肉和乳（做成馬奶酒）也都可以利用，但由於對馬的特別情感，現代有的社會視吃馬肉為禁忌。另外，馬乳只有以夏天為中心的幾個月可以採取。馬尾毛和馬鬃可以做成繩子或弦樂器的弓、馬皮可以做成大鼓和皮帶，但用途也僅此而已，並不是特別重要。另外，馬也像牛一樣可用於牽引，但其最大的特徵還是騎乘。

下面將以上的各種利用方式整理成表格。

	毛	皮	肉	乳	牽引	騎乘
綿羊、山羊	○	○	○	○		
牛		△	○	○	○	
馬	△	△	○（△）	○（△）	○	○

家畜的利用方式（△代表重要度較低）

騎乘帶來簡便且快速的運輸和交通手段，不過最能發揮其機動性的，還是在軍事和戰鬥領域上。既可衝向目標，亦可看準時機一口氣撤退，換言之，能夠進行閃電戰。接下來一節將探討馬的家畜化是在何時、何地發生。

◎德雷耶夫卡遺跡帶來的衝擊

如前所述，關於綿羊、山羊、牛的家畜化問題，在某種程度上已經逐漸明朗，但關於馬的家畜化問題，很可惜地，現在依舊處在五里霧中相當模糊。造成如此混沌的重大原因是一個大膽的假說。在一九八〇年代後半至九〇年代，有一種風靡一時的說法，那就是馬的家畜化年代比一直以來所認為的更為古老，乃是始自西元前四千年或更早以前，而且不僅是食用肉，也用來騎乘。這種論點帶來很大的衝擊。

在今日烏克蘭第聶伯河中下游西岸，有一個名為德雷耶夫卡（Dereivka）的遺跡。當地大部分都是聚落遺址，也有墓地。根據考古學上的時代區分，它屬於比青銅器時代更早的銅石器時代，年代屬於西元前四千年，或更早數百年。

在這三千平方公尺的遺跡中，已經發掘了兩千平方公尺以上，也發現了許多動物的骨頭。在聚落遺址的部分發現最多的是馬的骨頭，占整體的百分之五十二。僅是出土許多馬的骨頭，無法當作是家畜化的證據，但同時出土的鹿角備受矚目。到了西元前一千年左右，人類開始用動物角貫穿兩到三個孔，用來當作固定馬頰兩側的馬銜（馬嚼子）、同時也是連接韁繩的馬鑣（日本的馬具用語稱之為「鏡板」）（見頁九一）。德雷耶夫卡遺址出土的鹿角與此類似，雖然年代更加久遠，但仍被認為應該就是馬鑣。

另外，聚落東部的非居住區也有值得注意的發現。在被認為是丟垃圾的小洞和焚燒遺址附近，發現了公馬的頭骨（頭蓋骨和上下顎骨）以及兩隻狗的骨頭，又發現了數個由石頭排成的石列，從小洞穴中出土了豬模型的土製品和類似馬鑣的角製品。指揮挖掘的烏克蘭考古學家特里金（Dmitri Telegin）認為，這些是一系列的祭祀相關物品，其中心正是被埋葬的公馬頭骨。他又將有孔的角製品視為是馬鑣，從而得出這是聚落族長騎乘的馬的結論，並認為騎乘和馬頭骨的儀式就是從這裡遍布於印歐語族之間。一九七〇年代時俄羅斯考古學家庫茲米納（Elena E. Kuzmina）也曾提出幾乎相同的假說，但沒有具體的證據。

補強這種說法的是美國的人類學家安東尼（David W. Anthony）。他調查那塊公馬頭骨的牙齒，發現下面第二前臼齒斜向磨損約四公釐。馬的門牙和第二前臼齒（馬一般不會長第一前臼齒）之間有很大的空隙，這是因為裝著馬銜，因此靠前的牙齒，也就是第二前臼齒的前側因此磨損。安東尼研究了古代和現代各種馬齒的資料，確認了如果裝上馬銜，則平均會磨損三到四公釐。因此雖然沒有找到馬銜，但他仍然判斷此馬曾經被裝上馬銜，當作騎乘之用。

另外一個採用此說法的研究者，是出生於立陶宛、於美國有著活躍表現的女性歐洲史前考古學權威金布塔斯（Marija Gimbutas）。她很早就主張印歐語族的騎馬戰士集團乃是從草原以波狀式入侵歐洲，而他們的族長們所建築的，就是遺留在南俄羅斯和東歐的「庫爾干」（kurgan，古墳的意思）。一九五〇年代她將入侵的年代定為「西元前二千年紀」（西元前二〇〇〇～前一〇〇一年），一九六〇年代前半改為「西元前二千四百年至前二千二百年」，在獲得德雷耶夫卡遺址的報告之後，一下子將時間推前到「西元前四千年或更早」。

◎對德雷耶夫卡的年代和馬的家畜化所提出的質疑

當然也有許多反對的論點。首先有人對馬銜的使用提出疑問。西元前四千年左右尚未發明青銅器，銅製品也處於剛出現或正要出現的時期。美國的人類學家安東尼認為，有可能使用銅製品或繩子當作馬銜，但一開始他判斷使用銅製馬銜的可能性較高。對此，東歐的史前考古學家們強烈反對，批判不可能有這麼古老的銅製馬銜。安東尼為了證明裝備用繩或皮、骨等有機物質製成的馬銜也有可能造成磨耗的痕跡，於是讓馬著裝這樣的馬銜，實際騎乘實驗，結果證明了確實也會產生磨耗痕跡。

另一方面，關於德雷耶夫卡的馬是否真的家畜化，這個問題也從一開始就遭到質疑。從齒冠磨損的程度可以推定馬的年齡。李汶（Marsha A. Levine）研究德雷耶夫卡出土的馬齒後發現，死於五歲以上、八歲未滿的馬占百分之五十點一，三歲以下和八歲以上的馬很少。另外，公馬對母馬的比例是九比一，公馬占壓倒性多數。這代表著什麼呢？

如果是為了食用而飼養馬，則最適合屠宰的年齡是二至三歲。這個年齡的馬，體型已經夠大，過了這個年紀則肉質會變硬。另一方面，如果將馬當作役畜，也就是用來搬運貨物、牽引車、騎乘等，那麼不可能在五至八歲的時候宰殺，因為這個時候是馬的體力最好的時候。如果是役畜，應該可以使喚到十五至十六歲左右。

李汶於是提出了下面的看法：在野生狀態下，普通一頭公馬會建立所謂的「後宮」，支配數十匹馬群。這一頭馬是強壯有力的五至八歲公馬。如果敵人出現，則這個領袖會讓其他的馬先逃，自己則勇敢地面對敵人。因此，如果獵人瞄準馬群，這匹公馬的處境最危險，死亡的機率也較高。李汶根據這樣的推論，得出德雷耶夫卡的馬是野生馬的結論。

分析相同遺跡的馬的骨頭和牙齒，結果卻得到完全相反的兩個結論，面對這樣的情況，到底該如何找到折衷點呢？我在當時（一九九〇年代初期）也感到困惑，只能以「德雷耶夫卡的馬大多是野生馬，但不排除少數馬遭到騎乘的可能性」這般折衷的判斷來模糊焦點。

◎爭論的走向

多產的人類學家安東尼到處寫論文，也關注歐美人喜歡的印歐語族原鄉問題（這個問題在歐美比日本的邪馬台國爭論更熱絡），一下子成為暢銷作家。安東尼接下來注意到的是哈薩克北部的波泰（Botai）遺跡。這是銅石器時代的聚落遺址，自一九七〇年代起至八〇年代止，共進行十五季的調查，出土了多達三十萬件（十萬噸）的骨頭資料，當中百分之九十九點九都是馬的骨頭。經過補正的年代推測為西元前三千五百到前三千年。

波泰也和德雷耶夫卡相同，發現了埋葬馬頭骨的遺跡。在某個住居遺址的地下，放有多達十八匹馬的頭骨，因此推測這棟住居應該是舉行某種祭祀的建築物。另外，在安東尼能夠調查的十九件第二前臼齒中，有五件發現了三至六公釐的磨損痕跡，而波泰也出土了開有一或二個孔的骨頭製品，因此發掘者判斷這應該是馬鑣。

另一方面，李汶也注意到波泰遺跡。她根據一九九二年調查的住居遺址和其周邊得到的資料，得出了完全不同的結論。根據她的說法，發現了四萬件的骨頭和牙齒，以及五千件的人工遺物。同樣地，百分之九十九點九都是馬的骨頭和牙齒。從住居遺址地板上的各層中，發現了許多集中的骨頭。李汶於是解釋，這是住居廢棄之後才成為丟棄骨頭的坑。

她又從五百二十六件的牙齒當中，推測馬死亡的年齡和性別，並與德雷耶夫卡比較。她發現德雷耶夫卡如上所述，馬的死亡時間集中在五到八歲，平均年齡七點七歲，而波泰的馬則多在三歲以下死亡，平均年齡六點五歲較年輕。另外，德雷耶夫卡的公母馬的性別比例是九比一，波泰則是一比一。

從這個對比，她所得到的結論如下：德雷耶夫卡是規模較小的聚落，同時存在的不過是數個家庭，狩獵的方式也只有埋伏或追蹤，因此獵得的是挺身而出的馬群領袖，且出土的骨頭當中，馬骨最多占百分之五十。相較於德雷耶夫卡，波泰的聚落規模較大，可以藉由多人一起驅趕或包圍，一次捕獲大量獵物。她又根據與黑海北岸其他文化的比較，推測德雷耶夫卡的年代是西元前三七〇〇到前三一五〇年，與波泰的年代幾乎重疊。

◎西元前四千至前三千年沒有騎馬

關於德雷耶夫卡聚落遺址的年代，烏克蘭考古學家特里金也在一九九五年於哈薩克召開的國際會議上，同意應該推後五百到一千年；然而在這之後，那匹關鍵的埋葬馬所處的年代，卻產生了更戲劇性的變化。在重新將馬的頭骨和牙齒送到基輔和牛津的研究機構，根據放射性碳素測定年代後，竟然發現頭骨的年代是西元前七九〇到前五二〇年、牙齒則是前四一〇到前二〇〇年。安東尼因此也不得不訂正說，這些馬是後世的斯基泰時代所埋葬。

事實上，日本也發生過同樣的事情。過去認為馬在繩文時代就已經生活在日本列島上；然而，仔細調查後發現，出土的遺跡的確屬於繩文時代，但馬的骨頭不過是後來恰巧出現在同一個地方罷了。現在幾乎已經沒有學者相信日本在繩文時代就已經有馬。

即便如此，安東尼仍不被逆境打敗，他主張烏拉爾山的東西兩側，還有其他可以顯示在銅石器時代、馬已經被家畜化和騎乘的證據。然而，他以前的主張是烏拉爾山脈的西側較早開始使用馬銜的騎乘；既然德雷耶夫卡遭到否定，那就表示波泰所在的烏拉爾山東側才是較早開始使用馬銜的，所以他也順勢將年代訂正為西元前三千五百至前三千年。然而，情勢最近似乎對他相當不利。

這是因為，關於被當作馬鑣的骨角製品，波泰出土的骨製品的開孔過小，無法穿過馬繩，而只有一個孔的製品更不可能發揮馬鑣的功效。

遊牧的產生與發達

◎遊牧是在何時、什麼情況下產生？

西亞最初的畜牧屬於定居式，這一點如前所述。那麼遊牧是在何時、什麼情況下產生的呢？由於這個問題的相關資料很少，因此尚未得到充分的解明。以下謹介紹藤井純夫所提倡的假說：

西元前七千至前六千五百年，在肥沃月彎西側偏南的內陸草原地帶，羊逐漸成為主要的家畜，但這時候還不是純粹的遊牧民，不過是為了補充採集狩獵的不足而飼養家畜罷了。之後，封閉型的圍欄逐漸變成開放式的圍籬，但這種圍籬並非為了防止逃走，而是在冬季和夜間進行保護之用。也就是說，當時的人們已經會離開聚落，進行當日來回的放牧了。

再經過一段時間，出現沒有實際居住的「擬聚落」，這被認為是從當日來回的放牧發展成遊動式放牧所使用的營地。乳的加工對遊牧民而言非常重要，但是否從這個時期就已經開始乳製品的加工，學者的意見相當紛歧。再加上自西元前五千五百年氣候開始溫暖，在這個地區引起了草原乾燥化的現象，有人認為因此開啟了捨農耕就遊牧的道路。

不僅是自然環境的變化，人類社會促進遊牧的基礎也逐漸鞏固。只要完成家畜化，完善控制群體的再生產體制，就沒有必要留在聚落——畢竟他們原本就是四處遷移的狩獵採集民。一旦部分聚落發展成城市，則周邊栽種麥的規模便會擴大，羊也會被趕到外面。肥沃月彎之外的乾燥地帶過去是無人的荒野，但隨著遊牧民族的踏足，連結西亞各地的交易路徑也增加了許多選擇。然而，這個階段的遊牧民還沒有帳篷，只能透過從營地周邊找來可用的建築材料，搭建簡單的住居。

◎歐亞草原地帶的遊牧化緩慢

草原地帶的西部，亦即黑海北岸至裏海北岸的地區，據說在西元前六千年紀（西元前六〇〇〇～前五〇〇一年），便已傳入農耕畜牧。其中，從巴爾幹方面傳入的說法最有力，但也有從中亞南部傳入的說法。在德雷耶夫卡和波泰所屬的西元前四千年紀至三千年紀，人們以定居聚落為中心，從事農耕和畜牧的複合經濟，但狩獵也占有重要的位置。然而，草原地帶的遊牧化似乎進展非常緩慢，聚落沒有發展成城市，羊也沒有被趕出聚落，因此沒有必要外出遊牧。

促進草原地帶遊牧化的原因是氣候的乾燥化，以及導入車和騎馬。西元前三千五百年左右，應該是在美索不達米亞，發明了車（關於車的起源，有包括滾輪說、雪橇說、兩者折衷的說法等，眾說紛紜）。車輪是厚重的圓盤狀，牛可以拉動，但就算假設這時候的馬已經家畜化，這種車也不適合由馬拉動。在接下來的兩百到三百年間，這種車廣傳於歐洲和草原地帶西部。

車的普及使得遷移和搬運變得容易，也是促進遊牧化的原因之一。然而就算是現在，蒙古北部的遊牧民還是會在犛牛身體的兩側裝上斜放的棒子，上面放貨物，讓犛牛慢慢搬運。以這種方式搬運物品，就不需要車。

西元前三千年紀中期，氣候逐漸乾燥化，黑海北岸的闊葉樹林消滅，取而代之的是向外擴展的草原，在哈薩克則形成了半沙漠和草原。結果，草原地帶成為比農耕更適合畜牧的風土（但根據地區不同而有所差異）。烏克蘭的亞姆納（土坑墓）文化（西元前三〇〇〇～前二二〇〇年）持續農牧複合的經濟，出現擁有土壘和壕溝等防禦設施的定居聚落。亞姆納在俄羅斯語代表「洞穴」之意，因為當時的人被埋葬在單純的四角洞穴中，所以得名。這時候被認為開始為了食用而飼養馬匹。

較此稍晚，在烏拉爾山脈東側，農耕畜牧文化也開始逐漸擴展。此即為知名的阿凡納謝沃文化（Afanasievo culture），據說它受到亞姆納文化的影響。與亞姆納文化後期相重疊的卡塔昆比納亞（音譯 Katakombnaia，地下式橫穴墓）文化（西元前二六〇〇～前二〇〇〇／前一九〇〇年），可以看見放入圓盤狀車輪的埋葬方法。

在卡納昆比納亞文化的影響之下，在剛過西元前二千年不久的伏爾加河下游，又出現不同的埋葬方式和不同特徵的文化。那就是自烏拉爾山起向西方擴展的斯魯布納亞文化（Srubnaya，木槨墓文化）。另一方面，非常類似的文化自烏拉爾山向東方的南西伯利亞、中亞擴展，被稱為安德羅諾沃文化（Andronovo culture；安德羅諾沃是南西伯利亞的遺跡名稱）。這個文化可以看出與初期斯魯布納亞文化相關，但詳情不明。在這兩種文化發展的時代，開始製作比銅還硬的青銅製品。

於此同時，在草原地帶東端的中國北部，也出現了與安德羅諾沃文化相似的文化，那就是夏家店下層文化（取自內蒙古東部的遺跡名稱）。雖然普遍都認為它是受到安德羅諾沃文化的影響而發展，不過也有反對的意見。

金布塔斯認為自亞姆納文化起，留下斯魯布納亞文化和安德羅諾沃文化的人們是遊牧民，但根據最近的調查，定居應該才是他們的主流生活方式。然而，狩獵和漁撈在這些文化中，也沒有失去其意義。另外，在不適合農耕的草原，應該也有從事帶著羊群外出數日放牧的半遊牧。之後在草原地帶東部，緊接著安德羅諾沃文化登場的，是在頁三五提到的卡拉蘇克文化。

◎先有馬車還是先會騎馬？

究竟是先有馬車？還是先會騎馬？兩者之間，騎馬應該比馬車先出現。自西元前三千年紀末起至二千年紀初，在以美索不達米亞為中心的地區，發現了多個以騎馬的人為題材的模型和泥板。由於尾巴從根部粗壯下垂，因此明顯可以看出是馬而不是驢。

騎乘者跨坐在後方，也就是馬的臀部上。由於馬背上有脊椎突起，如果直接跨坐在馬背上，胯下會很痛。相對於此，由於馬臀是平的，因此沒有這一層擔心。由英國個人收藏家所收藏、出土於美索不達米亞的泥板，上面描繪的馬套著寬廣的腹帶，騎乘者用左手抓著。也許也是因為這樣，騎乘者必須坐在後面。另外，這時已經家畜化的驢子，由於背部沒有馬堅固，因此騎乘的時候只能跨坐在臀部上；一般認為，騎馬也是從這種模仿的「驢式騎乘」開始。無論如何，這種騎乘的方式很不穩定，也許他們在感覺到危險的時候，便會立刻從後方跳下來。乘者的左手抓住轠繩，但泥板上描繪的轠繩與馬的鼻環相連，可見這個階段尚未出現讓馬咬住的馬銜，而是與牛一樣，同樣用鼻環控制。

收藏於大英博物館的泥板，上面描繪的騎乘者右手拿著一根棍子。棍子是在指揮牛、驢等搬運貨物的馱獸時使用。英國的考古學家德魯斯（Robert Drews）將這樣的騎乘稱作是部分愛好冒險的年輕人從事的運動式騎乘，認為並不普及。

掌握騎乘技術非常困難，且騎乘的感覺也稱不上舒適，因此在西元前二千年紀初，就好像取代騎馬一般，出現了馬也可以輕鬆拉起、車輪帶有輻條的兩輪車。

輻條於何時、何地發明？這是一個大問題。安東尼等人認為是在烏拉爾至哈薩克間的草原上，於西元前二千至一千七百年左右發明了帶有輻條的車輪，而印歐語族的軍團就是乘坐著兩輪戰車，威脅南方的安寧。另外，也有語言學家主張，由於印歐語裡車輛相關的用語當中，只有幅條沒有共通的語源，可知印歐語族的祖先是在車輛誕生到幅條發明的這段期間，開始了他們的向外擴張。

然而，於烏拉爾和哈薩克的墓當中發現的兩輪

從美索不達米亞出土的泥板拓印出的畫　西元前 2000～1750 年。出自：*Early Riders,* R. Drews. Routledge, 2004.

車，軌距只有一點一到一點三公尺，十分狹窄，最多只能一人乘坐（戰車必須是駕車者和戰士兩人乘坐），因此將之解釋成把死者送往來世的車子較合理。對此，德魯斯不得不在猶豫不決的情況下寫道：「雖然我們不確定戰車是在何處發明的，不過它的擴展相當迅速，在一百五十年之內，便已有眾多的語言集團，在橫跨數千里的地域中使用它。」

不過，在控制馬方面非常重要的馬銜與馬鑣，有可能是在草原地帶發明。那是因為相對於西亞的馬當初也戴著鼻環，同時間的南亞和中亞已經實際開始應用骨製圓盤型的馬鑣。同樣類型的馬鑣似乎是自草原傳到東歐，再傳到邁錫尼文明的希臘。

◎騎馬遊牧民的正式誕生

雖然發明了馬銜，但沒有證據顯示在這之後，草原上便立刻出現了騎乘活動。反倒是西亞和地中海世界，很早就被認定有使用馬銜來騎乘。在埃及，第十八王朝末期（前十四世紀後半）的浮雕中，已經有騎乘者手持裝在馬銜上的韁繩，不過沒有馬鞍，屬於「驢式騎乘」。在愛琴海方面，前十三至十二世紀的三個壺，上面也描繪著騎馬的圖案。但證據還不夠多。進入前十世紀之後，狀況明顯改變。在西亞和地中海世界，呈現騎馬模樣的土偶、浮雕畫、繪畫等資料激增。

草原則在稍晚的前九至八世紀，騎馬的相關證據突然增加。這是斯基泰系文化的開始，當中最早的是位於蒙古西北部的圖瓦地區。有關這點，我將留待下一章進行更詳細的說明，不過關於其起始，有人提出與氣候變動相關的假說。在位於圖瓦北鄰的米努辛斯克盆地南部，安德羅諾沃文化的遺跡非常稀少；而在圖瓦，卡拉蘇克文化的遺跡也很少；然而，前九世紀中左右，這裡卻出現了斯基泰系文化，比草原西部還要來得更早。

西元前九世紀中左右，正值世界性的氣候變動時期。以古氣候學上的用語來說，相當於從亞北方期（SubBoreal，乾燥期）移轉至亞大西洋期（Subatlantic，濕潤期）的時期。根據於米努辛斯克盆地南部和圖瓦的湖所作的鑿井調查顯示，莎草科和禾本科的植物就是從這個時候開始增加，原本是半沙漠的地方開始變成草原。或許正因為這樣，這片草原才吸引了畜牧民。

當然，不可能僅用氣候變動就說明一切。這個時期的西亞已經進入鐵器時代，但鐵器尚未普及草原。不過，草原上青銅器的生產高度發達，已經有能力產出優秀的武器和馬具，之所以如此，或許是他們開始與西周時代的中國交流之故。由於各種條件重疊，於是遂出現擁有強大軍事力的騎馬遊牧民。

本章一開始介紹的大型赫列克蘇爾，也可視為是象徵這個時期騎馬遊牧民興起的建築物。

第二章 斯基泰的起源

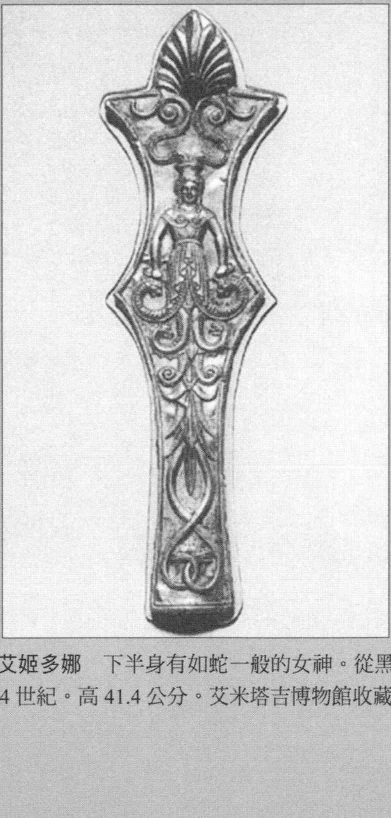

刻在金製馬面上的艾姬多娜　下半身有如蛇一般的女神。從黑海北岸、大琴巴卡古墳出土。西元前 4 世紀。高 41.4 公分。艾米塔吉博物館收藏。

希羅多德敘述的起源傳說

◎第一種說法

關於斯基泰的起源，有根據文獻史料、考古學資料的各種不同說法。首先聽聽看希羅多德的敘述。希羅多德在《歷史》第四卷的五到十二節中，介紹了斯基泰起源的三種說法（以下有關《歷史》的摘錄以松平千秋譯的岩波文庫版為基礎，參考多種英譯和俄譯版）。

第一種說法是斯基泰人自身的說法。希臘的至尊之神宙斯與注入黑海的包津斯鐵涅司河（今日烏克蘭境內的第聶伯河）神的女兒，在無人之地生下了一個名為塔爾吉塔歐司的兒子。塔爾吉塔歐司又依序生下里波克賽司、阿爾波克賽司、科拉克賽司三子（沒有提到三子的母親是誰）。

在三子統治的時代，從天上掉下黃金製成的用具——犁、軛（為了牽引犁或車而套在馬或牛頸上的用具）、戰斧以及杯。長子和次子想拿起來的時候，黃金用具突然燃燒起來，讓他們無法接近，但當幼子一靠近的時候，火就熄滅了。於是幼子將這些黃金用具帶回家，而兩位哥哥也同意將王權讓給最小的弟弟。據說奧卡泰伊族是長子的後裔，卡提亞洛伊族和特拉司披耶司族是次子的後裔，而帕辣拉泰伊族——也就是王族，則是幼子的後裔；但全體民族則根據國王的名字而稱為斯科洛托伊人（或許曾有一個名為斯科洛托伊的王），希臘人則稱他們為斯基泰人。

這種幼子繼位的繼承法時而見於歐亞騎馬遊牧民之間。年代大約往後一千年，興起於蒙古高原和阿爾泰地區的突厥，據說也是排行第十的幼子展現了優於兄長們的才能而被選為領袖。另一個實際的例子就是成吉思汗死後的繼承權問題，他有四個嫡子，最終由幼子拖雷繼承大部分的軍隊。

出現於上述三子後裔說法當中的奧卡泰伊族、卡提亞洛伊族、特拉司披耶司族、帕辣拉泰伊族等四個氏族名稱，有人說它們其實不是氏族，而是更大的部族名稱，或是社會階級的名稱等。另外，希羅多德在其他地方將斯基泰分成「農耕斯基泰」、「農民斯基泰」、「遊牧斯基泰」和「王族斯基泰」四種，有人認為正好相對於這四個氏族名稱。斯基泰人原本是不是遊牧民？所謂農耕、農民斯基泰又是什麼？這些問題留待後面詳細敘述。

◎第二種說法

另一方面，住在黑海地方的希臘人，則有著稍微不一樣的神話傳說。希臘神話中最偉大的英雄海克力士為了償還殺害自己孩子的罪孽，必須完成十二種苦行，其中之一是從名為格律翁的三頭三身怪物那裡，帶回牠所擁有的大部分牛群。海克力士打倒怪物，在趕牛回來的路上，經過後來成為斯基泰人居住地的無人之地。當時正好是酷寒的冬天，於是他披著獅皮睡著了（他過去曾擊敗獅子，因此隨身攜帶獅皮）。然而，在他睡著的時候，他從車上解下來、放去吃草的馬，卻莫名其妙消失得無影無蹤。

海克力士醒來之後，四處尋找他的馬，最後來到一個名為敘萊亞（包津斯鐵涅司河東方寬廣的森林地帶）的地方。他在一個洞窟中，遇到了半女半蛇的艾姬多娜。蛇女說馬在她手上，但若海克力士不與自己交媾，則不把馬還給他，於是海克力士只能答應蛇女要求。之後，蛇女為了能與海克力士長相廝守，遲遲不肯歸還馬匹，但海克力士卻只想帶著馬早點離開。最後，蛇女終於歸還馬匹，並說：「這些馬迷路到這裡來，我為你保管了牠們，而你也給了我報酬。因為我的肚子裡已經有了你的三個兒子。請你告訴我，這三個兒子長大成人的時候，我應該怎麼辦。是要他們住在這裡嗎？反正這個國家也是由我一人統治。還是我把他們送到你那裡去？」

海克力士回答道：「當這些男孩長大成人的時候，妳按照我所吩咐的去做就沒錯。其中不管是誰，如果妳發現他拉彎了這張弓（有人解釋是把弓拉滿的意思），並且像這樣把腰帶繫在自己身上，那就要他居留在這裡，凡是做不到我所吩咐的，就把他們從這個地方送出去。」海克力士隨身帶著兩張弓，他拉彎（或拉滿）其中一張，又示範了腰帶的繫法後，便將弓和帶扣尖端有一只金盞的腰帶留給了蛇女，之後便離開了。

蛇女在兒子們長大成人的時候，給他們取了名字，長子名為阿伽杜爾索斯、次子名為蓋洛諾斯、幼子名為司枯鐵斯，並依照海克力士的吩咐要求三個兒子完成任務。結果長子和次子無法完成指定的任務，因而離開國家，只有幼子達成任務，於是留在國內。故斯基泰世世代代的王皆是司枯鐵斯的子孫，至今依舊在腰帶上帶著金盞。

◎明顯不自然的第二種說法

神話傳說原本就有不自然或超自然的一面，但就算如此，第二種說法還是明顯地不夠自然。海克力士的形象一般都被描繪成全裸，肩上披著獅皮，或頭上披著獅皮。第二種說法確實提到海克力士因為天寒而披著獅皮睡著，但又提到他繫著腰帶。全裸而繫腰帶想必是一種非常奇妙的裝扮。而若如斯基泰風格穿著褲子，那麼把腰帶給蛇女之後，褲子應該就會掉下來。此外，第二種說法特別強調有兩張弓，給蛇女一張弓沒有什麼問題，但海克力士的武器一般都是棍棒，弓實屬少見。雖然希臘神話當中，當海克力士在出發建立偉業之時，天神賜給了他劍、弓矢、鎧、長衣，但將這些帶在身上並不是海克力士一般的形象。

另外，拉弓弦（或拉滿弓）或許需要某種程度的臂力和技巧（斯基泰的弓不如日本弓大，也沒有綳很緊），但為什麼繫腰帶會成為測試的課題呢？如果是穿著和服的女性所綁的日式腰帶也就算了，但斯基泰的腰帶非常單純（帶有可調整式附針扣環的腰帶要再晚一點才出現）。接下來，蛇女怎麼知道自己懷了三個兒子，也非常不可思議。姑且不論這點，但三人很明顯是同時出生的三胞胎。三胞胎也可以根據出生的順序區別長子、次子、幼子；然而，神話上的幼子繼承是年幼體弱的幼子出乎意料地壓過兄長，為的是顯示幼子擁有傑出的特殊能力。只不過，如果是三胞胎的話，就會失去這種出乎意料性，甚至讓人猶豫是否適用幼子繼承的說法。

◎第一和第二種說法的比較

舉出再多神話傳說的矛盾也不過是緣木求魚、白費功夫，因此我們試著從神話中找出意義。首先整理出兩種說法的系譜。

比較兩種說法，就會發現兩者的架構非常相似，都是父親是外來的神、母親出身當地。另外，在希臘神話當中，海克力士的父親是宙斯，考慮到這一點，兩種說法就更接近了。此外，雖然都生了三個男孩，但長兄和次兄沒有通過資格考試，只有幼子合格登上王位。然而，如上所述的第二種說法裡的三胞胎，似乎欠缺了幼子繼承的氣魄。

另外，第一種說法當中，從天降下黃金用具（犁、軛、戰斧和杯子），第二種說法則是海克力士賜予了

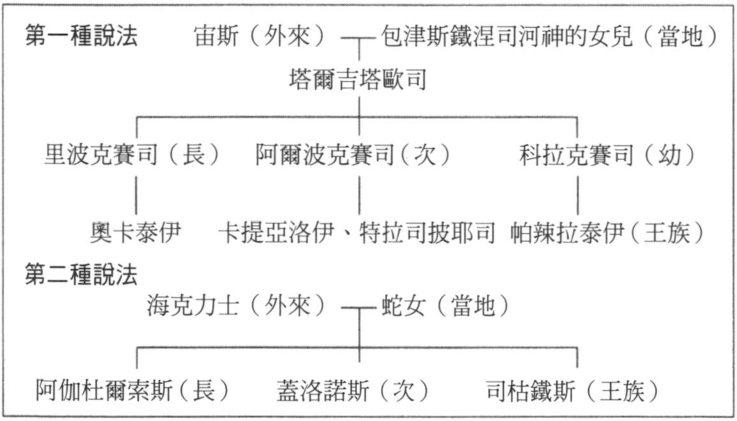

希羅多德記述的斯基泰起源

弓、腰帶和金杯，並各自成為考驗的試題。兩者說法當中只有金杯是共通，其他皆不相同。這一點該如何解釋呢？

◎根據比較神話學解釋第一種神話

許多研究學者注意到這個神話，其中最具代表性的是法國的杜梅齊爾（Georges Dumézil）、日本的吉田敦彥，以及俄羅斯的拉耶夫斯基（Dmitriy Raevskiy）。杜梅齊爾和吉田敦彥將第一種說法中從天落下的用具分類成三種機能，試圖闡明其與泛印歐語族的神話、甚至日本神話之間的共通性質。此機能分類整理如表。

順道一提，杯是舉行重要儀式時使用的聖器，象徵的是執掌儀式的王，也就是神官；戰斧象徵的是在王之下負責軍事的戰士，也就是貴族階級；犁軛象徵的則是一般庶民階級的農耕民，負責生產糧食（另外還有一種說法，將軛當作是用來繫牽引戰車的戰馬的工具，因此將之視為是乘坐戰車的戰士象徵，而戰斧是騎馬戰士的象徵）。這三種機能就代表印歐語族（斯基泰是伊朗語系，也就是屬於印歐語族）的金字塔型社會構造，同時也展現出他們分為天上、地上、地下的世界觀和宇宙觀。

然而，我對於將第一種說法視為斯基泰的固有神話，不得不感到有些猶豫。會這麼說是因為斯基泰原本是純粹的遊牧民，所有男子皆為騎馬戰士，當中應該沒有農民。然而，希羅多德卻將斯基泰從西劃分成「農耕斯基泰」、「農民斯基泰」、「遊牧斯基泰」、「王族斯基泰」四種。

姑且不論「王族」（帕希里奧斯）和「遊牧」（努米迪斯）這兩種，「農耕斯基泰」（阿歐特拉斯，音譯 Aroteres）和「農民斯基泰」（葛歐爾各伊，Geōrgoi）（以上皆根據松平千秋的翻譯）這兩種類型，真的是斯基泰人嗎？

第1機能	宗教	主權者、神官	杯
第2機能	軍事	統治者、戰士	戰斧
第3機能	生產	庶民、農耕民	犁、軛

出現於第一種神話的器物的機能分類（根據杜梅齊爾的說法）

◎「農耕斯基泰」和「農民斯基泰」

關於「農耕斯基泰」，希羅多德說明如下：「他們栽種穀物的目的，不是為了自己食用，而是為了販賣。」但對於「農民斯基泰」的農業形態，希羅多德卻沒有任何著墨。兩者的居住地被認為主要在第聶伯河中下游西側，這附近正好發現了許多與斯基泰同時代的農具、碳化穀物、聚落遺址等，可見當時農耕相當盛行。這些很有可能都是「農耕、農民斯基泰」所遺留。

首先，第一個問題是「農耕斯基泰」和「農民斯基泰」有什麼不同嗎？某位研究者指出，栽培穀物但不自己食用的是「農耕斯基泰」，他們是在遊牧的空檔從事農耕的半農半牧民；而「農民斯基泰」則是完全農耕化的斯基泰人。也有研究者將焦點放在「aroteres」含有牛力牽引耕田的意思上，解釋「農耕斯基泰」已經會使用犁，而「農民斯基泰」使用原始的鋤。另外也有研究者將兩者視為相同。無論如何，這些學說都認為，過去曾是遊牧民的斯基泰人逐漸定居農耕化。

相對於以上說法，也有研究學者認為「農耕、農民斯基泰」是受到斯基泰人統治的定居農耕民。在這個前提之下，大部分的研究學者認為「農耕、農民斯基泰」是斯拉夫人的祖先。不過也有人認為是色雷斯人（大本營在巴爾幹半島）或辛梅里安人的後裔。

俄羅斯語言學家阿巴耶夫（V. Abaycv）是奧塞梯亞人（被認為是斯基泰人或薩爾馬提亞人後裔高加索山中民族），他從中亞的斯基泰裔——塞迦人（Sakā）當中，栽種靈草豪麻（haoma）的部族稱作「Haumavargā」類推，解釋「葛歐爾各伊」（Geōrgoi）就是「Gav-vargā」，也就是「養Gav（古伊朗語中『牛』）的人」的訛傳。如果是這樣的話，那麼葛歐爾各伊就不是農民而是畜牧民。

無論是哪一種學說，都欠缺決定性的證據，而且現有的資料過少。《歷史》當中，「農耕、農民斯基泰」加起來的出場次數不過五次，而且幾乎沒有關於他們的詳細說明。另一方面，沒有「農耕」或「農民」等修飾語的單純「斯基泰」，在《歷史》當中則出現無數次，而這些單純的斯基泰人正是遊牧民。如果是這樣的話，那麼還是應該將斯基泰人視為是遊牧民。黑海北岸在斯基泰人還沒有出現的遙遠以前、也就是新石器時代起，農耕文化就非常繁榮。因此，「農耕、農民斯基泰」或許是自古以來就一直居住在黑海北岸的農耕民，受到新來的斯基泰人所統治。如果是這樣的話，那麼第一種神話有可能是在斯基泰人占領黑海北岸之後，為了強調其領有的正當性而編造出的神話——父親是外來的神、而母親是當地的神，神話內容的編排正支持了這樣的看法。

◎第二種神話的解釋

第二種神話當中出現的器具（腰帶、繫在腰帶上的金杯還有弓），則不帶農耕民的色彩。與不使用腰帶的希臘人不同，對於著短上衣褲裝，適合騎馬的斯基泰人來說，腰帶是不可欠缺的服裝配件。腰帶的扣環也會有各種精巧做工，是他們展現時髦的象徵。另外，由於遊牧民需要經常遷徙，因此，刀劍、弓矢、砥石、鞭等日常使用的東西都會掛在腰帶上。將杯子掛在腰帶上，想必也是其中一環。

第一種說法中出現的武器是戰斧。戰斧的確是斯基泰人的武器之一，但以順位來說至多排到第三名，第一名當然還是弓矢或劍。如本書「前言」所述，斯基泰人以「擅長騎馬射箭」聞名。另外，根據希羅多德的記載，斯基泰人會奉獻被視為是神的象徵的短劍（《歷史》第四卷，六二）。關於這一點，出現弓的第二種說法更符合斯基泰人的風格。

從神話學的角度解釋第二種神話的人是俄羅斯考古學家拉耶夫斯基。根據他的說法，從克里米亞半島庫爾奧巴古墳出土的琥珀金（混入銀的金）壺，上面描繪的正是兒子們在挑戰海克力士提出的考驗。兄弟嘗試拉開弓上的弦，一個人的弦彈回打到嘴巴，另一個人打到左腳受傷，只有幼子成功。幼子跪在石頭上的父親面前，被授予王權。然而神話當中，海克力士應該不在兒子們挑戰的現場；再者，以年輕人來說，兒子的鬍子也未免太長。應該如德國的斯基泰考古學家羅爾（Renate Rolle）的解釋，壺上描繪的其實是戰鬥前後的樣貌，這樣的說法比較自然。

從南俄羅斯恰斯特耶（Chastye）出土的鍍金銀壺，上面描繪的圖案是留著鬍子的男子把弓交給沒有鬍子的年輕男子。我認為這個壺還比庫爾奧巴的壺更貼近神話，但壺上的其他圖案又不符合神話（兩個長鬍子的男子在對話）。然而，希羅多德記述的內容不保證正確，

庫爾奧巴古墳出土的琥珀金壺　圖右是嘗試拉弓弦的男子，圖左是跪在海克力士面前接受王權的幼子。西元前 4 世紀。高 13 公分。艾米塔吉博物館收藏。

或許實際上正如壺上所描繪的畫面也不一定。

簡單整理第一和第二兩種神話說法。兩種說法的相似之處在於，其民族起源都是男性外來神與女性在地神進行交合，但第二種說法擁有更多符合斯基泰特徵的要素，因此想必第二種說法更接近本來的斯基泰神話。或許是斯基泰人在統治黑海北岸的定居農耕民之後，改變了神話內容，變得更強調第一種說法吧！然而，這些都只是臆測，沒有任何確切的證據。

更貼近現實的第三種說法

◎希羅多德自己認同的說法

希羅多德還介紹了另一種說法。根據這一種說法，斯基泰人一開始雖然是亞細亞的遊牧民，但由於不堪馬薩革泰人入侵所擾，因此渡過阿拉克薩斯河，遷移到辛梅里安地方，趕走原本居住在此地的辛梅里安人。這種說法與希臘人和其他非希臘蠻族的說法相同，因此希羅多德自己也認為這種說法最可信。

斯基泰人居住的辛梅里安地方無疑是自高加索北方至黑海北岸的草原地帶。然而，他們跨越的阿拉克薩斯河究竟相當於現在的哪一條河，而馬薩革泰人原本又居住何處等，這些問題又有各種不同的說法。事實上，現在也有一條名為阿拉斯的河川，位於高加索的南部。這條河源自土耳其東北部，流過伊朗、亞美尼亞、亞塞拜然的國境，是這個地方最大的河川。然而，很少人支持阿拉克薩斯河就是這條阿拉斯河的看法。也有人將其視為頓河，但支持的人也很少。

比較有力的說法是把阿拉克薩斯河視為伏爾加河，其次有力的說法則是將其視為中亞大河錫爾河或阿姆河的「烏茲伯伊水道」說。古代阿姆河下游未注入鹹海，而是西流注入裏海，而烏茲伯伊指的就是當時的水道（然而也有人否定這種說法）。

如果斯基泰人是從東方向北高加索、黑海北岸遷徙，那麼認定當時跨越的河川是伏爾加河似乎也無誤，然而其他說法會出現中亞河川的名稱也有其理由，那是因為認為馬薩革泰人的居住地是烏茲伯伊水道或阿姆河、錫爾河下游。如果斯基泰人是受到居住在這裡的馬薩革泰人攻擊而遷移，那麼他們所跨越的河川就應該是位於中亞的河川。

然而很遺憾地，目前尚未有確定的說法。不僅如此，甚至有人說多次出現在《歷史》當中的「阿拉克薩斯河」，其實每次指的都是不同的河川。因此我們暫且放下找尋阿拉克薩斯河相當於現在哪一條河的力氣，僅看其他要點。如此一來可以整理出第三種說法是，斯基泰人遭到其他騎馬遊牧民的攻擊，從遙遠的東方遷移到北高加索、黑海北岸的草原。

第三種說法不具有第一或第二種說法的神話傳說要素，因此似乎可以理解希羅多德為什麼覺得這是最可信的說法。實際上，綜觀後來歐亞草原地帶的歷史，這種說法最自然，也最能為人所接受。

◎民族遷徙浪潮的方向

當我們試著綜觀以中央歐亞為中心的民族遷徙和入侵的浪潮，可以發現這股浪潮有特殊的方向。以南北向來看，浪潮是從北向南；以東西向來看，浪潮則是從東向西，這兩個方向的浪潮占壓倒性多數。從北向南的浪潮是由遊牧民、狩獵民、半農半牧民，自草原和森林地帶入侵擁有城市文明的定居農耕地帶所引發。而東西之間的遷徙，則都是由遊牧民之間的衝突所引起，主要發生在草原地帶。薩爾馬提亞人繼斯基泰人之後從東方出現，滅了斯基泰人。西元四世紀匈人同樣從東方出現，征服了被認為是薩爾馬提亞人後裔的阿蘭人[1]。接著在六至七世紀，阿瓦爾人[2]從中亞北部西進草原地帶，出現在歐洲。

六世紀中興起於阿爾泰山和蒙古高原的突厥人趕走了阿瓦爾人，一口氣將勢力擴展到鹹海和裏海北岸。接下來，保加爾人、可薩人、馬扎爾人、佩切涅格人、波洛韋茨人（或庫曼人、欽察人）等，主要屬於突厥系的各族（馬扎爾人是烏拉爾系）陸續從東方出現。到了十三世紀，可說是壓軸的蒙古人登場，席捲西亞和東歐。之後帖木兒遠征西方，塞爾柱和鄂圖曼土耳其則將安那托利亞至巴爾幹半島一帶全部納入統治之下。

這股從東向西的浪潮可以分為遊牧民集團驅趕其他集團，或吞噬其他集團的兩種情況。希羅多德的第三種說法，也就是馬薩革泰人趕走斯基泰人、斯基泰人趕走辛梅里安人，屬於第一種情況，也可說是一種撞球式遷移。

相對於此，匈人的遷移則是陸續併吞途經路線上的諸族（最初是阿蘭，接下來是東哥德與部分西哥德），逐漸擴大勢力。這種情況與其說是從A地移轉到B地，不如說是更多地將主要部隊留在A地，再派遠征軍拓展其統治範圍——蒙古帝國就是最好的例子。無論如何，這樣的情況都不是驅趕其他部族而是將之包含入內，我們姑且稱之為雪球式擴張。

上述兩種民族遷移浪潮的方向，自古以來幾乎沒有例外，但到了近代開始出現反方向的浪潮。自南開始往北遷移的是中國的漢人，自清朝末期開始大量移民的結果，使得東北地區（舊滿洲）幾乎完全漢化，內蒙古也是漢人占壓倒性多數。另一方面，從西向東擴展的是俄羅斯人，他們自十六世紀末起東進的結果，使得俄羅斯殖民成為西伯利亞的多數派，在中亞北部的影響力也大為增強。就像這樣，民族遷移浪潮中唯一且最後的例外波動，決定了現在中央歐亞的狀況。

◎土著說和外來說的爭辯

比起諸神和怪物登場、荒唐無稽的第一和第二種說法，第三種說法就算從之後的歷史來看也比較可信，因此這種「外來說」應該是最有力的說法。然而在一九八〇年代之前卻不是如此認為，尤其是在蘇聯時代，當時最有力的說法反而是「土著說」：亦即自青銅器時代以來就一直住在黑海北岸的人們，隨著文化發展而成為斯基泰人。

不僅黑海北岸，包括中亞北部至南西伯利亞在內，都遍布著斯基泰系文化，斯基泰的活動範圍幾乎都在蘇聯境內，也只有蘇聯的考古學家能夠發掘在那裡的遺跡，因此他們的發言權當然較大。

而由於當時的蘇聯是社會主義國家，無論哪個地區或社會的歷史，他們都是以唯物史觀來加以說明。根據唯物史觀，無論什麼樣的社會，歷史都是依照普遍性的法則而發展，且都伴隨著社會內部生產力的發展，他們幾乎不考慮外部來的影響。根據這樣的理論，斯基泰人被認為是在更早之前的青銅器時代的社會中誕生，考古資料也被用來配合這樣的說法。

然而就算在社會主義體制之下，也有考古學家認為，僅就社會內部的發展，無法解釋斯基泰人的出現，這位考古學家就是烏克蘭的泰勒諾斯金（A. I. Terenozhkin）。他於一九六七年在莫斯科召開的「第二屆斯基泰學會議」上，發表了「斯基泰外來論」。他提出，在黑海北岸，於斯基泰文化和在此之前的文化之間，尤其在武器和馬具的領域上存在著很大的斷層，因此很難視為斯基泰是自青銅器時代的文化持續發展而成。是故，他認為斯基泰人乃是從東方的內亞北部草原遷徙而來。

這種說法部分與江上波夫的「騎馬民族論」類似。江上波夫認為日本古墳時代的前期和後期之間，尤其在鐵製武器和馬具的出現這一點上有很大的斷層，因此主張日本的文明不是持續性的發展，而是異民族入侵所造成的結果。這樣的說法在日本遭到幾乎所有考古學家的否定。泰勒諾斯金的說法，在舊蘇聯也面臨同樣的情形。此說最大的弱點是，當有人反問東方的草原上是否有斯基泰人最早時期的遺跡時，他們無法具體回覆。

然而到了一九七〇年代前半，泰勒諾斯金期待已久的遺跡終於被發現。那就是位於南西伯利亞圖瓦共和國的阿爾贊（Arzhan）古墳（一號墳）。由於這個古墳的發現，為原本屬於少數派的外來說帶來曙光；現在隨著蘇聯解體，即使在俄羅斯，外來說也逐漸成為多數派。二〇〇五年八月在俄羅斯出版的古良耶夫（Valeri I. Guliaev）所著的《斯基泰》（The Scythians: The flowering and collapse of a great empire〔英譯書名〕）一書，敘述阿爾贊古墳是斯基泰來源的最好證據，內亞論也因此是最有力的學說。接下來就讓我詳細介紹這個阿爾贊古墳。

◎「聖泉」古墳

在西伯利亞正中央，有一條筆直的、由南往北流的大河，叫葉尼塞河，其源流地區有一個名為圖瓦的國家。圖瓦位於離海最遠的內陸，首都克孜勒甚至立有「亞洲中心」的碑牌。

他們使用的語言雖屬於突厥（土耳其）語，但文化上則接近蒙古，宗教是藏傳佛教（也就是所謂喇嘛教）。約一百年前為止，他們還隸屬於清帝國，但在一九一一年辛亥革命、滿清滅亡之後，俄羅斯將手伸進這個地區，在俄羅斯革命之後則被納入蘇聯的勢力範圍內。一九二一年，他們在名義上一度暫時獨立，但在一九四四年完全遭到蘇聯合併。在一九九一蘇聯崩壞之後，它成為構成俄羅斯聯邦的一個共和國。在震動喉嚨，同時發出低音和高音的奇妙喉音歌唱法「呼麥」（Khöömii）方面，據說比起蒙古，圖瓦才應該是這種歌唱方式的始祖。

從克孜勒往西北約一百公里的草原上，有一個名為阿爾贊的小村落。阿爾贊是蒙古語「阿拉善」的轉訛，代表「礦泉」、「靈水」的意思。位於這

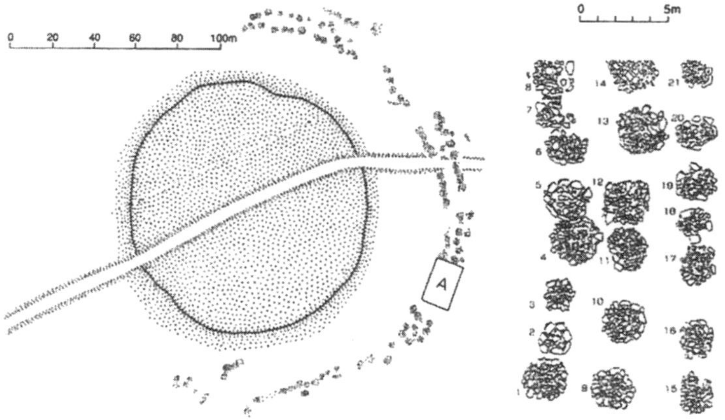

阿爾贊古墳平面圖　道路貫穿古墳。積石塚的東側有兩、三圈的圓形小石堆圍繞。出自：《古代王權的誕生Ⅲ》，角川書店，2003 年。

個聚落郊區有一個積石塚，中央因為盜墓而凹陷了一大塊，從中湧出泉水。泉水非常甘甜，被認為具有藥效，自古以來就被稱作「聖水」。「聖泉」上建有一個帳篷形的小屋，用以保護「聖泉」。喇嘛和薩滿會聚集到這附近舉行祭典，也會舉辦蒙古式的「那達慕」（賽馬等）活動。

然而到了蘇維埃時代，在這裡設置了國營農場，由於需要石材興建道路、房屋和倉庫，因此附近積石塚的石頭陸續被拿走。甚至還有道路直接貫穿積石塚，正大光明地破壞遺跡。

從各處積石塚的石頭下面，落葉松的圓木逐漸探出頭來。圓木上除了可以看到最近挖土機所留下的傷痕之外，還有盜墓者使用斧頭的痕跡和燒焦的痕跡。因為湧出的泉水浸濕圓木，反而變得不容易腐敗，但如果露出在風雨中，或許一下子就會腐朽。這處遺址就是到了這種地步，才終於在一九七一年開始發掘調查工作。負責發掘的是俄羅斯的格里亞茲諾夫（M. P. Gryaznov）和圖瓦當地的考古學家曼奈奧勒（M. Kh. Manai-ool）。

◎草原的「王墓」

進行調查當時，古墳已經嚴重崩塌，直徑約一百二十公尺，側面不再高聳；但營造當初，其直徑應該是一百一十公尺，側面是高聳的才對。這座古墳是沒有夯土的單純的積石塚，呈現有如扁平鬆餅一般的形狀。積石下的圓木交疊成井字形，從中心向外呈現放射狀。中央有一個大的木槨墓室（外槨，八乘八公尺），當中還有小的木槨（內槨，四乘四公尺），裡面有兩個木棺。木棺是挖空圓木製成。兩個木棺當中的人骨經過鑑定，分別是老年的男性和成年的女性。被認為有可能是「王」和「王妃」。會加上引號是因為若稱作王，則必須以王國的存在為前提，但無法判斷當時是否存在可以被稱作國家的群體。

在內槨和外槨的縫隙間，放有挖空的木棺和更小的木槨，總共發現八具遺骸。另外，在外槨的外側，分別在距離外槨很近的地方、稍微有點距離的地方、距離很遠的外圍地方也發現三處木棺，確認了七具遺骸。這十五具遺骸除了一具之外皆是老年男性，想必是殉葬者。

要特別注意的是，木棺的位置有外槨裡面、距離外槨很近的地方、距離很遠的外圍地方等不同的差別。有研究者認為這代表了殉死者——事奉「王」的臣子——身分高低的差別。也就是說，外槨當中的殉葬者是地位較高的近臣，地位愈低，則距離中心愈遠。

在外槨的東牆附近和外槨外側的十三處，發現了整批的馬的遺骸。阿爾贊古墳平面圖上畫有馬標誌的地方，代表發現整批馬遺骸的場所，總數多達一百六十匹，全部都配有馬銜等馬具。我們在第一章介紹的蒙古赫列克蘇爾當中，埋葬於周邊石堆裡的只有馬頭骨，並沒有裝備馬具，但阿爾贊古墳的馬則戴著馬銜。

我曾經在中國的天山山中，目睹蒙古遊牧民用井字堆疊圓木做成多個隔間，當作冬天營地的家畜小屋。阿爾贊古墳的這些圓木堆疊而成的隔間，或許也是模仿家畜小屋而成。

距離積石塚東側十五到三十公尺處，可以看到兩、三重的圓形小石堆圍繞積石塚（見頁八五）。然而，西側沒有這樣的小石堆。將這部分設定為A發掘區進行調查，發現共有二十一座石堆。其中兩座發現綿羊和山羊（肩骨和腿骨）、另外兩座發現牛（距骨和肩骨）、剩下十七座則發現數匹馬的馬骨

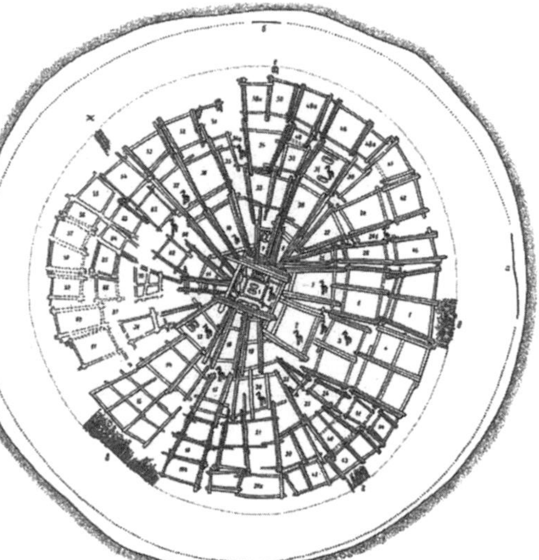

阿爾贊古墳平面圖　積石塚下方有許多由圓木堆疊而成的井字形空間，形成大量墓室。發現整批馬骨的地方標有馬的標誌。出自：Eurasia Antiqua 9, 2003.

（只有頭骨和腳骨）。

這些家畜想必是在葬儀的時候被當作奉獻的牲口，之後再分給與會者食用。僅A發掘區就出土了數匹馬的骨頭，從中可以判斷，所有石堆加起來約有三百匹馬被殺，格里亞茲諾夫等人推測，若要一次消費完如此大量的馬肉，那麼與會者的人數想必不下一萬人。

積石塚的周圍除了西側之外，都有兩、三重的小石堆圍繞，當中埋葬有馬的頭和腿骨，這樣的狀況與蒙古的赫列克蘇爾類似（只不過在蒙古發現的不是腿而是蹄）。另外，墓室雖然有石槨和木槨的差別，但都是直接建於地表之上，再在上面覆蓋石頭，這一點兩者相同。然而，蒙古至今尚未在積石下方發現配戴馬具的陪葬馬，現階段無法判斷這種差異，究竟是源於地域或年代之故。

◎阿爾贊古墳的出土品

阿爾贊古墳很早就慘遭盜掘，因此完全沒有發現金銀製品，但留有各式各樣的青銅製品。在古董成為大眾嗜好的近代之前，盜掘者只鎖定貴金屬，將其融化之後製成塊狀販賣。

無論如何，遺留下的青銅製品具有重大的意義。

出土的青銅製品根據用途，可分類為馬具、武器、裝飾品。馬具包括馬銜和馬鑣。馬銜的式樣都是兩節型，中央有一個環連接，兩端是橢圓或半圓形的環，有一些還再有一個小環。半圓形的環，形狀類似馬鐙，因此也被稱為馬鐙形（不過這個時代還沒有馬鐙）。另外，中間連接的棒子部分有些可以看到扭轉或小的突起列。馬鑣呈現些微彎曲的棒狀，同一個方向開有三個孔。孔的部分較粗，最大的特徵是上面的孔，形狀類似於圓斗笠。

武器則出土了鏃（箭頭）、短劍、戰斧。鏃多是中空的兩翼鏃，值得注意的是，為了讓鏃刺進去之後不易拔出，所以帶有倒刺。短劍的劍身細，有些劍柄刻有山豬的裝飾。

裝飾品當中最值得一提的，是身體蜷曲的豹形裝飾片。因為是與馬一起出土的，格里亞茲諾夫推測這應該是繫在馬鞅上的裝飾。另外還有用途不明的竿頭飾，上面的形象是野生山羊。這些裝飾品在所謂斯基泰動物圖案當中，屬於最古老的類型。

問題是這些青銅製品當中多為馬具和武器，與斯基泰出現在黑海北岸和北高加索前夕的時代（前斯基泰時代）的青銅製品非常類似。頁九一是從伏爾加河、北高加索、黑海北岸出土的馬具和武器當中與阿爾贊古墳類似的出土品，除了戰斧之外，皆屬於前斯基泰時代。另

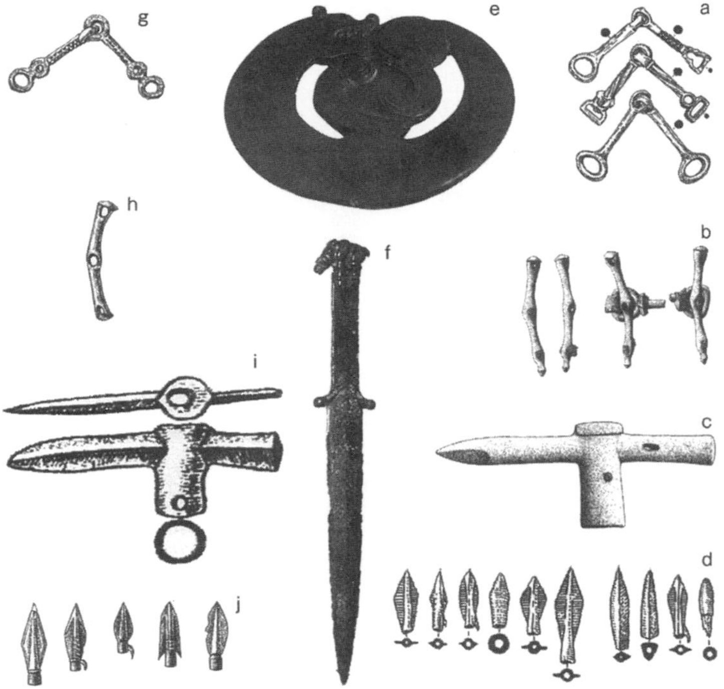

前斯基泰時代馬轡裝備的推測圖

a～f 阿爾贊古墳出土品　a—馬銜；b—馬鑣；c—戰斧；d—鏃；e—身體蜷曲的豹形裝飾片（25×23 公分）；f—劍柄是山豬圖案的短劍（長 33 公分）；g—馬銜；h—馬鑣；i—戰斧；j—鏃。

a、b、c、d 出　自：Stepnaya Polosa Aziatskoj chasti SSSR v skifo-sarmatskoe vremya. “Nauka”: Moskva, 1992; M. P. Grjaznov, Der Grosskurgan von Arzan in Tuva, Sudsibirien. C.H. Beck: Munchen, 1984。

E、f 為烏克蘭國立歷史博物館藏。

g～j 伏爾加河、北高加索、黑海北岸出土品。出自：Arkheologiya Ukrainskoj SSR, tom 2. “Naukova Dumka”: Kiev, 1986; Stepnaya Polosa Aziatskoj chasti SSSR v skifo-sarmatskoe vremya.

外，烏克蘭國立歷史博物館當中收藏了柄頭裝飾有山豬圖案且帶有刀鍔（刀格）的短劍。這是偶然發現的遺物，出土情況不明，且西部沒有類似的例子，因此我們很難藉此來判別阿爾贊古墳的年代。

◎阿爾贊古墳的年代

雖然有些囉嗦，但我還是要再次強調，在北高加索和黑海北岸斯基泰人出現之前的時代，出土的遺物當中並未出現刻有斯基泰式動物圖案的裝飾品。然而，這些裝飾品在阿爾贊古墳中則是與其他遺物一起出土。那麼，阿爾贊古墳的年代到底應該怎樣評估才對呢？到底是前斯基泰時代的西元前九至八世紀，還是初期斯基泰時代的西元前七世紀呢？

關鍵是根據碳十四定年法所推測出的年代。從遺跡當中出土了大量的圓木，因此不愁沒有測定的資料。首先測定的三項資料得到了驚人的結果。第一項所測出的年代是西元前八〇〇（正負五十年），第二項是西元前八五〇（正負五十年），第三項則是西元前八二〇（正負五十年），也就是說，全部都在西元前九世紀至前八世紀前半的範圍內。

碳十四定年法有時會出現很大的差異，使用不同的儀器會測出不同的年代，但就算根據二〇〇四年發表的利用最新測定法所做出的分析，阿爾贊古墳的年代還是有百分之九十五點四的準確率，是落在西元前八二二至前七九一年的範圍內。也就是說，與當初測出來的數值完全一樣。因此必須說，雖然馬具和武器幾乎同時出現在草原地帶的東部和西部，但被稱為斯基泰的動物圖案，則是較早出現在東部。

辛梅里安人和斯基泰人入侵西亞

◎辛梅里安人的「逃亡」和斯基泰人的「追擊」

關於動物圖案，第三章會有更詳細的探討，在此之前僅先討論那些在西部留下馬具和武器的人們。這些雖然沒有動物圖案，但擁有著與東部相同的馬具和武器的人們，無疑也是騎馬遊牧民。他們到底是誰呢？

請讀者回想希羅多德的第三種說法。根據他的說法，在斯基泰人出現之前，黑海北岸住著被稱為辛梅里安的人們。如果是這樣的話，那麼自然有人認為留下這些馬具和武器的就是辛梅里安人。擁有這種想法的人稱斯基泰前夕的時代為「辛梅里安時代」，並認為辛梅里安人才應該是最早在歷史上留名的騎馬遊牧民。辛梅里安人的相關史料遠少於斯基泰人，下面試著從僅存的史料探尋他們的足跡。

提供最豐富資料的人還是希羅多德。在斯基泰人逼近的時候，辛梅里安出現兩種對立的意見。一種是王族，主張徹底抗戰；一種是民眾，認為應該拋棄國土逃亡。比起逃亡，王族選擇死在祖國，於是相互砍殺全員身亡。剩下的民眾則在埋葬王族的遺骸之後，沿著海岸逃進亞細亞，抵達城市錫諾佩（現在的錫諾普，位於黑海南岸的土耳其）所在的半島。

錫諾佩是位於黑海對岸安那托利亞（小亞細亞）北部的港口城市。從黑海北岸逃到這裡的路線有兩種可能，一是順時針方向沿黑海東岸的路線，另一種則是逆時針方向沿黑海西岸的路線。然而，無論是哪一種路線都困難重重。往西的路線必須跨越多瑙河口附近和博斯普魯斯海峽。往東的路線則首先必須朝著東方前進——應該會遇到從東邊進逼而來的斯基泰人——再南下，之後又必須通過高加索山脈直插入黑海的斷崖這般凶險之地。於是，有研究者開始思索，他們是不是搭船逃離的呢？

另一方面，雖然沒有確切的證據，但在後面追趕的斯基泰人，在中途便轉向東邊。根據希羅多德的說法，他們以高加索山為路標，將它放在右手邊持續推進，但中途走錯路而走進內陸，等到發現的時候已經入侵了米底亞人之地。將高加索山脈放在右手邊，就意味著斯基泰人是沿高加索山脈的東側行進，也就是沿裏海而非黑海南下。

假設辛梅里安人向東前進後南下，那也是沿著黑海，不可能沿著裏海。也就是說，斯基泰人一開始就朝著與辛梅

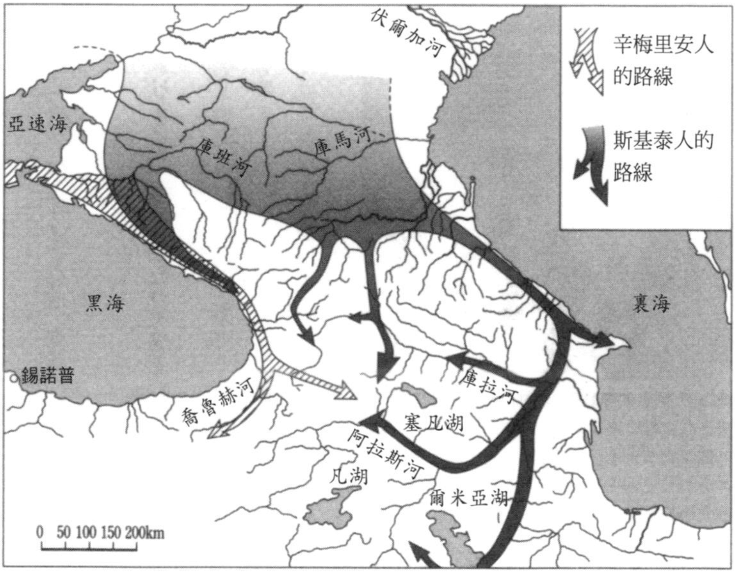

辛梅里安人和斯基泰人入侵西亞的路線　根據克魯普諾夫的推測。根據 R. Rolle. *The World of the Scythians*. B.T. Batsford. London, 1980 製成。

里安人逃亡路線不同的方向前進。為了讓這種推斷更為合理，出生於北高加索北奧塞梯亞共和國的考古學家克魯普諾夫主張，辛梅里安人是沿著黑海東岸逃亡，而斯基泰人是沿著黑海和裏海，翻越高加索山，從多條路線入侵。

◎辛梅里安人和斯基泰人在西亞登場

辛梅里安人和斯基泰人出現在西亞的時期有一段很大的差距。根據斯特拉波等希臘史家的記載，辛梅里安人於西元前六九五年（另一種說法是西元前六七五年）逼使位於安那托利亞中西部的佛里幾亞王國國王邁達斯自殺，並於西元前六七〇至前六六〇年代初，一度占領安那托利亞西部的呂底亞王國首都薩第斯。另一方面，斯基泰人開始統治亞細亞的時間，從前的說法是西元前六五二年左右，新說法則是西元前六一二年左右。兩者出現在西亞的時間，至少有二、三十年的差距。

西元前七世紀的西亞，處於一個動盪的時代。被稱作歷史上第一個世界帝國的新亞述帝國，從高峰期剎那間跌入滅亡的深淵。東起伊朗高原有米底亞人（伊朗系）和曼奈人（系統不明）有如從北面包圍亞述帝國一般，在安那托利亞東部的高原，則有烏拉爾圖人（與西元前三千至前二千年紀，以北敘利亞為中心、使用語系不明的 Hurrian 語的人們同系統）威脅亞述帝國。如前所述，安那托利亞中西部的佛里幾亞王國於西元前七世紀初滅亡，但呂底亞王國的勢力逐漸抬頭。辛梅里安人和斯基泰人就是在這樣的國際情勢之下出現在西亞。

在西元前八世紀末到前七世紀的亞述史料（主要是於新亞述帝國首都尼尼微發現、刻於碑文和泥板上的楔形文字史料）當中，經常出現北方的兩個軍事集團，其一被稱作「Gimirri」，另一個則被稱作「Iskuzai」（或「Askuzai」）。由於發音類似，尤其是子音類似，因此前者被認為是辛梅里安人，後者是斯基泰人（亞述人使用的阿卡德語屬於閃米語系，但閃米語的語頭不會重疊兩個子音，因此在這樣的外來語頭加上母音。有一說原本的名稱應該是「Skuzai」，這樣的話更接近「斯基泰」）。

「Gimirri」第一次出現是在西元前七一四年左右，他們擊敗烏拉爾圖王國的消息傳到亞述，這雖然對於遠征烏拉爾圖的亞述帝國薩爾貢二世來說是一個好消息，但薩爾貢二世據說於西元前七〇五年，也在與 Gimirri 的戰鬥中死亡。也許是為了報仇，他的孫子阿薩爾哈東（西元前六八一～前六六九在位）的大軍於西元前六七九至前六七六年左右，在奇里乞亞一帶（安納托利亞東南部）擊敗了Gimirri的首長圖什帕和他的軍隊。之後，Gimirri的名字經常以安那托利亞西部呂底亞王國的敵人身分登場。西元前六五〇至前六四五左右，呂底亞的王Gyges遭到Gimirri攻擊，向亞述請求援軍。然而，Gyges不久後被殺，他的墳墓也遭到掠奪。這個Gyges無疑就是《歷史》當中所說的呂底亞王巨吉斯（子音一致）。

根據亞述的史料記載，當時Gimirri的王名叫「Dug-dam-mei」，被認為是斯特拉波撰寫的《地理誌》（卷一，六一）當中所提到的萊格達米斯。這個Dug-dam-mei之後可能曾與叫做亞述巴尼拔（西元前六六八～前六二七在位）的亞述王結盟，然而西元前六四〇年左右，辛梅里安軍被亞述軍擊敗，據說Dug-dam-mei也死在奇里乞亞。之後在西元前七世紀末，辛梅里安軍又被呂底亞王阿呂亞泰斯（在位期間為西元前六一〇年至五六〇年左右）擊敗，之後便幾乎消失了蹤影。

◎西亞的斯基泰人

亞述史料當中，Iskuzai人（斯基泰人）第一次出現是在記錄阿薩爾哈東擊敗Gimirri首長圖什帕的同一個碑文當中，也就是西元前六七九～六七六年左右。根據碑文的記載，阿薩爾哈東在曼奈之地（今伊朗西北）擊敗了曼奈軍以及為了救援曼奈軍而來的「Askuzai（斯基泰）王伊斯帕卡（Ishpaka）」率領的軍隊。之後作為持續抵抗亞述的曼奈和米底亞的同盟軍，Gimirri 和 Iskuzai 的名字同時登場。而伊斯帕卡似乎在西元前六七三年左右遭到亞述人殺害。

然而，西元前六七二年左右，阿薩爾哈東將自己的女兒嫁給了 Iskuzai（斯基泰人）的王巴爾塔杜亞（Bartatua），這代表兩者締結同盟關係。這時，斯基泰王國已經出現在高加索南方。那麼伊斯帕卡和巴爾塔杜亞是什麼樣的關係呢？有一說巴爾塔杜亞繼承了伊斯帕卡的大業，另有一說認為兩人屬於不同的集團，還有一說是由於伊斯帕卡戰敗，因此巴爾塔杜亞又從北方新派遣一支軍隊救援（巴爾塔杜亞自己留在黑海北岸，只派遣旗下部隊），眾說紛紜，但都沒有充分的證據。

Iskuzai 的名字後來雖然不再出現於亞述的史料當中，但之後由希羅多德承接。那是因為上述的巴爾塔杜亞，被認為就是《歷史》當中記載的斯基泰王普洛斯杜阿斯（巴爾塔杜亞〔Bartatua〕和普洛斯杜阿斯〔Protothyes〕的子音相通。語頭的 b 和 p 分別是有聲音和無聲音，以下的 r、t、t 也共通）。正確的年代雖然不明（應該是西元七世紀後半），但在米底亞王基亞克薩雷斯（西元前六二五～五八五年在位）包圍亞述首都尼尼微時，普洛斯杜阿斯的兒子瑪杜阿斯率領的斯基泰大軍出現，擊敗米底亞軍（卷一，一〇三）。然而這場勝利最終也徒勞無功，西元前六一二年，尼尼微遭到米底亞和新巴比倫的聯軍攻陷，亞述帝國滅亡。

希羅多德記載斯基泰人統治亞細亞二十八年，然而未說明是在亞述帝國滅亡之後或是之前。最有力的說法是至基亞克薩雷斯即位的西元前六二五年為止的二十八年，但包括是否真是二十八年在內，有各種不同的說法，無法確定。根據《歷史》的記載，這段期間斯基泰人在巴勒斯坦掠奪神殿，向各地居民收取人頭稅（卷一，一〇五～一〇六）。《舊約聖經》的〈以西結書〉（三八）當中出現一支從北方襲擊以色列的騎馬軍團，有人說他們就是辛梅里安人和斯基泰人。

總而言之，根據《歷史》的記載，二十八年後，基亞克薩雷斯邀請斯基泰人參加宴會，將他們灌醉後殺了大部分的人，僥倖生存的斯基泰人則回到故國（卷一，一〇六和卷四，一）。所謂的故國無疑就是北高加索或黑海北岸。

◎新斯基泰人的出現

希羅多德還提到其他斯基泰人的動向。在基亞克薩雷斯統治的時候，有一支從米底亞遷徙過來的斯基泰遊牧民在本國引起叛亂。如果前述說法——在基亞克薩雷斯即位的時候，用計殺害了許多斯基泰人，生存下來的斯基泰人應該已經回到故國——正確的話，那麼這支新出現的斯基泰人，究竟是回到故國之後又再回來，還是沒有回到北方，直接從屬於米底亞呢？

無論如何，由於他們尋求庇護，於是基亞克薩雷斯起初非常厚待他們。他高度肯定斯基泰人，將孩子們交給斯基泰人，讓他們學習斯基泰人的語言和射箭。通常斯基泰人只要外出狩獵，就一定會帶回獵物。然而，偶然有一次他們空手而回，性格易怒的基亞克薩雷斯因此對他們表現出粗暴和侮辱的態度。斯基泰人因此感到憤慨，便殺了基亞克薩雷斯交給他們的其中一個孩子，像平常對待野獸一般烹調後獻上，然後隨即向呂底亞王國的阿呂亞泰斯尋求庇護。

基亞克薩雷斯要求阿呂亞泰斯交出斯基泰人，阿呂亞泰斯卻不予理會，米底亞和呂底亞之間於是爆發戰爭（卷一，七三～七四）。五年後的西元前五八五年，兩國締結和平約定，這時斯基泰人的命運如何呢？很遺憾地，希羅多德並沒有記述。

◎「入侵」的理由

不斷出現不熟悉的地名和人名，想必會許多讀者感到困惑吧！就算是同一號人物，因為亞述史料和希臘史料的稱呼略有不同，而且大多是無法確定年代的事件，所以我們更難掌握全貌。然而，這是北方草原的騎馬遊牧民與南方的定居農耕都市社會在世界史上相遇的最初案例。就算看到之後的歷史發展，這也是非常重要的案例，因此特加說明。

由於兩者實際的形象和活動有許多不明之處，因此在歐洲可以看到許多以「辛梅里安人」或「斯基泰人」為主題的書籍。雖然想要濃縮問題、並立刻找出結論是無理的要求，但我仍然想試著從上述的內容中，看能不能導出某種程度的結論。

就算是亞述史料，辛梅里安人和斯基泰人出現在西亞的時期也有三十年以上的差距，而兩者在西亞幾乎沒有交集，因此現在幾乎沒有研究者相信希羅多德所說，斯基泰人是為了追趕辛梅里安人才出現在西亞的說法。

如果辛梅里安人和斯基泰人之間不是逃亡和追趕的關係，便會出現兩者是否系出同源的論點。從亞述人或希臘人的角度看來，兩者皆是以掠奪和軍事優先的「蠻族」集團，因此對於屢屢出現在各處的「Gimirri」，有人便認為乃是「蠻族」的統稱代名詞。然而，如果考慮到亞述文獻記述的兩者是在相同時期、不同地方、由名字不同的領袖率領，那麼兩者應該還是不同的集團。希臘史料記載他們「入侵」的目的是掠奪，但並非如此單純。Iskuzai（斯基泰）當初是為了援助曼奈才與亞述為敵，但之後與亞述締結同盟關係。從中可以推測，他們應該是一種根據條件而選擇同夥的傭兵集團。如果援助曼奈的斯基泰人和援助亞述的斯基泰人屬於不同集團，就更加證明這是傭兵的應對方式。

雇用北方草原地帶的騎馬遊牧民為傭兵，將他們引進南方定居農耕地帶的例子其實很多。伽色尼王朝（十～十二世紀）是由過去曾為薩曼王朝效力的土耳其系傭兵部隊獨立創建的王朝。打倒伽色尼王朝的塞爾柱王朝（十一～十二世紀），他們的首長也是在阿拔斯王朝哈里發的請求之下進入巴格達城。埃及的馬木留克王朝（十三～十六世紀）如文字所述，是突厥系或切爾克斯（北高加索）系的馬木留克（阿拉伯語代表奴隸軍，也就是傭兵的意思），打倒雇主阿尤布王朝所建立的王朝。同樣的事情也經常發生在中國。

斯基泰人和辛梅里安人最初或許是以掠奪為目的進入西亞，但他們根據當時西亞的國際情勢，加入對立國家當中的一方。由此可見，他們曾以傭兵的形式活躍在當地，差別只在他們並沒有於西亞樹立王朝。

◎考古學上有關騎馬遊牧民的證據

最後看到另一種說法，那就是辛梅里安人和斯基泰人不是「入侵」西亞，而是原本就居住在西亞的騎馬軍團。尤其是辛梅里安人，他們在黑海北岸的存在感非常薄弱，且在亞述史料當中他們最初出現在高加索南方。因此也有人提倡辛梅里安人的起源不是黑海北岸，而是高加索附近的說法。

考古學資料在某種程度上成為這種說法的反證。在安那托利亞中部和東部的遺跡中，發現了與出土於北高加索和黑海北岸、屬於前斯基泰時代的武器和馬具非常相似的遺物。當中，伊米爾勒遺跡（Imirler）位於傳說中辛梅里安人移居的錫諾普南方僅一二十公里的地方。

沿著流淌於錫諾普和伊米爾勒之間的克澤爾河，有一個自一九八五年起，便有日本調查團持續發掘的卡曼卡勒赫於克遺跡。在這裡也發現了帶有倒刺的中空鏃。另外還有圓扁形的鈕扣狀骨製裝飾品，上面刻有喙又大又圓的鳥頭，以及將繩子綁在馬腳上時會用到、中央凹陷的骨頭製品，這些都是在最初期斯基泰文化中可以見到的東西。

再往東，位於幼發拉底河上游 Norsuntepe 和黑海東岸阿布哈茲的克拉努爾夫瓦遺跡，發現了馬鐙形的馬銜，亞美尼亞境內屬於烏拉爾圖人遺跡的卡米布魯爾，出土了初期斯基泰時代的鏃和羊頭形扣環（馬具）。這些前斯基泰時代至初期斯基泰時代的遺物，陸續在安那托利亞和高加索南部被發現。

比較不一樣的是石人。斯基泰人會在古墳上豎立以男性戰士為模型的石人（詳情請見第四章），在喬治亞東部的塞亞尼遺跡發現了與初期斯基泰的石人非常類似的遺物（見頁一八九）。這個石人高兩百二十公分，既不是日常用品，也不是裝飾品，也很難想像是為了交易的目的而翻越高加索山脈，特地將這個石人從黑海北岸運過來，只能推測是斯基泰人自己在這裡建造了這個石人。

就像這樣，從高加索南部至安那托利亞一帶，出土了許多北高加索、黑海北岸前斯基泰時代和初期斯基泰時代的遺物，明顯可以看出，前斯基泰時代的人們和斯基泰人曾經來過高加索南部和安那托利亞。如果將前斯基泰時代的人們視作是辛梅里安人，那麼就表示辛梅里安人也來過這裡，但對於這個結論，只能暫且持保留態度。

1 阿蘭：即《太史公書·大宛列傳》裡的「奄蔡」。

2 阿瓦爾人：中文典籍中的「柔然人」。

第三章 動物紋飾和黃金的美術

希臘化斯基泰美術的傑作　黑海北岸車爾托姆利克古墳出土的銀製鍍金雙耳瓶形狀的來通是擁有獅子形注水口的裝酒容器，明顯受到希臘的影響。上部的圖案描繪的是斯基泰人為馬戴上馬具的情形。高 70 公分。

初期斯基泰的美術——西部

◎斯基泰的三要素

說到斯基泰文化相通的特徵，那就是斯基泰風格的「動物圖案」，特別是在馬具和武器方面。馬具有鐙形馬銜和三孔、兩孔的馬鑣；武器則包括阿西奈塞斯式短劍和兩翼、三翼鏃。之前已經介紹過馬具，也介紹了部分武器（關於阿西奈塞斯〔Acinaces〕式短劍，見頁一一三）。馬具和武器正是以軍事為優先的騎馬遊牧民獨有的特徵。關於動物圖案這點，也許有人會覺得動物圖案的美術裝飾品等與他們不大相配。或是認為如果是表現猛獸襲擊草食動物的場面，才比較符合他們的風格。然而，這樣的場面並沒有出現在初期斯基泰美術當中，而是直到很後期才登場。

此外，初期的斯基泰美術並非模仿他人，而是斯基泰人自己的獨創。如第二章〈阿爾贊古墳的出土品〉小節所述，在北高加索、黑海北岸出現斯基泰動物圖案之前，南西伯利亞的角落早就出現了初期的動物圖案，斯基泰人起源於東方的說法也因此而一口氣站上有利的位置。有用的武器和日常用品是必需品，因此這類物品普及和傳播的速度很快，很少限於特定的地區或某一特定的文化。而沒有直接用處的設計或圖案，則強烈反映出各文化的個性和喜好。本章便以堪稱是斯基泰文化象徵的動物圖案為中心，闡述斯基泰人的美術。

十九世紀末起至二十世紀初，在北高加索和黑海北岸發掘了許多斯基泰的古墳，當中幾個古墳發現了奢華的金銀製品，斯基泰美術因此不限於學界，同時也受到一般大眾所矚目。黑海北岸發掘的大多是中期至後期的斯基泰古墳，如後面所述，出土品強烈受到希臘的影響。而北高加索一帶的古墳則大多屬於初期斯基泰時代，其出土品比起希臘的影響，反倒與西亞的關係更加密切。

正因如此，斯基泰美術的起源是希臘或西亞的說法，在過去較為有力。尤其是如果採信希羅多德的說法，斯基泰人於西元前七世紀後半入侵西亞，統治二十八年，那麼這些「蠻族」在這段期間接觸到優雅且先進的西亞文明，從而在美術方面覺醒，這種「西亞起源論」就更有力了。然而，如前所述，隨著愈來愈了解草原地帶東部的情勢，「東方起源論」開始佔上風。下面便以北高加索古墳的出土品為中心，來看初期斯基泰美術的獨創性，以及來自其他地區的影響。

◎有如尋寶一般的「發掘」

北高加索一帶古墳的發掘，乃是始於一段不幸的過程。儘管考古學這門學術自十九世紀末起已經在俄羅斯萌芽，但為政者保護文化財的觀念依舊薄弱。一名德裔俄羅斯人礦山技師（說難聽一點就是山師[1]、同時也是考古愛好者的舒爾茨（D. G. Shultz），他在一八九七年獲得自由發掘南高加索地帶的許可證，並在一九〇三年鎖定了位於北高加索庫班河克萊門茲村（Kelermes）的古墳群。之所以如此，是因為他聽到當地的農民找到黃金製品的傳言。

從以前開始就有許多關於舒爾茨的不好傳聞，因此管理考古學發掘的皇家考古學委員會，要求舒爾茨必須在考古學家N．維塞洛夫斯基的監督之下進行發掘。然而，舒爾茨在維塞洛夫斯基抵達之前就擅自開始有如尋寶一般的發掘，並發現了大量的黃金製品。他將這些黃金製品送到艾米塔吉，拜謁皇帝尼古拉二世，舉辦特別展。皇帝還賜給他鑲有紅寶石和鑽石的戒指。然而，舒爾茨送到艾米塔吉的並非所有的出土品。他不僅轉賣部分出土品，更將大多數的黃金製品熔成金塊，據說全部高達三公斤之多。他的這種惡行很快就被發現，舒爾茨遭到起訴。維塞洛夫斯基立刻重新展開調查，但為時已晚。他只發現極少量的黃金製品，以及舒爾茨不屑一顧的土器、骨器、青銅器（但也是非常重要的考古資料）。被熔化的黃金製品永遠消失。不僅如此，什麼物品在哪裡、以什麼樣的狀態出土這類對於考古學來說最重要的構圖，只能靠著舒爾茨的供詞努力還原。

就算如此，遺留下來的資料當中，也有包括青銅製品在內共四百件以上，無疑是初期斯基泰美術的一大收藏。下面便讓我們來看看幾件具代表性的出土品。

◎來自西亞的影響

雖然從斯基泰的古墳出土，但並非所有物品都是斯基泰固有的東西。斯基泰美術既然有西亞起源論和希臘起源論的說法，可見其受到這兩處文化的影響之深。

一對黃金製品的兩端是獅頭，中間又有小的羊頭和石榴，這被認為是王座扶手的裝飾品。製品中軸有許多細緻的刻紋，當中鑲入琥珀（現在幾乎都已經脫落）。獅子是古代棲息於西亞所有地區的猛獸，自蘇美時代起便有各種不同的表現方式，這隻獅子的眼睛、耳朵、鼻子的形狀，以及鼻子下方的皺紋、嘴巴張開的方式（有沒有吐舌等），都非常接近西臺時代後期和北敘利亞鐵器時代第二期（西元前九～八世紀）的獅子像。

石榴的果實裡有許多籽，因此在西亞自古以來就與椰棗並列，被當作物產豐饒的象徵，尤其是亞述美術當中有許多類似的呈現。因此可以判斷，這類型的裝飾品完全是西亞的美術品。雖然不知道是掠奪而來、還是贈與或是購入，但無疑是來自西亞。

從舒爾茨的一號墳當中，出土了在希臘被稱作阿西奈塞斯式的短劍和劍鞘。劍鍔部分的形狀有如展翅的蝴蝶，這是阿西奈塞斯式短劍的特徵。這種類型的短劍不僅在斯基泰時代急速遍布所有草原地帶，更傳到鄰近的中國北部和伊朗等地。關於這種短劍的起源眾說紛紜，

推測為扶手裝飾的黃金獅子頭　西北高加索克萊門茲，舒爾茨的三號墳出土。西元前 7 世紀。艾米塔吉博物館收藏。

守護神殿的獅子像　敘利亞西北部、艾因達拉（Ain Dara）遺跡。西元前 9 ～ 8 世紀。作者拍攝。

但無疑是出自草原地帶的某個地方。

劍柄和劍鞘上刻有各種動物的圖案。劍鞘的中心部分呈現的，是八隻帶有魚形翅膀的幻想動物正在列隊行進的場面。這種幻想動物被認為是烏拉爾圖美術當中所特有。劍鍔和同形狀劍鞘的上端，中央配置的是顯象徵性的樹木，兩側則是帶翼神，推測想要表現的是帶翼神在中央的椰棗樹授粉的場景。這樣的圖案經常可以在亞述美術當中看到，然而，亞述的帶翼神穿的是到腳踝的長衫，而這裡的帶翼神穿的則是只到膝蓋下方、較短的服裝。這樣的裝扮接近西臺後期的帶翼神。就像這樣，劍鞘本身的圖案可說是混雜亞述、烏拉爾圖、西臺後期的美術樣式。

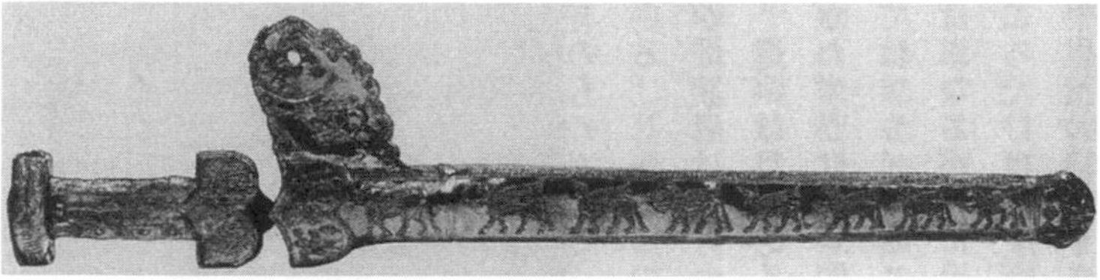

覆蓋有黃金裝飾的阿西奈塞斯劍和木製劍鞘 舒爾茨的一號墳出土。西元前 7 世紀。劍柄長 14.2 公分，劍鞘長 46.7 公分。艾米塔吉博物館收藏。

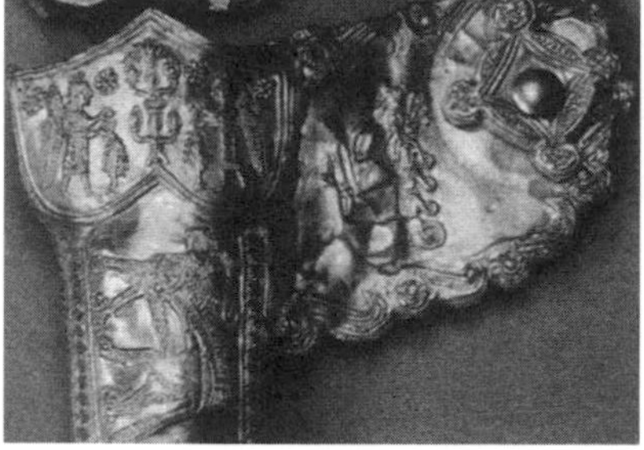

劍鞘上方的擴大圖 上面有可以掛在腰帶上的附屬品。

◎劍和鞘的製作者是誰？

相對於此，劍鞘上方耳垂形突出部分的圖案則是典型斯基泰美術風格。首先，邊緣排列多個大嘴彎成鉤形的鳥頭，這是初期斯基泰美術的特徵之一。雖然很小且不容易發現，但在讓皮繩可以掛在腰帶的圓形裝飾上，有四個小圓圈，呈現的形狀是身體蜷曲成圓形的猛獸。雖然大小不同，但與阿爾贊古墳出土的青銅製飾片相同，這是初期斯基泰動物圖案中用來表現猛獸的特徵之一。

耳垂形的中央，呈現的是鹿角堅挺的鹿。鹿角分別向前方和後方延伸，頭微微昂起，嘴巴閉著。前腳和後腳分別彎曲收起。在克萊門茲東南方剛進入高加索山中的闊斯托羅姆斯卡（Kostromskaya）村的古墳，也出土了與此完全相同的鹿形裝飾品。這是由前述的考古學家維塞洛夫斯基於一八九七年所發掘，由於是在推測曾作為圓形盾牌裝甲的鐵板上發現，因此被認為原本應該是盾牌上的裝飾品。

在鹿的呈現方式當中，鹿腳獨特的彎折方式尤其是初期斯基泰美術當中，對於草食性動物的特有表現。因此一般認為，克萊門茲劍鞘上面的鹿也是屬於斯基泰美術。然而，兩者的細部呈現有如挑錯遊戲一般的細微不同，不知道讀者是否已經發現。

兩者的不同在於眼睛。劍鞘上的鹿，眼睛上方有一個圓弧狀突起的部分，且眼頭和眼尾也微微突出。這種眼睛的呈現方式是新亞述美術中草食性動物的特徵，也常見於阿契美尼德王朝。相對於此，純粹的斯基泰美術無論是草食性動物或肉食性的猛獸，眼睛都只是單純的小圓。因此，克萊門茲劍鞘上的鹿有許多地方符合斯基泰美術的風格，但眼睛的部分其實屬於西亞風格。事實上，劍鞘邊緣上的鳥的眼睛，也是同樣的表現方式。

總結以上特徵，可以得出如下結論：劍

劍鞘上方耳垂形突起部分中央所刻畫的鹿　眼睛上方有一個圓弧狀突起的部分。

新亞述、尼姆魯德出土，手持山羊和麥穗的帶翼神（部分）　從山羊的眼睛可以看到新亞述美術在表現草食性動物時的特徵。西元前 875 ～ 860 年。大英博物館收藏。

的形狀屬於斯基泰的阿西奈塞斯式短劍。劍鞘的中心部分是烏拉爾圖美術，上端蝶形當中的圖案是西臺後期風格的亞述圖案。耳垂形當中的圖案，邊緣的鳥頭裝飾和中間的鹿都是斯基泰風格，唯有鹿的眼睛屬於西亞風格。

那麼到底是誰製作了這把短劍和劍鞘呢？劍鞘本身和耳垂形突出的部分一體成形，應該不是分別製作之後再結合。我們推測，想必下令製作的人是斯基泰的王侯，命了解亞述和西臺後期美術的烏拉爾圖師傅製作劍鞘上的裝飾，耳垂形突起的部分則讓他參考如從闊斯托羅姆斯卡出土一般的鹿形裝飾品，製作符合斯基泰人喜好的圖案。師傅雖然模仿範本製作，只是一時大意，眼睛的部分還是依照自己的習慣，做成了西亞風格。

如果這樣的推測正確，那麼斯基泰人在接觸西亞美術的時候就已經擁有自我風格的美術樣式，從而可說斯基泰美術的西亞起源論並不成立。

◎受到希臘的影響

從舒爾茨三號墳出土的王冠（頭帶型冠），上面除了格里芬頭之外，還有許多花朵的圖案和水滴形垂珠裝飾，以及吊有羊頭的兩把鎖。刻有花朵圖案的王冠常見於亞述美術當中，水滴形（或是底部尖起壺形）的垂珠裝飾則常見於希臘的貴金屬工藝當中。

格里芬是結合鷲和獅子的幻想野獸，自西元前三千年前起就廣為西亞人所知，之後在各地區和各時代，都以不同的變化形式出現。這頂王冠上的格里芬張開尖銳的喙，可以看到裡面的舌頭，頭上長有馬一般的耳朵和圓形突起物，耳朵下方隆起有如鬃毛，脖子上垂有兩條捲毛。這是典型希臘古風時期（西元前七～前五世紀初）初期的格里芬。

從舒爾茨四號墳出土的鏡子，則包含多種複雜的要素。全部可以劃分為八個區域，自右上順時針方向看起。獅子襲擊公牛的場面自古以來就常見於西亞的圓形印章上，這面鏡子上的獅子，其鬃毛的表現方式接近亞述浮雕的獅子像。身旁站立的一對人面獅身像屬於希臘風格，腳邊有如豹一般的野獸則接近斯基泰的表現方式。

接下來的豹和後方的樹（也許是橄欖樹）或許可說屬於西亞風格，但下面的羊，根據腳彎折的方式看來，屬於斯基泰風格。接下來是人類與格里芬搏鬥的場面，無疑是在表現希臘神話當中著名的阿里瑪斯波伊與格里芬之戰（根據希羅多德《歷史》第三卷一一六的記載，獨眼巨人阿里瑪斯波伊曾試圖搶奪格里芬看守的黃金。希臘的壺繪經常以這段大戰為題材）。旁邊的熊、鷲和狐的歸屬不明，但熊在希臘神話中與阿耳忒彌斯神有著特別的關係。接下來是人面獅身和格里芬，明顯屬於希臘風格。

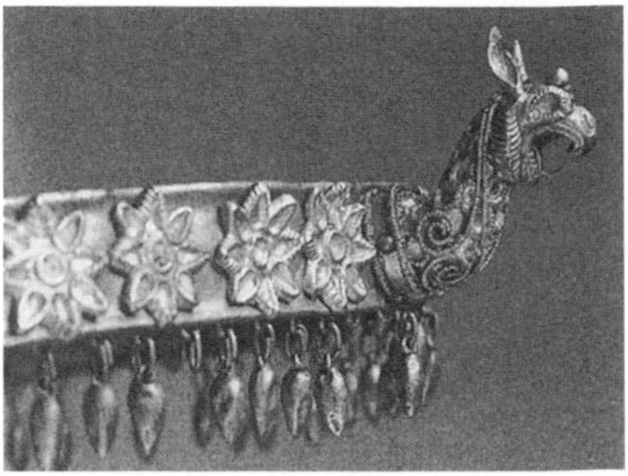

舒爾茨三號墳出土的金製王冠（部分） 裝飾有格里芬的頭和花朵圖案。西元前 7 世紀。艾米塔吉博物館收藏。

舒爾茨 4 號墳出土、鍍上琥珀金的銀鏡 西元前 7 世紀。直徑 17 公分。邊緣高 0.6 公分。艾米塔吉博物館收藏。

兩頭獅子站立的圖案多出現在亞述的印章上，不過通常還有王或神站立在獅子之間。最後一區的圖案是帶翼的女神雙手捧著豹。說到馴服野獸的女神，就會想到希臘的阿耳忒彌斯神或安那托利亞的希栢利神。中央的花朵是西亞風格。

最後值得注意的是鏡子的形狀。當時希臘的鏡子是帶柄鏡，但這面鏡子沒有柄，中央有鈕（把手）的根部。另外，這面鏡子的邊緣高高隆起。這樣有鈕和高緣的鏡子，常見於初期斯基泰時代的東部草原地帶。

整理上述特徵，鏡子的圖樣混雜西亞（亞述）、希臘、斯基泰三大樣式，形狀則屬於中亞以東方面。這面鏡子究竟是誰製作的呢？如果硬要解釋，可以推測應該是在中亞地帶製作的銀鏡被帶到高加索，擁有這面銀鏡的斯基泰王侯命擁有亞述美術知識的希臘裔師傅，用琥珀金（混入銀的金）在上面進行圖樣裝飾而成。

◎其他地區母題的斯基泰化

舒爾茨一號墳出土的豹形裝飾片，被認為與闊斯托羅姆斯卡出土的鹿形裝飾片相同，都是盾牌的裝飾，兩者相似的程度甚至讓人懷疑是出自同一師傅之手。兩者的背面都有兩個方便安裝的把手。圓眼、脖子、腳跟的呈現方式都相同。這種豹型的特色是，腳尖和尾巴連結，身體蜷曲，經常並排出現，屬於邊緣裝飾的一種。

然而，克萊門茲的豹有些地方不屬於斯基泰風格，其中一點是有四條腿。很少看到四條腿的呈現方式，看起來就非常彆扭。另一點則是耳朵裝飾性的呈現方式。耳朵的邊緣分成多個三角形的區塊，裡面鑲有燒熔的玻璃。這種鑲嵌方式，看起來就像是在模仿前面的金製扶手裝飾，但從不自然的四條腿看來，應該不是西亞或希臘的師傅製作，而是原本就在斯基泰的師傅所製。

英語稱作「pole top」，日語翻作「竿頭飾」的青銅製品，普及於斯基泰時代的草原地帶。這種竿子頂端的裝飾品，一定是以某種動物為型。在草原地帶的西部，動物圖案的下面大多會加鈴鐺或鐸，可以發出聲響，但東部則很少看到這樣的類型。關於用途，有人說是葬禮的時候領馬用的竿子，但沒有確定的結論。

舒爾茨一號墳出土的黃金製豹形裝飾片　西元前 7 世紀。長 32.6 公分。艾米塔吉博物館收藏。

在北高加索的一座初期斯基泰古墳中，除了兩件格里芬竿頭飾外，也另外出土了兩件鹿的竿頭飾。這隻鹿張開嘴巴伸出舌頭，頭上有突起物，這與前面介紹的王冠所呈現的古風時期格里芬相同，只不過耳朵和耳朵下方的隆起處合為一體，沒有區別，想必這是稍微模仿隆起的結果。這也是其他地區主題被斯基泰融合接納的好例子。

初期斯基泰的美術——東部

◎盜墓的歷史

在欣賞草原地帶東部出土的初期斯基泰美術品之前，得先介紹這些美術品問世的原委。上一節提到有如尋寶一般的粗糙發掘，本節也要從盜墓開始說起。如同〈阿爾贊古墳的出土品〉小節所述，盜墓自古以來便已存在。然而，這是趁夜裡秘密進行的地下行動，尤其在草

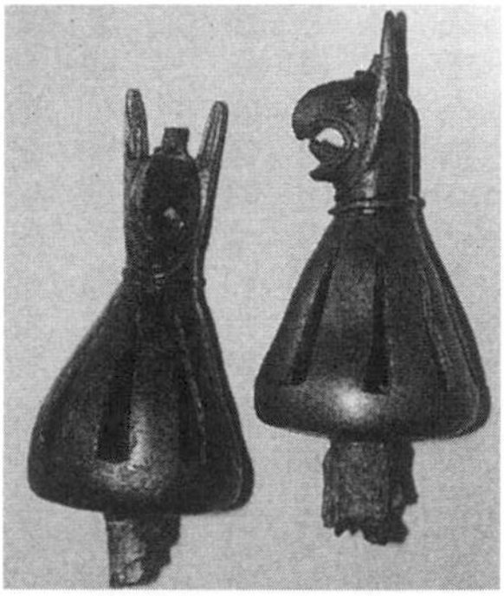

青銅製格里芬竿頭飾　下端是鈴鐺。西元前8世紀末～7世紀初。北高加索、諾沃薩威強諾村出土。高26.0～26.5公分。斯塔夫羅波爾博物館收藏。

青銅製竿頭飾　帶有鐸，中央扭曲的山羊肩膀上有一個小的鳥頭。西元前6世紀。西北高加索、烏爾斯基奧爾二號墳出土。高26公分。艾米塔吉博物館收藏。

原，盜墓絕非能夠明目張膽、任意妄為之事。遊牧民大多厭惡挖掘地面耕種之事，這是因為他們不想傷害草原，同時也輕視受土地束縛的農耕民。此外，姑且不論是否擁有被埋葬在墓裡的人乃是自己直接祖先的意識，總之遊牧民相當憎恨破壞墓地的行為，而且他們的視力非常好；因此，在遊牧民支配草原期間，古墳幾乎沒有遭到盜掘。

等到對古墳沒有任何情感的俄羅斯人來到西伯利亞後，盜墓才開始大規模、有組織地展開。十六世紀末，哥薩克隊長葉爾馬克越過了烏拉爾山脈，一六〇四年，他在相當於西伯利亞進入阿爾泰入口處的托木斯克興建堡壘。當初俄羅斯的勢力僅限北方的森林地帶，不過自十七世紀後半起至十八世紀初，他們便開始踏足南方的草原地帶，而那裡有著具備豐富陪葬品的斯基泰和薩爾馬提亞時代的古墳。

俄羅斯人最初的盜墓紀錄是在一六六九年，這時他們主要在西伯利亞西部活動，但隨著「資源」枯竭而逐漸向東移。一七一九到二二年以俄羅斯遣清國使節團的醫師身分，旅行西伯利亞的蘇格蘭人貝爾（John Bell）記錄了盜墓的實際情形。根據他的記錄，每到夏天就有許多人從托木斯克等地外出九到十天，破壞墓地，挖掘金、銀、青銅、寶石等。

同一時期，根據彼得一世（一六八二～一七二五年在位）派遣到西伯利亞的德國人梅塞施密特（D. G. Messerschmidt）的紀錄，盜墓者到了春天就會集結兩百到三百名黨徒前往草原，找到值錢的地方之後就會分成小隊，互通消息盜掘。那是因為如果單獨行動，有可能會被當地的卡爾梅克人（蒙古系）或哈薩克人（突厥系）襲擊殺害。如果一切順利的話，據說可以得到約五至七磅（約二到三公斤）的金銀。當時的盜墓者和古代一樣，只取出金銀將其熔化。十七至十八世紀歐洲所製作的黃金製品，據說就是用這些熔金製成。

◎最初的黃金製品收藏家

最先從發掘的遺物當中看出文化價值的人是荷蘭學者威特森（Nicolaes Witsen）——威特森家族自古以來就與莫斯科公國維持貿易關係。當威特森大學畢業之後，便成為荷蘭派駐莫斯科公使的隨員，於一六六四年前往莫斯科，停留一年。期間，他蒐集了俄羅斯地理、民族、語言的相關資料。之後他雖然沒有再訪問俄羅斯，但派人常駐莫斯科，繼續蒐集資料，並於一六九二年出版大作《東北韃靼利亞》（這時歐洲稱西伯利亞、中亞草原地帶為韃靼利亞〔Tartarie〕）。

根據威特森留下的書信，他用船將一七〇四年於西伯利亞墓地發掘的黃金製品運到荷蘭，但途中遭到海盜襲擊，全部被奪走。之後一七一三到一六年，好不容易才終於將黃金製品得到手，這些黃金製品的圖鑑收錄於一七八五年版的《東北韃靼利亞》。

一七一七年年威特森死後，彼得一世試圖從他的未亡人手中買走這些黃金製品未果，一七二八年這些製品遭到拍賣，四散各地。現在除了兩件之外，其他的東西都不知去向。

彼得大帝之所以對西伯利亞出土的金銀感到興趣，是因為一七一五年，烏拉爾的礦主戴米多夫（Nikita Demidov）為慶祝王子誕生，向皇室呈獻了黃金製品。深具西歐文化教養的彼得大帝認知到它在美術方面的價值，於是立刻下令西伯利亞總督賈加林（Matthew Gagarin）收集相同的黃金製品。賈加林收集了一百零二件大的黃金製品和其他小的黃金製品一箱，送給彼得大帝。

一七一七年俄羅斯頒布法律，禁止個人買賣貴金屬的出土品，由國家買回。繼賈加林後接任的徹卡斯基（Alexey Cherkassky），也在一七二〇年收購了一批飾品上呈。彼得大帝死後的一七二六年，這些東西經過整理後送到藝術間（Kunstkamera）[2]，共兩百五十件，黃金總重達七十四磅（三十點三公斤）。

淘金熱突然終止。一七三三到四三年間受到俄羅斯科學院委託、到處發掘西伯利亞古墳的德國人穆勒（Gerhard F. Müller）也不再受到幸運女神的眷顧，只能在阿爾泰買到少數的黃金製品。這時，足跡所能至的古墳都已經全數被挖盡。

如此收集而來的黃金製品，現在被稱作西伯利亞藏品（或彼得大帝藏品）。一般認為，這些收藏品都是來自額爾齊斯河左岸的托博爾河和伊希姆河流域，以及沿額爾齊斯河往上的東哈薩克至阿爾泰一帶。

這些收藏品現在展示於艾米塔吉博物館中最珍貴的「黃金室」當中。一般人若想參觀，必須獲得特別許可，分成人數少的小隊，在監視人員的帶領之下邊走邊參觀，不可停下腳步。

◎初期的東部母題

西伯利亞藏品包含了初期斯基泰時代（西元前八～前六世紀）至紀元前後薩爾馬提亞時代的製品。當中身體蜷曲的豹形裝飾片屬於初期斯基泰時代，豹子的嘴巴微微張開，圓圓的眼睛和鼻孔，蹄尖和尾巴尖端繞成一圈，題材與阿爾贊古墳出土的裝飾片完全相同。克萊門茲的豹形裝飾片，雖然身體沒有整個蜷曲，不過從腳尖、尾巴與身體繞成一圈這點上，也可以將這隻豹視為出於同樣的主題。哈薩克西部錫爾河口附近的 Uigaralk 墓地，也同樣出土了身體蜷曲的豹形製品。該墓地也出土了鹿用蹄尖站立圖案的馬具裝飾，呈現的方式與第一章介紹的鹿石類型②相同。

哈薩克東部也有初期斯基泰時代的重要遺跡，那就是位於額爾齊斯河流域、距離與中國國境處僅二十公里的齊列克塔古墳群，於一九五〇年代後半展開調查。當然，這些古墳全部都曾遭到盜墓，因此只有一座墳塚發現了少量的黃金製品，那是在盜墓者錯過的皮製箭筒上，縫有小的黃金裝飾品。這些裝飾品幾乎都是動物圖案，包括雙腿彎曲的鹿、蹄尖站立的野豬、鰓大的魚、鷲的頭、身體蜷曲的豹等，都是初期斯基泰時代典型的題材。因此，這座古墳（被命名為「黃金古墳」）的年代推測為西元前七至前六世紀。

從齊列克塔一地渡過額爾齊斯河，再東進便可抵達阿爾泰。阿爾泰有許多屬於後期斯基泰時代的重要出土品，很少有初期的東西。當中，出土狀況不明，但據說是在額爾齊斯河的支流布赫塔爾馬河上游發現的鏡子，上面鑄有值得玩味的圖案，那就是屬於典型初期斯基泰時代、伸直腿用蹄尖站立的五隻鹿和一隻山羊。另外，鏡子的中央留有鈕的根部，邊緣高高隆起。這個形狀與克萊門茲的鏡子相同。順便介紹另一面鏡子，它具有相當中國風味的鈕，上面的圖案卻是斯基泰式的身體蜷曲的虎。然而由於出土地是中國北方，因此很可惜地沒有準確的資訊。

◎阿爾贊二號古墳的衝擊

如前所述，一九七一至七四年間，研究者在阿爾泰東邊的圖瓦，針對當地的阿爾贊古墳展開調查，結果帶給學界很大的衝擊。三十年後，阿爾贊再度受到世界的矚目。因為，由艾米塔吉博物館和德國考古學研究所共同進行調查的阿爾贊二號古

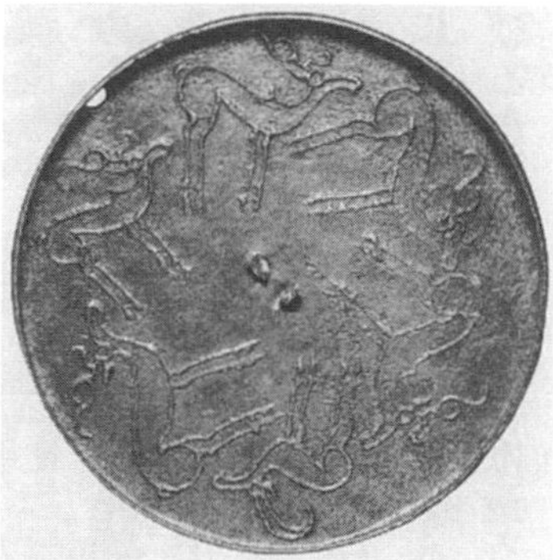

（左圖）**虎形圖案的銅鏡**　大老虎裡面有身體蜷曲的小老虎。西元前 8 ～ 7 世紀於北中國出土，直徑 9.9 公分。柏林東亞美術館收藏。

（右圖）**浮雕有蹄尖站立的鹿和山羊的銅鏡**　外緣隆起，鈕只剩下根部。阿爾泰出土，直徑 13.5 公分。艾米塔吉博物館收藏。

墳，發現了倖免於盜墓劫難的黃金製品五千七百件（總重量達二十公斤）。

阿爾贊二號古墳位於一九七〇年代調查的阿爾贊一號古墳東北方約七公里的位置，是以阿爾贊村為中心東西延伸的古墳群當中最東邊的一個古墳。古墳的構造留待第四章介紹，這裡首先來看看動物圖案的出土品。

蹄尖站立的鹿和彎折腿的山羊是初期斯基泰時代的題材。阿西奈塞斯式短劍的柄頭和劍鍔部分呈現的，是身體蜷曲有如虎一般的猛獸與山羊一般的動物對峙的場面。由於不是猛獸直接吞噬草食動物的畫面，因此稱不上是動物搏鬥的圖案，但已經可以看出後期斯基泰美術中動物搏鬥圖案的端倪。鐵鏃上貼有金箔，表現的圖案是如鷲一般的猛獸和山羊頭部，同樣稱不上是動物搏鬥的場面，但已經非常接近。小型衣服飾品上呈現的是頭大、蹄爪尖銳的動物圖案，遠在西方錫爾河口附近的南塔吉斯肯（Tagisken），也有發現同樣的裝飾品。

綜觀所有出土品，值得注意的是，當中完全沒有被認為是西亞或希臘式題材的製品（二〇〇六年德國出版的出土品目錄，將猛禽頭部形狀的黃金製品說明成「格里芬」的頭部，但由於沒有耳朵，因此不是格里芬而是一般的猛禽）。問題是二號古墳的年代，根據出土的動物圖案表現和馬具等推測，其年代雖然比阿爾贊一號古墳晚，但仍屬於初期斯基泰時代。這

黃金製鹿形帽子飾品，
高 6.8 公分。

山羊形帽子飾品，
寬 4.5 公分。

鐵製金箔阿西奈塞斯式短劍，
長 38.2 公分。

鐵製金銀箔鏃，
長 3.1 ～ 4.2 公分。

黃金製猛獸形衣服裝飾，
長各約 2 公分。

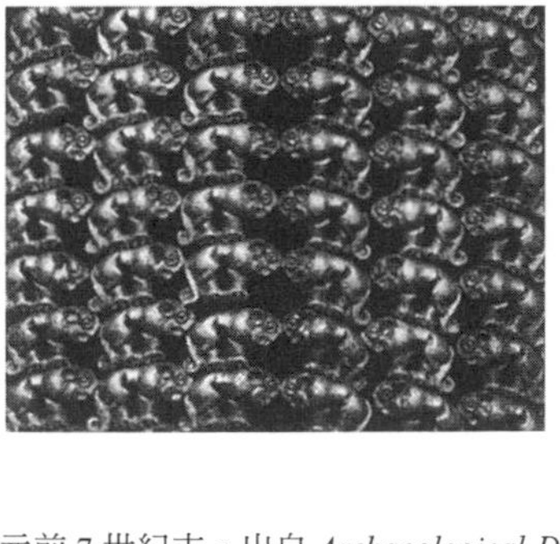

阿爾贊 2 號古墳的出土品　西元前 7 世紀末。出自 *Archaeological Discoveries in the Valley of the Kings, Tuva.* Ermitazh: Sankt-Peterburg, 2004 年 .

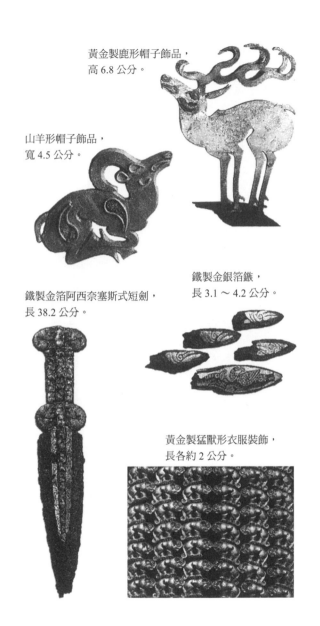

個推測經過物理學的年代測定法獲得證實。二〇〇六年，德國考古學研究所發表了墓室使用的落葉松的分析結果。根據這項結果顯示，松木的年代落在西元前六一九至前六〇八年的範圍內，也就是西元前七世紀末，比阿爾贊一號墳塚約晚兩百年。

這個分析結果具有兩項重大的意義。一個是，堪稱動物搏鬥圖案雛形的圖案，已於西元前七世紀末出現在南西伯利亞的一角；另外一個則是鐵製品的登場。後者的意義尤其重大。過去最普遍的看法是：鐵製品自西元七世紀後半於草原地帶的西部開始登場，而草原東部則較晚，要到西元前五世紀以後才出現，這也是斯基泰東方起源論唯一的弱點。然而，二號古墳的發現讓東部鐵器的出現一下子提前到了西元前七世紀，與西部幾乎沒有差別。另外，從西元前七世紀末的階段，草原地帶東部尚未受到西亞和希臘的影響看來，斯基泰美術的東方起源論愈來愈有力。

◎初期斯基泰美術的彙整

彙整上述初期斯基泰美術特徵的細部，表現如下：

①猛獸的身體蜷曲。
②猛獸的蹄尖呈現圓弧形。
③鹿、馬、山羊等草食性動物的腿前後彎折。
④鹿和野豬的腿伸直，以蹄尖站立。
⑤草食性動物的頭向後回首。
⑥排列多個鳥頭作為邊緣的裝飾。
⑦動物的肩膀上會有鳥頭。
⑧一頭動物的身體當中會有多頭小的動物。

這些特徵幾乎不會在斯基泰以外的美術看到（⑤除外）。

更進一步綜觀以上特徵，可以得出下列幾點結論：

①草原地帶的西部和東部有許多共同的特徵，但年代是東部略為久遠。
②草原西部可以看到希臘和西亞的影響，東部則沒有。
③大多單獨描繪動物。
④雖然沒有猛獸襲擊草食性動物的動物搏鬥圖案，但東部可以看到其雛形。

⑤動物的種類以鹿、豹、虎為最多，其次是野豬、山羊、馬、鳥頭。西部還會出現格里芬。

後期斯基泰的美術

◎希臘化斯基泰美術

草原西部的初期斯基泰美術經過中期（西元前五～前四世紀前半）進入後期（西元前四世紀後半～前三世紀初），可以看到明顯的變化。雖然也受到興起於西亞的阿契美尼德王朝波斯的影響，但希臘的影響更為顯著。這樣的美術稱作「希臘化斯基泰（Graeco-Scythian style）美術」，顧名思義，就是希臘風格的斯基泰美術。

在希臘化斯基泰美術中，可以看見許多顯著的傾向：包括開始使用棕葉飾（棕葉開展的圖案）和唐草紋這類的植物圖案，動物的表現更加寫實，同時也出現了人類和神的圖案。這個部分已經在斯基泰起源傳說的小節中介紹過。

這些作品被認為是住在黑海北岸希臘人殖民城市的希臘工匠，在斯基泰王侯的要求之下製作的。也許很多人會以為，那不就和一般的希臘美術沒有任何區別嗎？然而，還是可以從中一窺有關斯基泰的髮型、服裝、日常生活、信仰觀念等很難從文獻和考古資料中判斷的線索。下面就讓我們看看幾個例子。

一九七一年於黑海北岸發掘的托羅斯塔（Tolstaya Mogila）古墳，高八點六公尺（推測建造當時高十三點五公尺，直徑五十二公尺），它雖然不是現存斯基泰古墳當中最大的墳塚，但由於兩個墓室當中有一個完全沒有遭到破壞，因此備受矚目。從墳丘的正中央往下，挖掘了一個類似井的豎坑，在豎坑底部又挖出橫穴，通往中央墓室。中央墓室（埋葬有男性和他的隨從三人）當然遭到了盜掘，但盜墓者並沒有察覺到旁邊的女性墓室。斯基泰文化當中，屬於主

女性遺骸的出土狀況　1971 年發掘的托羅斯塔墳塚。西元前 4 世紀中左右。*From the Lands of the Scythians.* The Metropolitan Museum of Art. New York. 1975.

角的男性通常會與妻子埋在同一個墓室，或是埋葬在複數墓室當中相連的兩個墓室。不過不知是否因為男女感情不睦，托羅斯塔墓塚裡的這兩個墓室並不相連。結果相當幸運的是，遠離中心位置的女性墓室（中間是一名女性和幼兒，兩側有男女各一人）倖免於盜掘。女性被發現的時候，全身戴滿黃金飾品。頭上有冠、胸前有首飾、雙腕上有手鐲。衣服雖然腐爛不見，但發現了許多縫在衣服上的黃金小飾片。

另外，連結豎坑和中央墓室的橫穴通路，因為天花板土石崩落之故，也得以免於盜掘之害。在這裡發現了劍柄和劍鞘上貼有金箔的鐵劍，以及華麗的項圈胸飾。胸飾的圖案分成三層。俄羅斯考古學家拉耶夫斯基解釋，圖案分成三層，代表印歐語族一般將社會分成上層（神官）、中層（貴族戰士）、下層（庶民）的觀念。然而，這個胸飾項圈各層的內容並不符合社會階層。

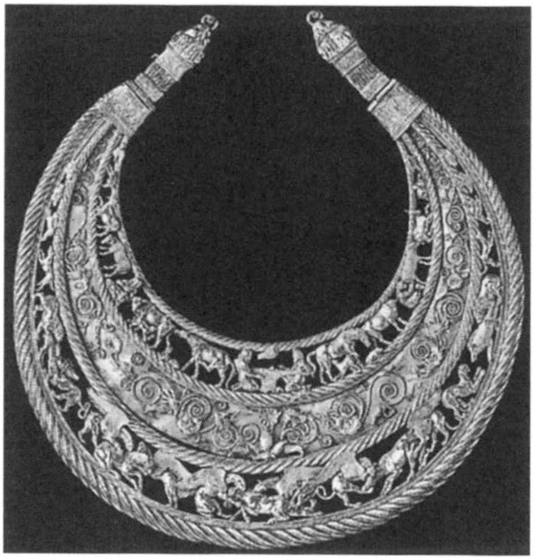

托羅斯塔墳塚出土的項圈　戴在女性遺骸身上。直徑 31 公分。基輔，烏克蘭歷史寶物博物館收藏。

讓我們試著看看各層圖案的內容。最外層表現的是動物搏鬥圖案。中間是兩隻鷲形格里芬正在襲擊馬，兩旁是獅子和豹襲擊野豬和鹿，另外還有狗追兔，前面還有蚱蜢。鷲形格里芬是西元前四世紀左右希臘古典時期最典型的表現。項圈第二層的圖案是花、蔓草，以及鳥。

最內層的圖案描繪的是斯基泰人的日常生活。中央有兩個拉開羊毛進行縫補的半裸男子，其次是母馬母牛及其幼子、女性和孩童擠乳的場面、山羊和鳥。現在的中央歐亞遊牧民，擠乳依舊是女性和孩童的工作。另外，擠牛馬乳的時候，首先會讓小牛和小馬含住母親的乳頭，等到乳開始流出的時候拉開小牛小馬，由人類繼續擠乳，至今如此。左右兩側描繪的是拿著壺的女性，想必是在等待小牛開始飲乳的時候能夠立刻替換擠乳。從這些希臘化斯基泰美術當中，可以得到有關斯基泰文化的各種資訊。

◎塞迦和斯基泰

如第二章所述，亞述被米底亞和新巴比倫的聯軍所滅後，新巴比倫一時之間成為西亞一大勢力，但西元前六世紀後半於伊朗高原興起的阿契美尼德王朝，建立了超越亞述的大帝國。雖然眾所皆知，阿契美尼德王朝曾往西推進，與希臘各城市發生衝突，不過他們也遠征東方，在中亞草原接觸到總稱為塞迦人的騎馬遊牧民。

根據伊朗西北部貝希斯敦銘文上的記載，阿契美尼德王朝將塞迦人分成以下三種：戴尖帽子的塞迦人、飲豪麻的塞迦人、海對面的塞迦人。豪麻被認為是用靈草、藥草製作的酒，但詳情不明。一般認為，戴尖帽子的塞迦人住在中亞略靠西邊，飲豪麻的塞迦人住在略靠東邊，但這樣的推測沒有任何根據。另一方面，關於海對面的塞迦人，如果這個「海」是裏海或黑海，那麼應該就是住在北高加索至黑海北岸的騎馬遊牧民，也就是出現在希臘文獻當中的斯基泰人。

希羅多德將塞迦人寫作撒卡依人，在敘述西元前四八〇年薛西斯一世（在位期間西元前四八六～前四六五年）遠征希臘的時候，曾提及「戴尖帽子的撒卡依人」也是參加遠征的其中一個部隊。

屬於斯奇提亞人（斯基泰人）的撒卡依人（塞迦人）戴著一種高帽子，帽子又直又硬，頂頭的地方是尖的。他們穿著褲子，帶著他們本國自製的弓和短劍，此外還有他們稱之為撒伽利司的戰斧。這些人雖是「阿米爾吉歐伊・斯奇提亞人」，卻被稱為撒卡依人，因為波斯人是把所有斯奇提亞人都稱為撒卡依人。（《歷史》卷七，六四）[3]

雖然不知道「阿米爾吉歐伊」指的是何處，但希羅多德將希臘人所稱的斯基泰人和波斯人所稱的撒卡依人視作同一種人的見解，想必是正確的。應該是住在南方定居地帶的人們，將住在北方草原地帶、擁有相同文化的騎馬民族總稱為斯基泰人（斯奇提亞人）或塞迦人（撒卡依人）。如果是這樣的話，無關是否說著相同語言、是否屬於相同人種，西起黑海北岸，東至中亞，甚至跨越阿爾泰山脈、圖瓦乃至蒙古高原為止，將這些文化接近的騎馬遊牧民統稱為斯基泰人也沒有錯。這就是本書將出土於圖瓦和阿爾泰山脈一帶、屬於西元前八至前四世紀的遺物稱作斯基泰文化的文獻根據。

如果是這樣的話，全體稱作塞迦文化似乎也沒有問題，但由於歐美學界一般都是根據希臘語文獻進行研究，因此大多使用「斯基泰」，僅將中亞的騎馬遊牧民族稱作「塞迦」。前言稍微長了一點，接下來讓我們看看中亞的塞迦美術。

◎戴尖帽子的塞迦人

上一節也曾提及塞迦初期的美術。另外，彼得大帝的西伯利亞藏品，其大部分都屬於塞迦美術。後期塞迦美術當中，當屬伊塞克墓地的出土品之由來最為清楚。在尚屬蘇聯時代的一九六九年，哈薩克的大城市阿拉木圖往東約五十公里的伊塞克（現在哈薩克語寫作Esik）市北部，在興建卡車工廠的時候，發現了這處古墳。據說當考古學家趕到的時候已經沒有墳丘，因此報告書中沒有墳丘的斷面圖和平面圖。據說原本的墳丘直徑六十公尺，高六公尺。然而，這項調查卻挖出了豪華的出土品。中央的墓坑雖然遭到盜掘一空，但在往南距此十五公尺的另一個墓坑，則幾乎完全沒有遭到破壞。

當中發現的遺骸全身都包裹著金。尖帽子、短上衣、腰帶、長靴、劍和鞘等，都裝飾有各種動物圖案和幾何圖案的黃金製品，另外遺骸還戴著用黃金管子繞三圈半所製成的圖爾克（項圈）和戒指。由於從頭到腳都覆蓋著黃金，因此這個被埋葬的遺骸又被稱作「黃金人」。特別值得注意的是「尖帽子」。帽子本身（皮革製？）已經腐朽，但根據裝飾品的出土狀況，還能夠復原帽子的尖帽子形狀，讓人想起希羅多德所說的「戴尖帽子的塞迦人」。

哈薩克的考古學家於是推定，戴尖帽子的塞迦人的根據地就在此遺跡所在的哈薩克南部。然而，遠從西方克里米亞半島庫爾奧巴古墳出土的壺，上面也繪有尖帽子，可見它不限於哈薩克南部。想必尖帽子在斯基泰時代是一種普遍的裝束。

比起尖帽子，我更注意的是動物圖案的特徵。裝飾在腰帶上的鹿，鹿腿彎折的方式與初期斯基泰時代相同。每一支鹿角下都是鳥或猛獸頭的樣子。如果是鳥頭，那麼可以視作是初期斯基泰美術特徵——排列鳥頭當作邊緣裝飾的變形，另外，鹿的肩膀上有鳥頭，也是初期斯基泰美術的特徵。然而，伊塞克出土的鳥頭有耳朵，因此不是一般的鳥，而是鳥格里芬或鷲格里芬。

◎身體蜷曲的動物表現

接下來要指出的是初期斯基泰美

伊塞克墓地出土的「黃金人」　此為複製品，哈薩克國立中央博物館收藏。

術所沒有的特徵。尖帽子的裝飾品當中，有一隻身體扭轉一百八十度、呈現出非現實體態的豹。此外，劍鞘上的裝飾也有身體扭轉一百八十度的馬和鹿。這是僅出現在斯基泰美術當中的獨特表現，它究竟從何而來？想必與草原地帶東部自後期起導入的動物搏鬥圖案有關。如西伯利亞藏品的腰帶扣，在動物搏鬥的圖案當中，經常可以看到身體扭轉一百八十度的動物。因此，伊塞克的豹和馬就代表襲擊的猛獸和被襲擊的草食性動物。

塞迦的動物搏鬥圖案之起源，以源於阿契美尼德王朝美術的說法最有力。然而，阿契美尼德王朝的美術當中，雖然可以看到被襲擊的草食性動物頭往後看，但身體卻沒有扭轉一百八十度。還有一說認為，這是表現出被襲擊的草食性動物忍耐身體上的極端疼痛，但這樣的說法無法解釋為何襲擊的猛獸之身體也是扭轉的。雖然扭轉的理由不明，但這樣的表現方式，無疑盛行於草原東部的後期斯基泰美術。

關於伊塞克墓地的年代，根據三圈半的項圈等物品，包含斯基泰之後薩爾馬提亞時代的流行元素，因此認為，墓地屬於從斯基泰時代移轉到薩爾馬提亞時代的西元前三世紀。

以下整理進入後期斯基泰美術之後出現的特徵：

①出現猛獸襲擊草食性動物的動物搏鬥圖案。

②出現身體扭轉一百八十度的獨特表現題材（只限東部）。

◎阿爾泰的奇蹟

越過流淌於哈薩克東部的大河——額爾齊斯河後，土地便驟然隆起，一路延伸至阿爾泰山脈。如前所述，阿爾泰山脈一帶有許多與後期斯基泰或塞迦相關的遺跡。當中最重要的就是以凍土墓聞名的巴澤雷克墓地。

「阿爾泰」與代表「黃金」的突厥語「altun」和蒙古語「altan」相關，在中國唐代初期編纂的《周

伊塞克墓地出土的鹿形腰帶裝飾片　鹿角前端裝飾鳥或獸的頭。長 8.6 公分。哈薩克考古學研究所收藏。

伊塞克墓地出土的豹形帽子裝飾片　豹的身體 180 度扭轉。長 5.5×3.7 公分。哈薩克考古學研究所收藏。

書》當中，也以「金山」之名登場。直到現在，阿爾泰山中依然在進行黃金的採掘。因此可以想像，斯基泰時代於阿爾泰山一帶建造的大型古墳，原本應該有大量的黃金製品陪葬，但目前尚未在阿爾泰找到未遭到盜掘的豪華古墳。不過在這當中，仍然發現了許多考古學上不輸給黃金的遺物。

一九二九年，調查團進入位於阿爾泰北部巴澤雷克地區的古墳群。這裡雖然沒有發現規模特別大的古墳，但調查團從相對較大的五座古墳當中，開始發掘一號古墳。當然古墳已經遭到盜掘，但似乎是在古墳建造後不久就遭到盜掘。盜墓者從古墳的正上方挖洞入侵地下墓室，僅挑選帶走金銀製品。推測古墳是在氣候良好的夏天建造的，阿爾泰的夏天經常出現強烈的午後雷陣雨。雨水從盜墓者挖的洞灌入，墓室的底部因此浸水。

木頭、皮革、纖維製品等有機質的遺物，良好保存的條件之一就是浸水，也就是說最好不要直接接觸空氣。阿爾泰的冬天又長又冷。八月底就已經開始下雪，冬天最冷的時候會降到零下四十度，墓室裡的水當然會結冰。然而，到了隔年的夏天，冰也沒有融化。阿爾泰的夏天很短，地底五到六公尺的洞穴底部還來不及融化。土石也從盜掘坑灌入，使得盜掘坑不知在何時被填滿。但就算如此，夏天時地表的雨水依舊會滲入，這些水不僅沒有幫助冰融化，反而在地下墓室的周圍形成巨大的冰鏡，而遺物也因此得以在比浸水更佳的冷凍狀態下獲得保存。

一九四七至四九年陸續發掘巴澤雷克其他的大型古墳（二到五號古墳），全部都處於冰凍的狀態。當中發現了木製的馬車、皮製的馬鞍、色彩鮮艷的馬具裝飾、波斯風格的絨毯、巨大的毛氈壁掛、馬的遺體、留有刺青的人類皮膚等，出土了許多一般無法奢望的貴重遺物。

之後，有好多年沒有聽到關於凍土墓的發現。到了蘇聯改革開放時代的末期，終於允許西方的外國人探訪國境附近的遺跡。於是在一九九一年夏天，包括日本和歐美的考古學家、NHK採訪團在內的多國籍調查團，於阿爾泰山烏科克高原上，挑戰重新調查凍土墓。然而，發掘的古墳雖然過去曾經結凍，但在調查的時候幾乎完全融化，遺骸也已經腐朽。

看來，地球暖化的影響也波及阿爾泰山的高地。然而在開始有人質疑凍土墓已經不復存在的一九九三到九四年，調查團竟然於阿克阿拉哈三號墓地發現了埋葬女性的凍土墓，又在上卡爾金二號墓地發現了埋葬男性的凍土墓。兩者雖然都不及巴澤雷克豪華，但出土了有刺青的木乃伊化遺體和毛氈。木乃伊目前由位於西伯利亞中心城市新西伯利亞近郊的考古學與民族學研究所保管。然而，在蘇聯解體後，成為俄羅斯聯邦底下共和國一員而得到自治權的阿爾泰共和國（沒有外交權），發生要求將木乃伊歸還當地的運動。受到這件事的牽連，再加上當地居民的強烈反對，在阿爾泰地區發掘凍土墓的計劃實質上遭到凍結。

二〇〇六年，蒙古、德國、俄羅斯的共同調查團跨越國境於蒙古領地進行調查，發現了略為融化的凍土墓。根據報告，被埋葬的是年約三十到四十歲世代的男性，金髮。那裡雖然是標高二千六百公尺的高地，但冰已經略為融化，可見地球暖化的驚人影響。

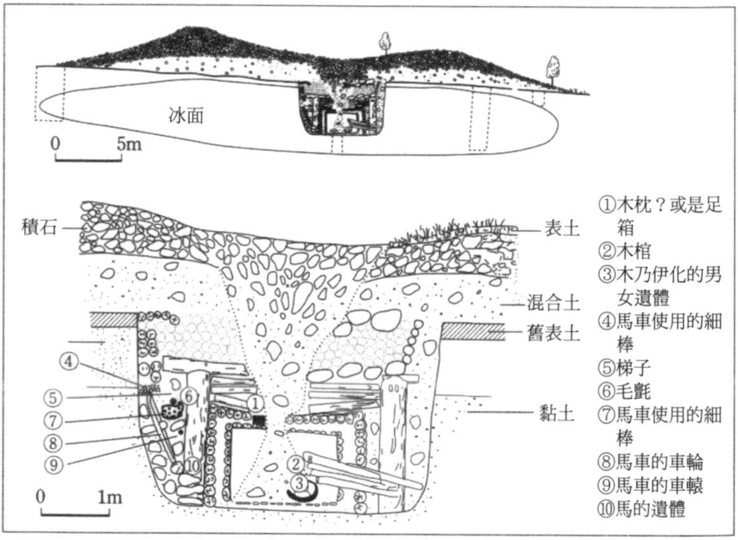

巴澤雷克五號墳塚的斷面圖 地下墓室的周圍形成巨大的冰面。根據 S.I. Rudenko. *Frozen Tombs of Siberia.* J.M. Dent & Sons: London, 1970 製成。

◎巴澤雷克文化的特徵

關於阿爾泰的斯基泰時代後期文化，我們取自古墳群的名稱，稱作巴澤雷克文化。巴澤雷克文化的美術特徵是什麼呢？綜觀整體，它受到阿契美尼德王朝波斯的影響，但也有強烈土著要素的色彩。

從巴澤雷克五號古墳出土的絨毯（一百八十九乘以二百公分）是十平方公分織有三千六百針的高品質織品。從外側數來第二道帶狀圖樣，描繪的是戴著帽子的騎士下馬用韁繩牽著，走在馬左側的樣子。這與波斯波利斯浮雕的構圖完全相同。為此，這條絨毯被認為產自波斯，是現存最古老的波斯絨毯，其複製品展示於德黑蘭的絨毯博物館。

然而，這條絨毯除了下馬的騎士外，還描繪了騎乘的騎士，而波斯波利斯的浮雕由於是進獻給皇帝的貢品，因此沒有出現騎乘的馬。另外，絨毯內側的鹿形圖案，從鹿角的形狀看來，明顯是駝鹿。駝鹿主要棲息於北歐和西伯利亞亞寒帶的森林地帶，波斯沒有駝鹿。因此，這條絨毯是否真的產自波斯值得懷疑，反而是產自阿爾泰的可能性更高。然而，從鹿的肩膀和臀部圖形，可以看出受到阿契美尼德王朝的影響。

阿爾泰的奇蹟——巴澤雷克凍土墓　在南西伯利亞山岳地帶的阿爾泰巴澤雷克古墳，從盜掘坑流入的雨水凍結，受到冷凍保存的墓室當中出土的木、皮革、毛氈製品幾乎都維持原本的樣貌。

（上圖）**絨毯**（部分）　10公分 × 四方3600針，品質極高，被認為是現存最古老的絨毯。上面的圖案是馬和騎士、駝鹿、格里芬。艾米塔吉博物館收藏。

（下圖）**蓋在馬鞍上的毛氈**　描繪的是格里芬攻擊山羊的動物搏鬥圖案。艾米塔吉博物館收藏。

覆蓋在馬鞍（當時尚未出現木製結構的硬式馬鞍，而是像座墊一般的軟式馬鞍）上的毛氈裝飾，呈現的是格里芬襲擊山羊的動物搏鬥圖案。山羊的身體一百八十度扭轉。如前所述，被襲擊的草食性動物身體一百八十度扭轉，這樣的題材是後期斯基泰美術的特徵。

◎格里芬的傳播

關於這塊覆蓋在馬鞍上的毛氈裝飾，特別值得注意的是正準備攻擊的格里芬。格里芬是由古代希臘世界命名，乃是一種獅子和鷲合體的幻想動物。然而，遠在古希臘時代之前的美索不達米亞、伊朗、埃及、愛琴海等地，這種動物就已經為人所知。每個地方都有各自的稱呼，不過現在統一稱為格里芬。在此我們就來談談其起源、傳播，以及系譜。

一般而言，鷲頭的是鷲格里芬，獅頭的是獅子格里芬。愛琴海、希臘方面的美術，看到的都是鷲格里芬，之前已經看到北高加索的初期斯基泰美術融入希臘古風時期風格的例子。進入古典時期，從後腦杓起至背上長滿背鰭的鷲格里芬是最典型的特徵。

同時代的阿契美尼德王朝，則同時有鷲格里芬和獅子格里芬，但兩者頭上大多長有山羊角，耳朵長，脖子上有一列短鬃毛，羽翼捲折，腹部有微微上翹的腹毛，臀部上可以看到弓形圖案，前腿是獅子，後腿是鷲。腹毛通常會出現在普通獅子的表現上，臀部上的圖案則幾乎出現在阿契美尼德王朝所有的動物表現上，因此不是格里芬獨有的特徵。

出土地點不明，但推測出土於中亞南部阿姆河（古代稱作Oxos）中游的手鐲，上面描繪的是典型阿契美尼德王朝的鷲格里芬。表現的方式與蘇薩的獅子格里芬幾乎相同，但臀部除了弓形圖案之外，還加了小圓。這樣的表現方式更符合阿契美尼德王朝的動物圖案。無論怎麼看都具備典型阿契美尼德王朝美術的要素，因此一般認為這個手鐲是由阿契美尼德王朝宮廷製作。

之前介紹屬於塞迦美術的西伯利亞藏品，當中的腰帶扣上也有襲擊馬的獅子格里芬。這隻格里芬的角、耳朵、鬃毛、羽翼皆屬於阿契美尼德王朝風格，但臀部的圖案稍有不同。兩個小圓中間有兩個變形的三角形。另外，尾部尖端呈現葉子狀，這一點也不相同。看樣子，這應該是因應薩迦人的喜好而做的改變。

另外有一個出土地點明確的例子，那就是位於中國新疆維吾爾自治區天山山中的伊犁河上游的出土品。在這裡發現塞迦人愛用、推測是儀式用的鼎（學術用語稱為鍑），其邊緣的裝飾如同上述阿姆河出土的手鐲，上面有兩頭獅子格里芬對望。耳朵、角、鬃毛、羽翼都顯示是模仿阿契美尼德王朝的獅子格里芬。

◎最早開啟的絲綢之路——草原路線

再次看下先前介紹的覆蓋在馬鞍上的毛氈。其格里芬臀部的圖案是弓形加圓形和變形的三角形，可以看出是經歷塞迦式變化的阿契美尼德風格。羽翼下面延伸的圖案也許代表的是腹

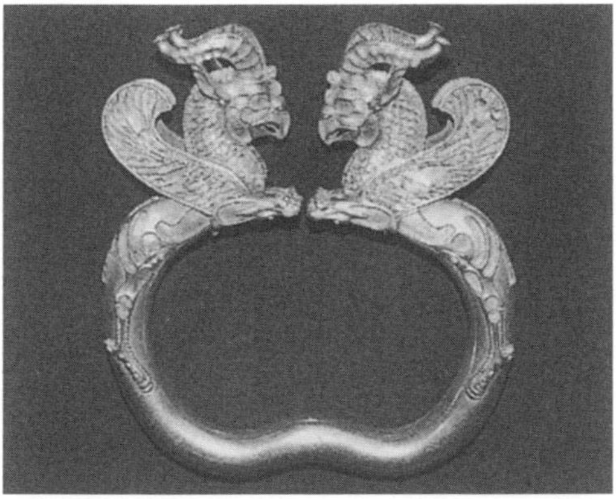

鷲格里芬裝飾的黃金手鐲 西元前 5 世紀。阿姆河中游出土。維多利亞與亞伯特博物館收藏。

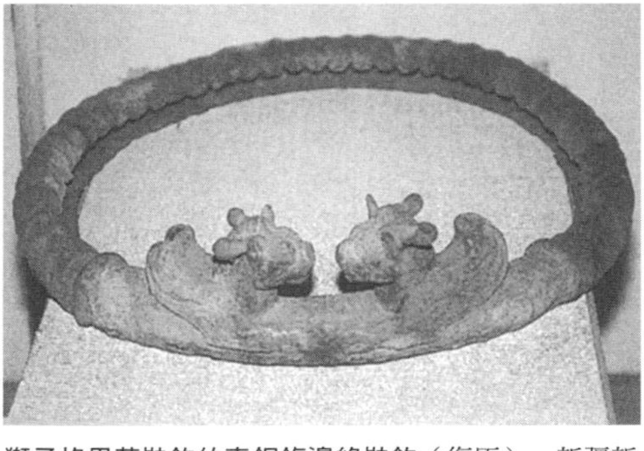

獅子格里芬裝飾的青銅鍑邊緣裝飾（復原） 新疆新源縣出土。直徑 42.5 公分。伊犁哈薩克自治州文物保管所收藏。

毛。另一方面，脖子上突起的背鰭很明顯是古典時期希臘的格里芬特徵。羽翼沒有捲折這一點也是希臘風格。換言之，這隻鷲格里芬同時包含阿契美尼德王朝波斯和古典時期希臘兩方的要素。

波斯的影響，其路線很明顯，就是從中亞南部通過天山抵達阿爾泰地帶，那麼希臘的影響又是經過哪一條路線傳入的呢？若是在西元前三三〇年亞歷山大大帝滅了阿契美尼德王朝之後，那麼也許是經由波斯傳入。然而，希臘文化——用一般通俗的說法，則是希臘化時代——美術，在此之後將近一世紀的西元前三世紀中葉才扎根中亞。如果考慮到巴澤雷克美術受到阿契美尼德王朝的強烈影響，那麼巴澤雷克的時代就應該與阿契美尼德王朝時代重疊，也就是說希臘的要素不可能是經由波斯傳入。

如此一來能夠推測的路線只有一條，那就是從希臘殖民城市所在的黑海北岸往東前往草原，最終抵達阿爾泰地區的路線。希羅多德也有記載這一條路線，考慮到斯基泰時代，草原地帶的東部和西部盛行同樣的文化，彼此之間有所交流，這一條路線的可能性很高（關於透過格里芬圖案的傳播探討東西文化交流，請參考拙作《格里芬的飛翔》，雄山閣，二〇〇六年）。

然而，在巴澤雷克三號墳和五號墳中，也出土了中國的絹織品。另外在附近不屬於大型古墳的六號墳中，則出土了中國戰國時代（前四～前三世紀）的鏡子。換言之，在這個中國還不知道西亞與希臘、西方也不知道東亞存在的時候，阿爾泰地區的人已經開始和波斯、希臘，還有中國進行交流了。

絲綢之路一般會認為是連結歐亞大陸東西的交流通路。那麼連結羅馬和北京（戰國～漢代為燕國）最近的路線經過哪些地方呢？如果讀者手上有地球儀，請試著用繩子連接這兩個點。這條路線的行程幾乎都是通過草原地帶，途中則以阿爾泰為中繼點。在這當中沒有難以越過的大山脈或沙漠，如果統治相對大範圍地區的遊牧政權以收取通行稅交換確保通行的安全和治安，那麼這的確是東西間移動最確實且簡單的路線。

說到絲綢之路，大多數人會立刻聯想到綠洲絲綢之路。介紹的影片一定會穿插的橋段是駱駝帶領的商隊穿越沙漠之後，就可以看到遠方的綠洲。但遠在據說是張騫開啟的綠洲絲綢之路前二百到三百年，以阿爾泰地區為樞紐，通往草原地帶的交流之道，也就是所謂絲綢之路的草原路線就已經開通。

1 山師：「山師」有兩個意思，一個是在山間找尋礦脈的人，另一個則是投機客、詐欺師，這裡有點一語雙關的味道。

2 藝術間（Kunstkamera）：創立於一七一四年，是俄羅斯第一座博物館。

3 此段譯文以王以鑄版（台灣商務印書館）為準。

第四章 草原的古墳時代

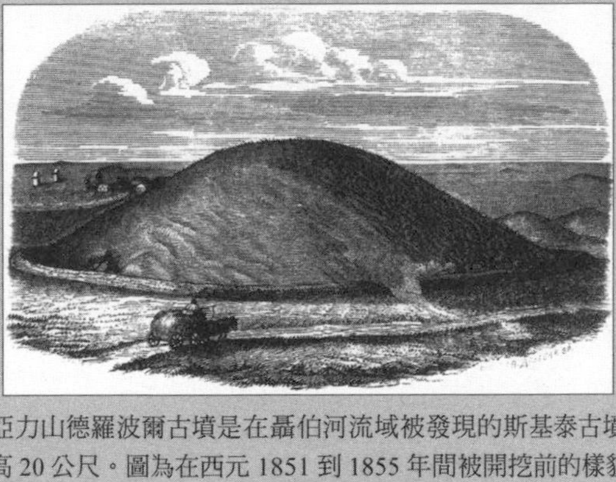

古墳素描　亞力山德羅波爾古墳是在聶伯河流域被發現的斯基泰古墳中，規模最大的古墳，高 20 公尺。圖為在西元 1851 到 1855 年間被開挖前的樣貌。

初期斯基泰時代的大型墳塚

◎與斯基泰同期綻放的各種文化

自斯基泰文化綻放的西元前八、前七世紀起，至西元前四世紀的時期，在歐亞大陸的西方各地，都誕生了擁有獨特金屬工藝美術的文化。首先是以中歐為中心的後期哈爾施塔特文化，這被認為是凱爾特人留下的文化。其次是義大利半島中北部的伊特魯里亞文化，留下這種文化的伊特魯里亞人是語系不明、充滿各種謎團的人種。此外，巴爾幹半島上有以華麗金銀製品聞名的色雷斯文化和達契亞文化蓬勃發展。海峽對岸的安那托利亞則有建造巨大圓形墳墓的呂底亞王國和佛里幾亞王國。在安那托利亞東部，有在受到亞述文化影響、同時發展出獨特圖案的烏拉爾圖王國。另外在高加索北方的草原地帶，則是屬於斯基泰文化的範圍。

在幾乎處於這些文化中心位置的巴爾幹半島，早從新石器時代末期起便開始製作黃金的神像和飾品。另外，這個地區也很早就開始生產銅製品。在這樣的傳統之上誕生的這些文化各自擁有強烈的獨特性，美術作品風格明顯，一看就知道屬於哪一個文化，但同時也可看到相互影響的痕跡。當然，這些文化也同時受到先進文明地帶的地中海世界和西亞之影響。

另外，除了美術樣式之外，這些文化在建造大型圓形墳墓這一點上也相同，但墓室的構造根據時期而有所差異。相對時代較近的伊特魯里亞（圓形墳墓的規模較小）、色雷斯、呂底亞，以及末期斯基泰的墓室是石造，推測是受到希臘文化的影響。相對於此，時代較久遠的哈爾施塔特和初期斯基泰、佛里幾亞的墳墓，其共同的特徵在於墓室是建造於原本地面上的木槨，且部分有馬的陪葬。不只如此，哈爾施塔特和斯基泰圓墳的周遭圍有石堆，有

西元前 8 ～ 4 世紀歐亞大陸西部　各地誕生獨特的文化。

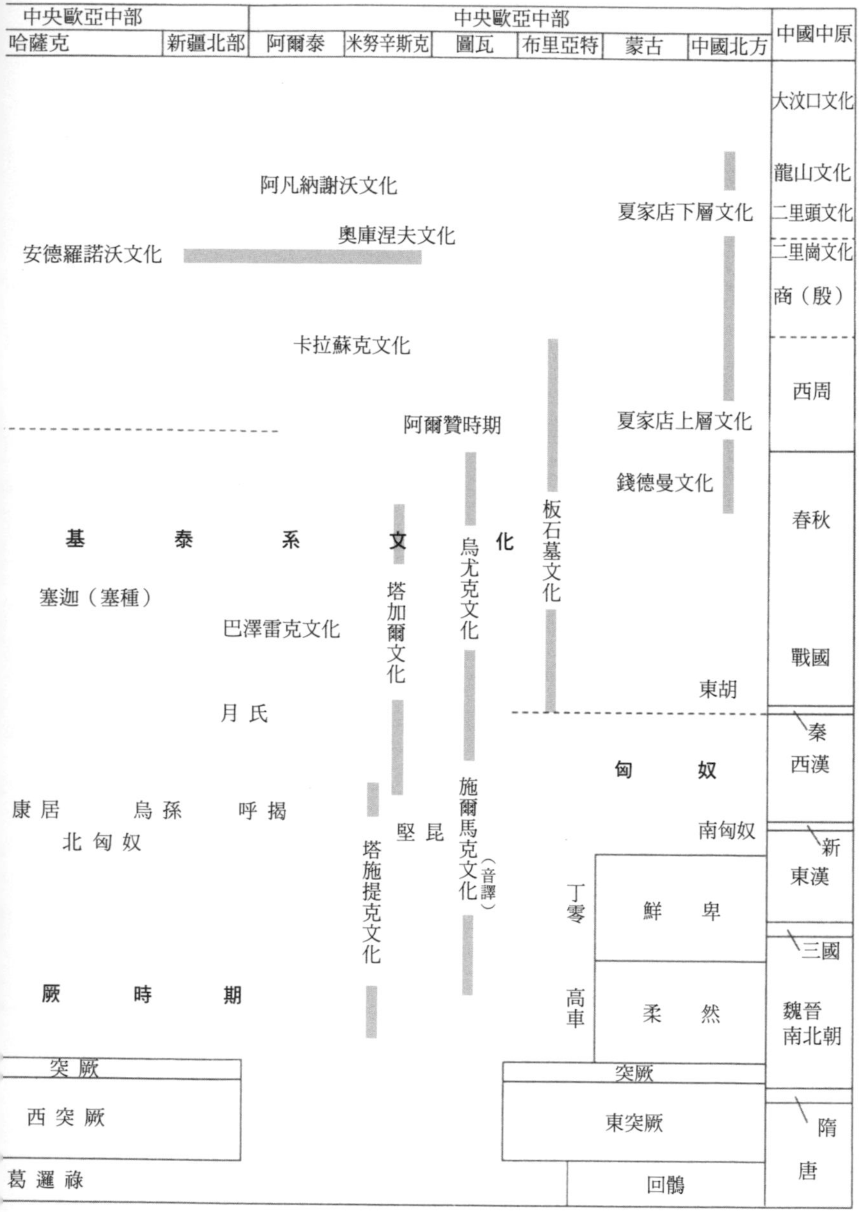
中央歐亞中部
哈薩克
新疆北部
中央歐亞中部
阿爾泰
米努辛斯克
圖瓦
布里亞特
蒙古
中國北方
中國中原
大汶口文化
龍山文化
二里頭文化
二里崗文化
商（殷）
西周
春秋
戰國
秦
西漢
新
東漢
三國
魏晉
南北朝
隋
唐
阿凡納謝沃文化
奧庫涅夫文化
安德羅諾沃文化
卡拉蘇克文化
夏家店下層文化
夏家店上層文化
錢德曼文化
阿爾贊時期
基泰系文化
塞迦（塞種）
巴澤雷克文化
塔加爾文化
烏尤克文化
板石墓文化
月氏
東胡
匈奴
康居
烏孫
呼揭
北匈奴
堅昆
南匈奴
塔施提克文化
施爾馬克文化（音譯）
丁零
鮮卑
高車
柔然
厥時期
突厥
西突厥
東突厥
葛邏祿
回鶻

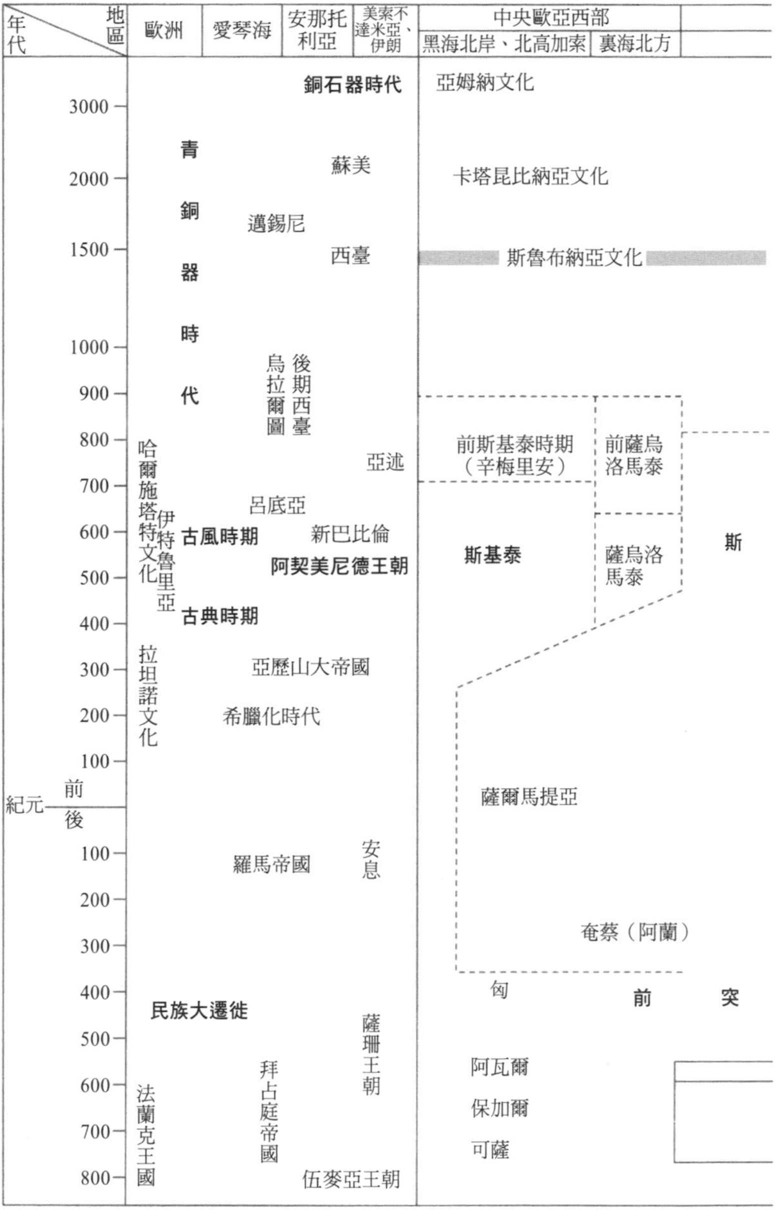
年代
地區
歐洲
愛琴海
安那托利亞
美索不達米亞、伊朗
中央歐亞西部
黑海北岸、北高加索
裏海北方
銅石器時代
亞姆納文化
3000
青銅器時代
蘇美
2000
卡塔昆比納亞文化
邁錫尼
1500
西臺
斯魯布納亞文化
1000
烏拉爾圖
後期西臺
900
800
哈爾施塔特文化
前斯基泰時期（辛梅里安）
前薩烏洛馬泰
亞述
700
呂底亞
600
伊特魯里亞
古風時期
新巴比倫
斯基泰
薩烏洛馬泰
斯
500
阿契美尼德王朝
古典時期
400
拉坦諾文化
亞歷山大帝國
300
希臘化時代
200
100
紀元
前
後
薩爾馬提亞
100
羅馬帝國
安息
200
300
奄蔡（阿蘭）
400
匈
前
突
民族大遷徙
500
薩珊王朝
阿瓦爾
600
拜占庭帝國
保加爾
法蘭克王國
700
可薩
800
伍麥亞王朝

中央歐亞草原的編年表

些時候還會在墳頂立石人。

為此，有一說認為這些墳墓的起源彼此相關，尤其是哈爾施塔特和佛里幾亞受到斯基泰墳墓的影響。的確，後期哈爾施塔特的墳墓與斯基泰頗為相似，但由於美術樣式完全不同，因此要說影響，也只是非常表面的影響。另外，佛里幾亞墳墓的年代在西元前八世紀末至前七世紀初，與斯基泰人出現在北高加索和黑海北岸的時期幾乎相同，甚至更早，因此很難認定彼此間的關聯。

比起談論這些文化相互的關係，它們屬於同一時代這一點或許更具意義。從青銅器時代進入初期鐵器時代，生產力得以提高，在此背景下累積財富的掌權者，其地位和權勢也愈來愈強。另外，隨著與地中海世界和西亞先進文明的交流，有機會接觸高度技術的工藝品，其獨特的美感因此能夠得到更充分的發揮。其次，國王出現，開始建造象徵王權的巨大墳墓，陪葬豪華的金屬工藝品，藉此誇示權力。在這些地區，可說是時代的潮流促使他們開始建造巨型墳墓。

然而斯基泰文化有一點與其他文化大不相同，那就是斯基泰文化的分布範圍非常廣闊，且東部較西部略為古老。在東部，斯基泰文化之前有卡拉蘇克文化，該文化留下的美術工藝品都是青銅製品，目前尚未發現貴金屬工藝品，但卡拉蘇克文化無疑是斯基泰文化的起源之一。若進一步探討卡拉蘇克文化的起源，各家說法不一，但最近卡拉蘇克文化與中國北方的關係受到注目。

關於卡拉蘇克文化和與其相關各文化的青銅製品，高濱秀〈中國北方的青銅器〉（《大草原的騎馬民族》，東京國立博物館，一九九七年）有更詳細的探討，因此本書將焦點放在斯基泰時代初期至後期大型古墳的變遷，並探討從大型古墳的規模和構造，判斷王權是否成立等問題。

◎阿爾贊一號古墳和二號古墳

如第二章所述，位於斯基泰世界東部的圖瓦，有一個年代最久遠（西元前九世紀末～前八世紀初）的阿爾贊一號古墳。再次整理其構造特徵如下：

①墳丘是積石塚，直徑長但不高。

②在原有地表上，井字型堆疊圓木，建造中央的墓室，周圍也設有多個木槨。

③除了推測是「王」和「王妃」的二人之外，還確認了男性十五人、馬一百六十匹。

④墳丘的外圍除了西側之外，圍繞有兩、三重的小石堆。

⑤小石堆當中發現了多數推測是葬儀時食用的家畜骨頭。

目前尚未發現其他與此相似，且同屬斯基泰時代的大型墳墓。另外，也沒有發現如此久遠的斯基泰系墳墓。

然而，在阿爾贊古墳群當中，有一個外型與一號古墳相似，規模較小的古墳，那就是阿爾贊二號古墳。第三章已經介紹過當中的出土品，下面看到的是古墳的構造。

墳丘是積石塚，直徑八十公尺，高兩公尺，周圍共有二百座以上的石環，三、四重圍繞

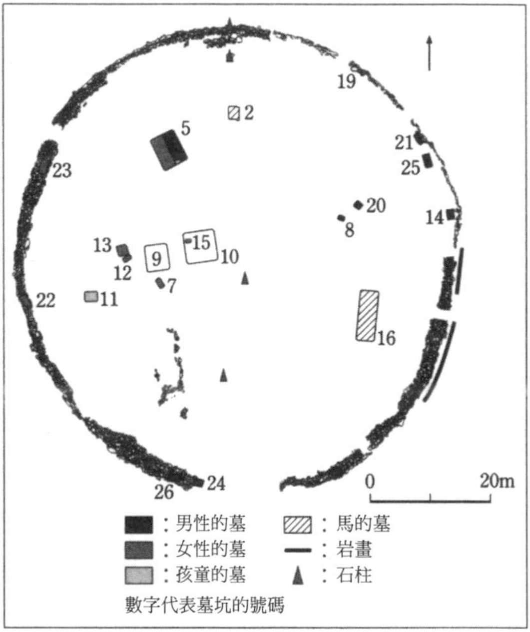

阿爾贊二號古墳的平面圖　墳丘下方發現多個墓坑。根據 *Eurasia Antiqua* 9, 2003 製成。

墳塚。大的石環直徑八到十公尺，小的也有兩公尺。墳丘的南和東南邊沒有石環，研究者推測有可能是在建設道路的時候遭到破壞。石環當中還發現了燒焦的薄層和石灰化的獸骨，這個狀況與一號古墳周圍的小石堆相同。

包含墳丘周圍的石圍，在墳丘下各處發現墓坑（當中也有後世再利用的墓）。靠近中心的十號墓坑和鄰近的九號墓坑，留有盜墓者從上面入侵時挖掘的盆形洞。墓坑當中雖然已經空無一物，但研究者指出這不是因為盜掘，而是原本就沒有放任何東西。推測這是為了迷惑盜墓者而挖的空坑。

阿爾贊二號古墳的鍑出土狀況　於五號墓的墓坑和木槨之間發現。出自：*Archaeological Discoveries in the Valley of the Kings, Tuva.*

也許是因為這個方法起了作用，真正的墓坑沒有遭到破壞，在幾乎完整的狀態下被發現。遺骸可說是這個墳墓主人的男女，位於靠近西北邊的五號古墳。在距離原本地表三公尺深的地方，發現了木槨的天花板，墓坑的大小是五乘四點五公尺，當中有雙重木槨，內側的槨室大小是二點六乘以二點四公尺。

在墓坑外側和木槨之間，發現了兩件鍑。鍑幾乎都是在偶然的情況下發現，很少是在學術發掘的過程當中發現。就這層意義上，這個發現可說是非常重要。

◎「王」與「王妃」、殉葬者、馬的埋葬

男女的遺骸被放在削整的底板上，以考古學用語稱作左橫臥屈肢，也就是左腋向下，雙腳彎曲的狀態被發現。圖片的右側是男性，左側是女性，也就是女性安置在男性的背後。織品和皮革幾乎沒有殘留，但地板上留有推測曾鋪有毛氈絨毯的痕跡。

衣服沒有殘留，不過從覆蓋在上面多數小金製品的排列位置可以推測其服飾。男性的帽子上有鹿形裝飾，脖子上有重達一點五公斤的純金項圈，肩膀上披

五號墓「王墓」的出土狀況　左橫臥屈肢的狀態下被發現的男女遺骸。沒有遭到破壞，幾乎完整保存。出自：*Eurasia Antiqua* 9, 2003.

有短披肩，穿著長褲和及膝的長靴。披風上有二千五百件小的豹形金飾品，以正中央為界，分別向左和向右縫上。女性梳著高高的髮髻，上面插著一根黃金簪，脖子上掛有胸飾，同樣披著披肩，穿著及膝的裙子和長靴。男女的右腰皆配戴短劍（男性短劍見頁一二九），臉的前面放有青銅鏡。牆壁上固定有一根細長的棒子，上面掛著如簾子一般的毛氈壁飾。在之後的阿爾泰巴澤雷克古墳群當中，也可以看到女性的髮飾和在墓室裡掛毛氈壁飾的特徵。

除此之外也發現了殉葬者的墓。七、十二、十三（三人）、二十二、二十三號墓是女性的墓，年齡從十六歲至五十歲不等。相對於此，男性的墓是八、十四（二人）、二十（二人）、二十四到二十六號墓，年齡二十歲至五十歲。女性的殉葬者除了「王妃」之外共有六人，男性有八人。女性的墓集中在西邊，男性的墓主要靠東邊。

推測「王」和「王妃」服飾的復原圖　出自：*Eurasia Antiqua* 9, 2003.

十六號墓共埋葬有十四匹馬。全部

都是公馬，戴著馬具。這個數字雖然與男女殉葬者的數字相符，但這樣的話就沒有「王」和「王妃」騎乘的馬。二號墓發現了為二人準備的「馬」，但沒有馬本身，只有馬具的裝飾。木槨當中發現了貼在皮革製馬鞍（調查報告寫作「皮革製或木製」，但我認為這個時代尚未有木製的馬鞍）上的金箔，以及貼在馬鞍或馬面上的三件魚形黃金製品。東哈薩克的齊列克塔「黃金墳塚」當中也出土了相似的魚形黃金製品，巴澤雷克古墳也有找到毛氈製的魚形裝飾。這些馬具裝飾或許是用來代替馬。

試將以上的狀況與阿爾贊一號古墳相比。墳丘雖然較小，但周圍石環的數量比一號墳的石堆多（雖然無法正確數出一號墳塚周圍石堆的數量，但大約一百五十座）。雖然殉葬者包含女性在內這點不同，不過人數幾乎相同。馬的數量則少很多。黃金製品無法比較，但二號墓黃金製品之豪華，讓人瞠目結舌。總體說，二號古墳也充分具有「王墓」的資格。

◎哈薩克的「黃金古墳」

哈薩克發現最古老的墳塚是西元前七世紀的墳塚。第三章介紹了東哈薩克的齊列克塔五號古墳，通稱「黃金古墳」的出土品，下面來看看其構造。齊列克塔古墳群共有五十一座墳塚，其中十三座是高八到十公尺、直徑一百公尺的大型古墳，其餘是高二到五公尺、直徑二十到六十公尺的中小型古墳。

一九六〇年發掘的五號古墳高六公尺，直徑六十六公尺，這是大幅變形後的結果，推測建造當時應該是高十公尺，直徑四十五公尺。這個古墳的建造方式如下：首先在地表挖一個幾近方形的淺穴（七點一乘八點三公尺，深約一公尺），東側建有寬兩公尺的羨道（通往墓室的路）。在羨道和洞穴的底部鋪滿圓木，上面放置男女二具遺骸。沒有發現木棺的痕跡。

有如覆蓋遺骸一般，上面井字形堆疊圓木，建造四點八乘以四點六公尺，高一點二公尺，帶有天花板的木槨墓室（沒有入口的開口）。之後點火，將圓木

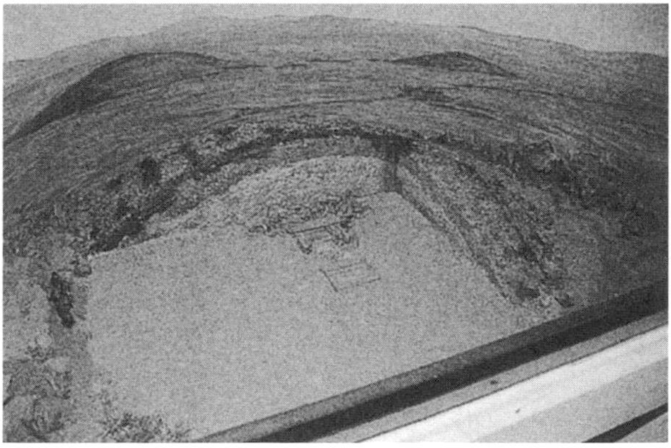

齊列克塔五號墳塚的復原模型　哈薩克，烏斯季卡緬諾戈爾斯克博物館收藏。作者拍攝。

的表面稍微燒焦。接下來在墓室的周圍覆蓋石板（厚一至一點二公尺），上面再覆蓋上一層堅固的土層，最後再在墳丘的表面覆蓋上圓形的石頭（日本考古學用語稱作「葺石」）。

這個五號古墳的墓室，就圓木堆疊成井字形這一點來看與阿爾贊相似。然而，木槨墓室位於洞穴中央這一點相異，且洞穴淺，不如墓坑那麼深。墳丘除了石頭之外還覆蓋泥土，可以看出想要堆高墳丘的意圖。除了男女兩具遺骸之外沒有發現其他殉葬者。因此，雖然發現黃金製品，但規模並非古墳之最，甚至不確定能否稱得上是王墓。

◎歐亞草原東部最大的古墳

一座擁有可與阿爾贊一號古墳相提並論的直徑、高度也相當的古墳，位在從齊列克塔往西南六百公里的伊犁河北岸，這就是別斯沙特爾（Besshatyr）大型古墳。它直徑一百零四公尺，高十七公尺的雄姿，可與後述黑海北岸後期斯基泰時代的大型古墳匹敵。墳頂遭到盜墓者挖掘而嚴重凹陷，推測原本的高度應該達到二十公尺。

距離墳丘底部五到七公尺處，圍繞著寬兩公尺、高五十至六十公分的石牆。更外圍還有用或立或躺的大石所建成的石環共九十四座，成漩渦狀。值得注意的是，東南部的漩渦繞成兩圈。石環當中規模較大且保存較完整的十四座經過發掘後，除了兩座之外皆檢測出灰和煤。此外，還從當中兩座發現焚燒過後石灰化的動物骨頭、粗陶碎片、珠子等。調查報告指出，這可能與火的祭拜儀式有關。

雖然尚未發掘規模大的古墳，不過規模較小的幾座已經進行了發掘。古墳的構造皆相同。首先，表面經過削整加工的木材直接在地面堆砌成墓室，東側設置通道和入口。上面首先覆蓋石頭，接下來覆蓋混了石頭的泥土來加大墳丘，最後再在表面覆上葺石。規模大的墳塚（直徑七十五公尺、高十一點五公尺），其墳丘是由石頭層和土層交疊建成。

在六號古墳的墓室入口處發現了橇。但這不是為了在雪上使用，而是為了能夠在土上直接牽引的

別斯沙特爾大古墳　位於哈薩克東南部。前面立著的是石環。作者拍攝。

搬運工具，推測是用來搬運木頭。這樣的搬運工具在日本被稱作「修羅」，古墳時代以後便開始使用。別斯沙特爾的墓室使用的全是天山冷杉，但這附近不只現在沒有冷杉生長，塞迦時代應該也沒有冷杉生長。推測伐木地是距離此地二百到二百五十公里的薩利斯基．阿拉套（Zailiyski Alatau，音譯）山。修建者首先將木材搬運到河邊，再利用筏順流而下，從右岸上岸之後，再用「修羅」搬運到墓地現場。

很可惜，所有的墓室都已經遭到破壞，只剩下埋葬者的骨頭、羊和馬的骨頭、粗陶碎片散落，沒有出土考古學上可以用來判斷年代的遺物。另外，進行發掘的一九六〇年前後是舊蘇聯時代，尚未出現根據碳十四測定年代的技術，木材似乎遭到廢棄，因此之後也沒有辦法再利用木材測定年代。

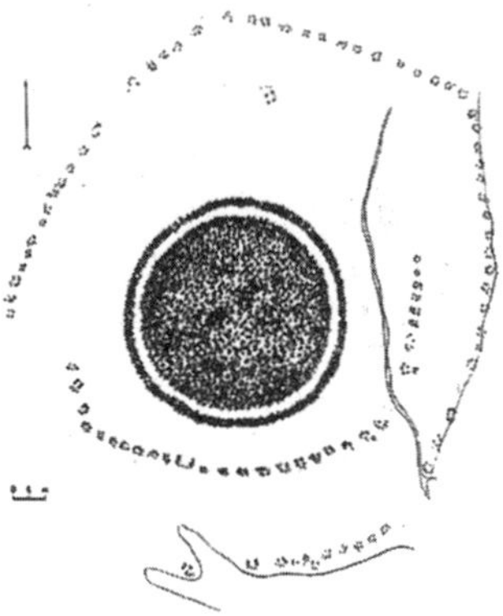

（上圖）**別斯沙特爾古墳群當中第四大的一號墳塚的斷面圖**　用木頭架構的墓室覆蓋有石頭和混石頭的泥土。

（右圖）**別斯沙特爾大古墳的平面圖**　墳丘周圍有石環圍繞。出自：K.A. Akishev, G.A. Kushaev. *Drevnyaya kul'tura sakov i usunej doliny reki Ili.* AN Kazakhskoj SSR: Alma-Ata, 1963.

然而，並非完全沒有推定年代的證據。那就是原本的地表上建有木槨墓室、墳丘高高隆起的特徵。阿爾贊一號古墳（西元前九世紀末～前八世紀初）是在原本地表上建造木槨墓室。阿爾贊二號古墳（西元前七世紀末～前六世紀初）的木槨是建在地底下，而東哈薩克的齊列克塔的古墳群（西元前七世紀），木槨墓室則是建在稍微往下挖就可以看到的地方。另外，於黑海北岸和北高加索，初期斯基泰時代的木槨墓室也大多建在原本的地表上。考慮到這些因素，可以推測別斯沙特爾古墳群的年代應該在西元前七～前六世紀的範圍。

◎北高加索的王墓

讓我們再往西進。如第三章頁一二五、一二八所述，哈薩克西部也有重要的初期斯基泰時代遺跡（烏加里克〔Uigarak〕、南塔吉斯肯〔Tagisken〕），但沒有大型的積石塚。繼續往西前進的話，在北高加索和黑海北岸有相當大的初期斯基泰時代的古墳。靠近北高加索斯塔夫羅波爾市的克拉斯諾伊茲納姆亞（Krasnoe Znamya）一號古墳，推測建造當時高十四到十五公尺，直徑七十公尺。墳頂據說立有石人（關於石人，後面會有更詳細的介紹）。

位於原本地表上的墓室，雖然不是全部，但中心部分為木造，周圍堆疊石頭，接下來再高高覆蓋泥土，最後表面堆上葺石，這樣的建築方式基本上與阿爾贊一號古墳、齊列克塔古墳、別斯沙特爾古墳相同。至於燃燒木頭的儀式，也和別斯沙特爾三號古墳相同。

第三章介紹過出土許多黃金製品的西北高加索克萊門茲古墳群，埋葬的位置是距離地表很近的淺墓坑。雖然有底部鋪木板的例子，但沒有如木槨一般的木造建築物。另外，墳丘的規模也不大（最大的高四至七公尺、直徑七十公尺），雖然有馬陪葬，但沒有找到殉葬的人。

北高加索最大的古墳是克萊門茲略北的烏爾斯基一號古墳。一八九八年進行調查的時候高十五公尺，但在此之前俄羅斯軍曾在古墳上建造砲台，墳塚因此變形，直徑不明。

關於烏爾斯基一號古墳的葬儀是：首先會在地上搭建一座四根柱子的小屋當作墓室，小屋東西側各放置兩頭牛和多匹馬的遺體。在小屋和牛馬上厚厚覆蓋薹草或蘆葦。立於小屋南北的柱子和木柵周圍各放置十八匹馬。其上建築高五公尺的墳丘，在墳丘頂上舉辦追悼大會。發現了推測是在當時供奉的五十匹以上的馬、兩頭牛、羊骨、希臘陶器，以及粗糙的粗陶碎片。之後墳丘再被堆高至十五公尺。從出土的希臘陶器推測，這個古墳的年代是西元前六世紀中葉。

根據推測，這座古墳最後總共祭獻了四百一十匹以上的馬。除了第一章介紹的蒙古大型赫列克蘇爾推估的兩千匹以上之外，這個紀錄可與阿爾贊一號古墳匹敵。由於遭到盜掘而沒有出土貴金屬製品，但考慮到古墳的規模和成為祭品的牲畜數量之多，這個古墳可稱得上是王墓。

北高加索西北的烏克蘭中部、第聶伯河中游的草原地帶，也有許多初期斯基泰時代的大型古墳，這些墳塚的墓室也是木槨，設置於原本的地表上，或是淺墓穴當中。就像這樣，我們可以得出一個結論，那就是初期斯基泰時代的草原地帶從東到西，都流行將木槨墓室設置在地上或淺墓穴當中的王墓。

後期斯基泰時代的大型古墳

◎希羅多德記述的「王者葬儀」

黑海北方的斯基泰文化，根據受到波斯和希臘文化影響程度的大小，一般將西元前五世紀區分為中期，西元前四至前三世紀初則是後期。然而，黑海北方以外的地區則未必適用這樣的區分方式。本書以整個草原地帶為探討對象，因此將這兩個時代統稱為後期。

關於這個時期的斯基泰王墓，希羅多德再度提供了重要的資訊。下面條列出有關王的葬禮儀式（《歷史》卷四，七一～七五）：

①挖一個方形的大穴。

②屍體外面塗蜜蠟。

③切開腹部洗淨，搗碎香氣濃郁的草和種子，填入腹部後縫合。

④將處理過的屍體放在車上，載運巡遊斯基泰統治下的部族。

⑤王族斯基泰或其他部族接受屍體之後，他們會割掉自己耳朵的一部分，將頭髮剃成圓形（或是剃短），雙臂切一些傷痕，切傷額頭和鼻子，並用箭刺穿左手。

⑥巡遊一圈之後，將屍體放置在洞穴底部鋪設的草蓆上，在屍體的兩側插上兩列長槍並且把木片搭在上面，木片上覆蓋蘆葦（或柳枝）編成的蓆子。

⑦他們會將一個嬪妃絞死，殉葬在墓中的剩餘空間裡，他們同時還埋葬王的一個行觴官、廚師、廄夫、侍臣、傳信官；此外還有馬匹、國王所持有的最好物品和黃金盞。

⑧盡量把墳丘修造得又大又高。

⑨一年後，選出國王身旁殘存的侍官當中最親信可靠的五十人和最好的馬五十匹加以絞死，再將他們的內臟掏出洗淨，肚子裡裝滿穀殼再縫合。然後，將切成一半的車輪前後兩個，共五十組，以輪緣向下的方式用木樁固定，前面的車輪支著馬的肩部，後面的車輪支撐馬的後腿，馬都配有轡繩和馬轡。再用木棍沿著五十人遺體的背骨穿到頸部，插到橫貫馬體的另一根木棍的孔上。

⑩埋葬之後，斯基泰人便用下列的辦法來弄乾淨自己的身體。他們把頭洗乾淨再塗上香油。再把三根棒子對立在一起，周圍蓋上毛線（毛氈？）。下面中央的地方放一個金屬製的容器，並把幾塊燒得灼熱的石子拋到裡面去。上面撒上大麻的種子。種子冒出煙來，釋放出大量的蒸氣。斯基泰人享受這種「蒸氣浴」，高興地叫出聲來。

②和③代表的是一種木乃伊化的流程。⑤是藉由傷害自己的身體表現分享死者痛苦的哀悼之意，文化人類學者大林太良稱之為哀悼傷身儀式。⑦和⑨代表殉死的習俗。⑩看起來很像現代的毒趴，但想必是吸食大麻達到精神亢奮的狀態，藉此達到淨化的目的。

考古學上幾乎不可能確認以上步驟，但希羅多德記述的可靠性究竟如何，下面試著從實際的遺跡構造來觀之。

◎喬爾托姆利克——黑海北岸最大的古墳

在黑海北岸，至今已經發掘了六座高超過十四公尺的最大型古墳。然而，這六座古墳的年代皆被推測為西元前四世紀，尚未發現屬於希羅多德記述的西元前五世紀中葉的大型古墳。接下來我們看推測為西元前四世紀後半建造的喬爾托姆利克（Chertomlyk）古墳的構造。

喬爾托姆利克古墳的高度為二十一公尺，直徑一百公尺，規模屬於黑海北岸之最。一八六二年起至翌年進行發掘，因發現了部分免於盜掘之災的金銀製品而聞名。當時的調查非常不完整，一百年後，在一九八〇年代重新調查後，我們才得以了解墳丘的建造方式。

調查報告指出，首先取十五乘二十五平方公尺大的草皮，堆疊（報告中稱作「草土磚」）製成墳丘。一立方公尺的土丘當中，共堆疊了約二百七十個「草土磚」。因此，為了堆疊一立方公尺的土丘，需要約十平方公尺的草皮（零點一五乘以零點二五再乘以二百七十，等於十點一三）。

喬爾托姆利克的墳丘計算約七萬五千（或八萬四千）立方公尺，為此需要的草皮約七十五（或八十四）公頃，等於零點七五（或零點八四）平方公里，簡單來說就是一千乘以七百五十（或八百四十）公尺。草對於遊牧民而言是最重要的資源。能夠如此浪費重要的資源，想必是相當有權力的人。

喬爾托姆利克的基礎建構方式是，首先用「草土磚」築成高約三公尺的環狀土壘，外側下緣堆積濕的泥土。再重複一次同樣的工序，最外面使用大的石板（有些長達二點五公尺）或石塊，建造高約二點五公尺、寬約七公尺的石牆。石頭的總重量達八千噸。墳丘的表面覆蓋有碎石。若重現建築當時的情況，看起來像是在巨大的石頭平台上堆砌出石造的墳丘。

在墳丘內的不同高度和地點，分別發現了推測是葬儀時用來祭獻的器物和動物骨。尤其是石牆下面發現大量的雙耳瓶（瓶口兩邊有把手，底部形狀圓尖的長形紅酒瓶）碎片和動物骨，也發現了戴有馬具的馬骨和人骨。最初的調查者扎博林（I. E. Zabelin）總共發現了二百五十件鐵製馬銜。推測這些就是希羅多德所說葬儀記述⑨當中殉死的人和馬。

◎盜掘坑裡發現的人骨

接下來看看墓室的狀況。首先挖了一個深約十一公尺、類似井的豎穴，接著從底部再往下一點，在約十二公尺深的地方向四面挖掘橫穴，形成墓室。這是現在發現的斯基泰墓室當中深度最深的墓室。

東南的一號墓室出土了青銅製的鍑和五件雙耳瓶、五把鐵製刀子、多件青銅鏃、女性用的黃金製頭飾和胸飾、毛織品等，同時還有推測是狗的動物骨。東北的二號墓室出土了六件雙耳瓶、女性用的黃金頭飾、鐵柄銅鏡、多件黃金製衣服裝飾、青銅鏃等，還有人類的遺骸。薩別林認為遺骸是男性，但從出土品來看，這樣的看法頗成疑問。

從西南的三號墓室當中，出土了戴著黃金項鍊和手鐲、佩有鐵劍和劍筒、脛甲等武裝的男性遺骸兩具。另外又發現鐵製的槍尖和石突[1]各五件。從槍尖與石突的距離判斷，槍的長度是兩百一十公分和兩百五十公分。西北的四號墓室發現了放置在彩色木棺當中的女性遺

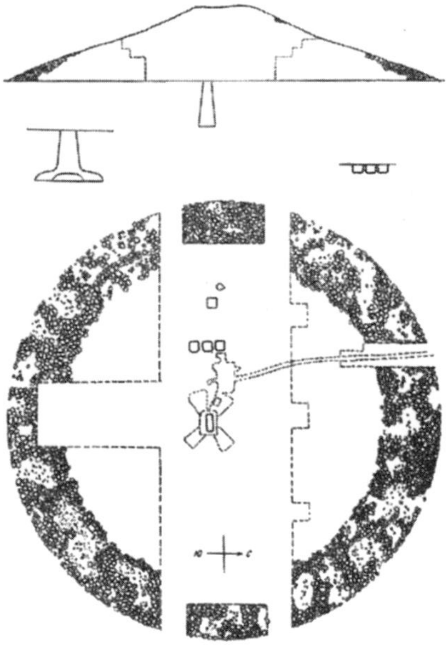

喬爾托姆利克古墳的斷面圖和平面圖　出自：A. Yu. Alekseev t al. *Chertomlyk.*

骸。女性佩戴黃金頭飾、項鍊、耳飾、手鐲、戒指，右手拿著銅鏡。另外在十三件雙耳瓶之間也發現了遺骸。雙耳瓶行列的一端，放置有著名的銀製鍍金雙耳瓶形來通（rhyton）。「來通」在希臘語裡代表的是底端帶有動物形開口的酒杯或容器。酒（葡萄酒）從上端的開口倒入，從底端的開口流出，再用另一個平的杯子接酒，用這個平的杯子飲用。也就是說，「來通」僅是單純讓酒通過的酒杯。想必是認為酒通過動物形狀的開口，就可以吸取動物的精氣，成為靈酒。由於「來通」的形狀經常是角形，因此經常有人翻譯為角杯，但那是錯誤的。即使形狀是雙耳瓶，但只要底端有動物形狀的開口就是「來通」。角杯的底端沒有開口，而是直接從上面的開口飲用。

四號墓室的深處，連接著最大的五號墓室。這裡散落著推測屬於被埋葬者的部分骨頭（頭蓋骨、手腳的骨頭、肋骨），顯見這個房間已經遭到盜墓者所破壞。人骨主要在西側牆壁的角落被發現，檢測出附近有原本應該是放置遺體的板子。雖然遭到盜掘，但依舊留有許多黃金製品。發現了許多金柄鐵劍、黃金製成的矢箙（Gorytos，用來放箭的袋子），以及其他黃金製品。北側牆壁發現兩件青銅鍑。鍑上面是盜掘坑的出口。

盜掘坑從墳丘的北端底部開始延伸。薩別林提到，盜掘坑的下方發現了不完整的人骨。

他認為這是盜墓者的骨頭。也許是在運出這些物品的時候發生崩塌意外，盜墓者不幸喪生。墓室遭到盜掘，卻留下許多黃金製品，的確可以用盜掘因為意外而中斷來解釋。

然而，最近重啟的調查發現，盜掘坑各處都有人骨。因此新的報告推測，這不是一次意外而喪生的盜墓者，而是盜墓者拖著身上戴有許多黃金製品的被埋葬者遺骸，已經白骨化的遺骸在中途陸續脫落所致。至於沒有拿走所有黃金製品的理由，則可解釋成墓室的天花板部分坍塌而隱藏了陪葬品，盜墓者因此沒有發現。然而，雖然只有一部分，但既然墓室當中發現了應該是被埋葬者的人骨，因此對於新的調查報告還是有許多疑問。無論如何，由於距離最初的調查已經將近一百五十年，無法對照人骨，想要釐清這一個問題非常困難。

中心靠西邊的原本地表位置，有三座很淺的方形墓坑，當中共埋葬十一匹馬，旁邊還有兩具遺骸。

◎希羅多德的記述正確嗎？

接下來試著比較下希羅多德的記述（見頁一七二）和實際發掘的結果，加以探討。

①想必是相當於喬爾托姆利克古墳的豎穴。然而，希羅多德並沒有提到：喬爾托姆利克古墳是從豎穴的底部延伸出橫式的洞穴。②至⑤很難從考古學的角度確認。然而，如後所述，③於阿爾泰獲得確認。至於在屬於初期北高加索的烏爾斯基古墳，則確認了類似⑥的例子（見頁一七〇）。

⑦可說大致在喬爾托姆利克古墳中獲得確認。雖然從考古學的角度無法判斷四號墓室的女性是否為「側室」，但考慮到她身戴豪華的頭飾和飾品，而隔壁是被認為此墳塚主人的男性墓室，可以推測這名女性是墳塚主人身邊的高貴人物。另外，雙耳瓶旁邊發現的人物被認為是行觴官，而馬旁邊的是廄夫。

第⑧項當然正確。⑨關於車輪的記述雖不明，但喬爾托姆利克古墳的石牆下面發現了許多人和馬，因此希羅多德的記述應該正確。喬爾托姆利克古墳等黑海北岸的古墳雖然無法確認第⑩項，但在阿爾泰出土了完全符合記述的遺物。

整體而言，考古學進行的大型古墳調查中所確認的許多特徵，可說是證明了希羅多德的記述幾乎都正確。

然而，根據希臘系遺物的研究結果，推測喬爾托姆利克古墳的年代是在西元前四世紀後半，正好是斯基泰著名國王阿提亞斯（有的文獻寫作Ateas，但這是在進入羅馬時代之後的發音表記，本來在貨幣上寫的是Ataias）在位的時期。根據斯特拉波的記述，阿提亞斯於西元前三三九年與馬其頓的腓力二世（亞歷山大大帝的父親）交戰，最後以九十歲以上的高齡戰死。

阿提亞斯從黑海西岸的希臘殖民城市發行刻有自己名字的貨幣。貨幣正面是位披著長髮、半裸身體、騎馬射箭的年長男性，上面還寫著念作「ATAIAS」的希臘銘文。背面則是披著獅子皮的海克力士的頭部。如第二章所述，斯基泰人擁有將海克力士當作祖先的神話，因此非常適合作為斯基泰王貨幣上的圖案。

斯基泰王阿提亞斯發行的貨幣圖案　一面可以看到「ATAIAS」的希臘文字。出自：D. Raevskiy. *Scythian Mythology.* Secor Publishers: Sofia, 1993.

目前僅發現五件阿提亞斯的貨幣，但發行貨幣屬於統治者的權限，因此從中可以看出，阿提亞斯是名符其實的王。而許多研究者認為，喬爾托姆利克古墳正是阿提亞斯的王墓。

◎阿爾泰山中的斯基泰王墓

希羅多德的記述中無法在黑海北岸確認的部分，於遠在三千五百公里外的阿爾泰山獲得了確認。如第三章所述，阿爾泰的巴澤雷克古墳群由於地下墓室凍結，因此留下了許多有機質遺物，也因此找到了足以佐證希羅多德記述的證據。

巴澤雷克最大的五號古墳，現址高三點七五公尺，直徑四十二公尺，規模遜於其他大型古墳，但墓坑很深（距離地表四公尺深），而且很大（六點六五乘以八點二五公尺）。墓坑裡有雙重的木槨，地上放有長五公尺的挖空木棺。木棺裡的男女兩具遺體在木乃伊化的狀態下被發現。

男女的後腦、背部、肩部、腹部、手腕、腳的皮膚均被切開，裡面的腦髓、內臟、肌肉遭到移除。頭蓋骨塞有土和松葉、松果，腹部也塞有某種植物的莖部或切碎的根部。切開的地方用馬毛捻成的線縫合。這正是符合希羅多德有關葬儀記述當中的第③項，將遺體木乃伊化的程序。

二號古墳發現了值得注意的遺物。木槨墓室的西南角落立有六根棒子（長一百二十二點

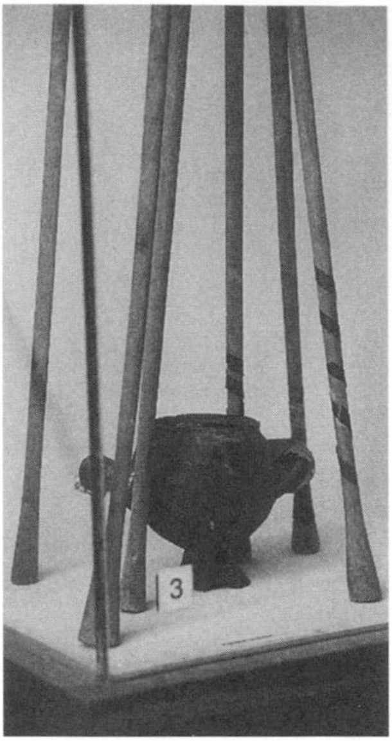

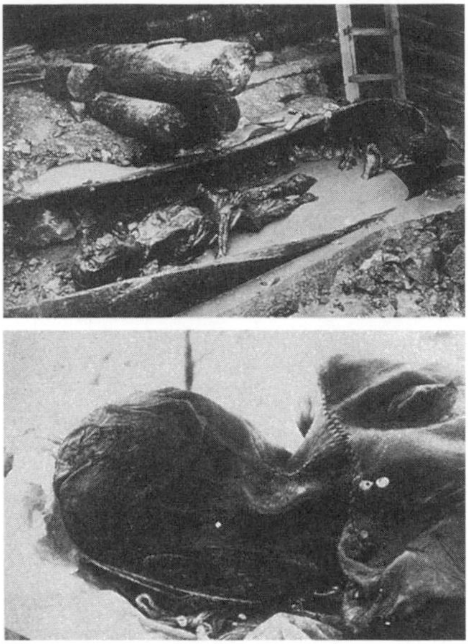

（左圖）**巴澤雷克二號古墳出土的六根棒子和鍑形青銅製容器**　艾米塔吉博物館收藏。

（右圖）**巴澤雷克五號古墳出土的男女遺體**　安置在挖空木棺裡的男性（上）和經過木乃伊處理的女性後腦和背部（下）。出自：S.I. Rudenko. *Frozen Tombs of Siberia,* 1970.

五公分），下面放了一個帶有四腳的青銅製容器，裡面裝有石頭和少量的大麻種子。同一墓室的西北還發現了另一件鍑形的青銅製容器。這裡也有六根棒子，但被盜墓者折斷。容器當中同樣發現了石頭和大麻的種子。這個容器的把手纏有白樺的樹皮，想必是容器加熱時的防熱措施。從這兩件容器可以明顯看出，阿爾泰地區過去曾進行希羅多德所記述的斯基泰淨化儀式（第⑩項步驟）。

另外，五號古墳的墳丘規模

雖小，但找到了證明這是王墓的遺物，那就是長四點五公尺、寬六點五公尺的巨大毛氈壁掛（或是用來覆蓋帳篷）。推測是掛在墓坑的牆上，用橫桿和直桿連接。橫桿上面停有多隻毛氈製成的天鵝。

壁掛的上緣、下緣和中央分別有一條花朵圖案的長帶，將壁掛區隔成兩個段落，兩個段落裡反覆縫上描繪坐在椅子上的人物和騎在馬上的人物面對面的場景。人物的大小幾乎與真人相同。坐在椅子上的人物，穿著長及腳踝的白色洋裝，沒有鬍子，明顯看出是一名女性。她頭戴皇冠般的裝飾，坐在裝飾得有如寶座一般的椅子上。手上拿的樹枝裝飾有許多花、果，以及葉子。在西亞的美術當中，這樣的樹枝被視為是世界之樹、

毛氈的壁掛上縫製的女神（左）和王（右）　艾米塔吉博物館收藏。

宇宙之樹，或是生命之樹，手持生命之樹坐在寶座上的女性因此被認為是女神。

騎在馬上的人物，頭髮是自然捲，高挺的鼻子下留著英俊的翹鬍子。穿著合身的軍裝上衣，褲子也偏窄。腰帶上掛有裝著弓和箭的矢箙。脖子上圍著的圍巾上有大圓點圖案，整體的感覺非常時尚且現代。西亞美術當中，站在女神面前的男性代表地上的王。以畫面整個氛圍來說，呈現的應該是女神授予王權力，也就是所謂王權神授的場景。能夠製作描繪王權神授場景的巨大壁飾，這個人想必是王。以騎乘的姿態來呈現王的風采，這一點也非常符合騎馬遊牧民的作風。

◎王者死後的旅程

巴澤雷克古墳還出土了其他可以佐證希羅多德記述的證據。在五號古墳的木坑和木槨之間，發現了每個零件都被分解的白樺材質的四輪馬車。復原後發現，車輪的直徑約一百六十公分，車軸三百一十公分長，人乘坐的車體大小是一百二十八乘以二百三十八公分，車轅約三百二十公分長，車軛一百六十四公分長，是一台由四匹馬拉、真實比例的馬車。五號墳內共埋葬了九匹馬。

車體裝飾有把手和屋頂，是一台非常適合用來乘載王遺骸的豪華馬車。然而仔細看，會發現車輪的邊緣非常細。這樣細的車輪如果在沒有道路的草原上馳騁，讓人擔心可能一下子就解體了。

另一方面，四輪馬車本身也非常少見。在西亞，四輪車都是由牛牽引的貨車。無論在地中海地區、西亞，或是草原地帶，馬車一般都是兩輪車。馬車的關鍵是速度。為了提高速度

巴澤雷克五號墳出土的四輪馬車復原圖
艾米塔吉博物館收藏。作者拍攝。

巴澤雷克一號墳出土的馬裝飾推測復原圖
戴著鹿角般的頭飾並覆蓋毛氈製的馬鞍。出自 R. Rolle. *Die Welt der Skythen.* C.J. Bucher: Luzern & Frankfurt/ M, 1980.

和敏捷度，以當時的技術來說，就只能使用兩輪車。結果，只有兩輪車傳到了古代的中國。

那麼這輛四輪馬車並非以快速奔跑為目的，反而是以緩速前進為前提製造，想必是王的葬儀上只使用一次的靈柩車吧！

被埋葬的馬，身上也有豪華的裝飾。請大家看看根據一號墳出土的馬所推測的復原圖（見頁一八五）。它的馬鞍和其他馬具有許多值得探討的地方，但這裡請大家注意馬的頭飾——這匹馬戴著有如鹿角一般的裝飾。馬為什麼要戴鹿角呢？當然是為了讓馬看起來像鹿。我認為「馬鹿」[2]的語源就是從這裡而來。斯基泰美術當中，鹿原本就是頻繁出現的動物主題。說到鹿的特徵，首先就是大的鹿角，而且鹿會換角，也就是代表重生的意思。也就是說，他們希望由鹿引領死者前往死後世界的旅程。然而，鹿無法裝上馬具，因此只好讓馬扮成鹿。

就像這樣，黑海北岸和阿爾泰的出土品，明白顯示斯基泰時代存在著王。然而很遺憾地，關於王統治之下的行政機構、對於一般民眾和其他部族的統治體制等王權的下層結構，完全不明朗。如果無法掌握這些結構，或許會被人批評說，這根本不夠資格稱為王權或是王國。不得不說這是探究沒有文字、無法傳承自己歷史的古代遊牧民族時的極限。第五章以後探討的匈奴，雖然也沒有自己的文字，但多虧了司馬遷的記載，其王權的結構較斯基泰人明朗很多。關於對斯基泰王權情況之不明朗的批判和不滿，希望在匈奴的章節能夠多少獲得緩解。

從東向西移動的浪潮

◎鹿石的去向

下面我想提一下作為王權的象徵而得到斯基泰考古學注意的另一項遺物，那就是石人，它伴隨北高加索和黑海北岸的斯基泰古墳一起被發現。但在探討斯基泰的石人之前，我請讀者回想一下第一章詳細解說的鹿石。

阿爾泰地區向西約二千五百公里，從南烏拉爾、奧倫堡州的庫瑪洛沃（音譯，Gumarovo）古墳，發現了斷裂成幾段的石柱。接起來後發現，石柱最上面有著如頭巾一般的刻線，下面有兩條斜線和圓圈，還刻有頸飾、腰帶及其上還掛有弓箭套。雖然沒有鹿的圖案，但這種表現方式與第一章裡提及的第三類鹿石相似。因此，這樣的石柱雖然數量不多

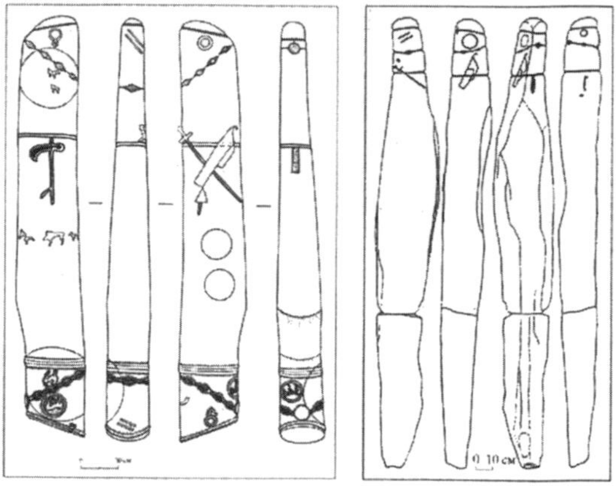

（左圖）**「西方的鹿石」實測圖**　西北高加索、茲波羅夫斯基出土。高 226 公分。出自：Monumental'naya skul'ptura.

（右圖）**「西方的鹿石」實測圖**　南烏拉爾、庫瑪洛沃（Gumarovo）出土。高 260 公分。出自：Monumental'naya skul'ptura.

（目前發現十數件），但被稱作「西方的鹿石」。

然而，石柱下面沒有任何刻線的部分非常長，這一點讓人介意，但也許和從西北高加索茲波羅夫斯基出土的「鹿石」相同，原本預計要刻其他的圖案，但最後沒刻。這塊「鹿石」，在長石柱的兩端刻有同樣的圖案，分不出來哪一端是上，哪一端是下。事實上，西方的鹿石當中，有不少擁有相同的特徵。有人臆測也許是每年將石柱的上下端顛倒重立，又或者是水平放置在古墳的墳頂，雖然有許多不同的猜測，但詳情不明。

再往西進，保加利亞東北部貝洛格拉迪茲市附近的古墳也出土了「鹿石」。雖然缺少了上端，但可以稍微看到頸飾，同時也刻有相同特徵的腰帶、劍、弓箭套、以及腰帶上吊掛的砥石。腰帶下面還刻有如雷紋一般不可思議的幾何學圖案，不確定代表什麼意思。

這些「鹿石」的年代被認為是西元前九世紀或前八世紀至前七世紀前半，與考古學史上的前斯基泰時代（或是辛梅里安時代）幾乎重疊，因此也有研究者稱之為「辛梅里安石柱」。無論如何，多數研究者都認同，這些「鹿石」是從草原地帶東部傳播而來。

◎斯基泰的石人

到了斯基泰時代，鹿石突然消失了蹤影，取而代之的是刻有明顯人臉圖案的石人。至今為止已經確認了約一百八十座石人，多數都是在斯基泰古墳的墳丘當中或是墳丘周圍被發現。初期的石人多位於北高加

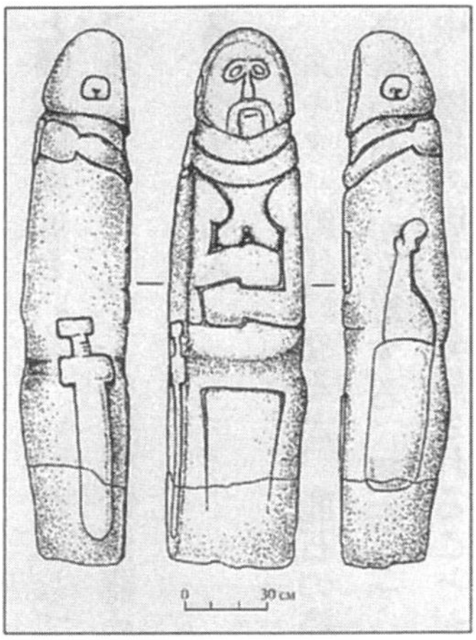
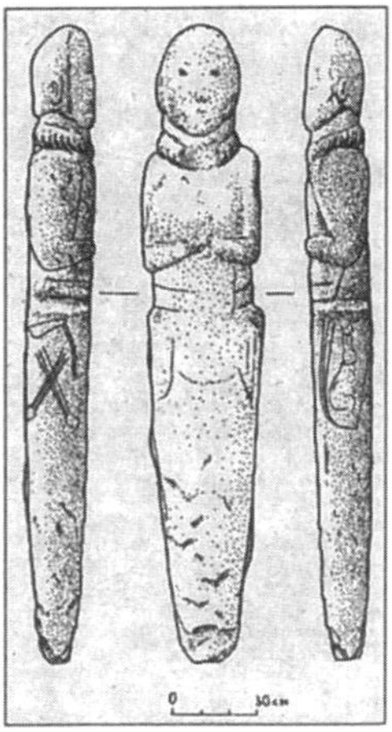

（左圖）**初期斯基泰石人的描繪圖**　出土地不明。烏克蘭國立歷史博物館收藏。出自：*Monumental'naya skul'ptura.*

（右圖）**喬治亞東部塞亞尼出土石人的描繪圖**　出自：*Istoriko-arkheologicheskij al'manakh,* 1995.

索，後期的石人則出現在黑海北岸，尤其以克里米亞半島為多。初期多為角柱或圓柱，形狀本身模擬男性生殖器。頭部刻有眼睛、鼻子、鬍子，但也有些石人沒有眼和鼻，好像臉上沒有五官的日本妖怪野篦坊一般。石人一定帶有粗大的項圈。兩手合放在腹部，腰帶上吊掛有劍、弓箭套、斧、鞭。有的在腰帶下面還刻有男性生殖器。

到了後期，出現右手持角杯的石人，武器和衣服的細部呈現也更寫實（見本頁圖）。手臂與身體分離，雙腳也分開呈現。這樣的變化被認為是受到希臘雕刻的影響。

關於斯基泰石人的起源，現在最有力的說法是源自「西方的鹿石」。兩者年代相近，項圈、腰帶、劍、斧、弓箭套等持有的東西也相同。另外，原本應該是立在古墳頂上這一點也相同。然而，鹿石沒有臉，而斯基泰的石人則沒有鹿石的兩條斜線和圓圈。如果要將鹿石視為是斯基泰石人最直接的

模仿男性戰士的石人　被認為立在古墳頂端的石人想必代表古墳的主人。烏克蘭諾沃瓦希利耶夫卡（音譯）出土，烏克蘭民族建築博物館收藏。

起源，還需要更多的證據。

立石人的目的為何呢？立在墳丘之上有如男性生殖器官一般的石柱，有人認為是代表世界樹、生命樹、宇宙中心之柱。另一個比較有力的說法是，由於初期的石人多模擬男性生殖器，因此可以想成是代表埋葬於古墳當中的族長，作為男性的權力象徵。而後期的石人趨向寫實，因此一般認為是用來具體表現特定的族長或王。如果這樣的說法正確，那麼石人也是證明斯基泰社會存在王權的證據之一。

◎從古墳所見的斯基泰時代

以上透過斯基泰美術和鹿石，可以看出斯基泰文化的各種特徵全都是出自草原地帶的東方，再慢慢傳播到西方。從古墳的構造也可以看到這樣的傾向。接下來謹根據年代和地區，概觀斯基泰時代大型古墳的特徵。

最古老的阿爾贊一號古墳（西元前九世紀末～前八世紀初）是在原本的地表上建造木槨墓室，再在上面覆蓋積石。直徑雖大，但由於墳丘只有積石，因此並不算高。西元前七世紀出現在哈薩克的齊列克塔古墳則是在淺洞穴裡設置木槨墓室，用土加高墳丘，表面再覆蓋上葺石，想必是為了保留原本積石塚的特徵。在原本地表上建造木槨墓室的別斯沙特爾古墳，推測年代也是在西元前七世紀。北高加索和黑海北方的初期斯基泰古墳幾乎都擁有相同的特徵。

然而，在東方的圖瓦，西元前七世紀末至前六世紀初，出現了深挖地底建造木槨墓室的阿爾贊二號古墳。墓坑很深，位置偏離中央，想必是為了防止盜掘。西元前五世紀末至前四世紀的巴澤雷克古墳，放置木槨的墓坑也很深。另外，本書雖未提及，但被認為年代較巴澤雷克古墳略為久遠、同樣位於阿爾泰的圖雅赫塔（Tuekta）古墳群也擁有相同的特徵。

黑海北岸同樣可見深挖墓坑的傾向，但已經不使用木槨，而是以橫式洞穴為墓室。另外，有些古墳設置希臘式、使用削整石頭建造的橫式洞穴墓室（本書未提及）。就像這樣，黑海北岸的古墳出現了與東方不同的特徵，但墳丘的表面還是覆蓋有葺石，墳丘本身也有石牆圍繞。從墳丘的規模、墓室的深度、大型古墳數量眾多來看，在西元前五世紀至前四世紀的黑海北岸，斯基泰人迎來了鼎盛期。

整理以上的變化可以發現，有些是整個斯基泰時代不變的特徵，但新的傾向皆從東方開始，不過進入後期之後，西部獨特的色彩愈來愈濃厚。從整體而言可以得出結論，那就是斯基泰時代正可說是草原的古墳時代。

◎薩烏洛馬泰和亞馬遜傳說

為黑海北岸鼎盛期的斯基泰人畫下休止符的，也是從東方開始的新胎動。西元前四世紀初，一支從哈薩克向西移動、以烏拉爾山脈南部為大本營的部族集團逐漸強大，開始壓迫斯基泰人。這支部族的名字之前被稱作薩烏洛馬泰人（Sauromatae）。但從東方移動而來的一個部族集團與薩烏洛馬泰匯合之後，整體就被稱作薩爾馬提亞人（Sarmatae）。兩者名字類似，非常容易搞混。也就是說，在西元前五世紀或前四世紀中之前，南烏拉爾的遊牧民集團被稱作薩烏洛馬泰，西元前四世紀之後被稱作薩爾馬提亞。

關於薩烏洛馬泰人的起源，希羅多德記述了有趣的傳說：以純女性戰士集團聞名的亞馬遜人，她們的居住地位於今日的土耳其北部面向黑海的地方。希臘人與亞馬遜人交戰獲勝，準備將俘虜裝上船帶回希臘。然而，亞馬遜人在船上發動叛亂，殺光了所有希臘人。亞馬遜人擅長騎馬卻不知如何駕駛船隻，船因此漂流到了黑海北岸的亞速海。由於這裡是斯基泰人的地盤，亞馬遜人因此與斯基泰人開戰。

斯基泰人不知道這些新來的人是何方神聖，不過當他們知道對方都是女性的時候便停戰，並挑選了與亞馬遜人相同人數的年輕人送到她們附近。這群年輕人保持適當的距離，表示自己沒有敵意，再逐漸接近亞馬遜人。有一天，當一個亞馬遜人正在方便的時候，一個年輕的斯基泰人慢慢靠近，亞馬遜人沒有抵抗，任由斯基泰人為所欲為。雙方雖然語言不通，但靠著比手畫腳，約定隔天帶著同伴前來。亞馬遜人和斯基泰人因此逐漸親近，最終一起生活。

亞馬遜人開始懂得斯基泰人的語言，也能夠交談。由於亞馬遜人曾與斯基泰人交戰，因此拒絕加入斯基泰人，而是希望與這群年輕的斯基泰人一起逃往東方。年輕的斯基泰人同意，於是渡過頓河，移居東方。薩烏洛馬泰人據說就是這些亞馬遜人和年輕斯基泰人的子孫。繼承祖先的傳統，薩烏洛馬泰的女性和男性穿著同樣的服裝騎馬、狩獵、打仗。另外，女兒在沒有殺死敵人的一個男子之前不許結婚（《歷史》卷四，一一〇～一一七）。西元前五世紀末至前四世紀初的其他史料則記載，沒有殺死三個敵人之前不能結婚。

一般而言，騎馬遊牧民社會的女性地位較農耕民社會高。阿爾贊二號古墳埋葬的女性也配戴有短劍；在被認為是薩烏洛馬泰人留下、位於南烏拉爾的遺跡中，也從女性的墳墓裡出土了不少青銅或鐵製的鏃。另一方面，從男性的墓裡則出土了劍或槍尖，因此有研究者認為，女性以弓箭為武器，而男性則以劍或長槍為武器。

就算是現代，遊牧民女性的英姿也不輸給男性。哈薩克人雖然是伊斯蘭教徒，但女性不遮掩面容，騎馬奔馳。年輕人盛行的娛樂是男女各乘一匹馬互相追逐。男子疾行之後女子持鞭追趕，如果對方是意中人，則僅揮鞭發出聲響；若不是，則毫不留情地鞭打，還會取走對方的帽子。現在已經成為幽默的表演，用來顯示女性的強大。

想必是住在黑海北岸的希臘人知道騎馬遊牧民，尤其是薩烏洛馬泰女性的強大，因此才會結合亞馬遜傳說，並透過希羅多德等人留下相關的記述。

◎薩爾馬提亞人的王墓

雖然尚未發現薩烏洛馬泰階段（西元前七～前五世紀）的大型古墳，但到了薩爾馬提亞初期，出現了被稱作王墓也不足為奇的大型古墳。它們與黑海北岸斯基泰人盛行興建王墓的時期相同，皆是出現在西元前四世紀。地點是俄羅斯聯邦奧倫堡市西南約八十公里處，烏拉爾河中游的菲力波夫卡村附近。

共二十五座古墳呈東西方向排列，中央位置是最大的一號古墳。外觀因為遭到盜墓而扭曲，但形狀接近圓形，直徑一百零三至一百二十公尺，高約七公尺。接下來的三、四號古墳高六公尺。一九八六至九〇年間，共發掘了十七座古墳。

一號古墳的墓室是圓形的墓坑（深一點八公尺，直徑十七至十八公尺），上面有帳篷形的圓木屋頂。南側建有羨道，墓坑西側則設有藏寶物的秘密洞穴。墓坑本身遭到三次盜掘，但從秘密洞穴和羨道發現了木芯貼金的鹿形雕像、鑲金的鐵劍，以及木碗邊緣的裝飾等多樣

木芯貼金的鹿雕像　底部是銀製，高約 50 公分。西元前 4 世紀。烏法考古學博物館收藏。

黃金製品，以及青銅製的大型鍑。

鹿形雕像本身是木製，上面貼上金和銀的薄板，最後再用青銅釘固定。巨大的鹿角特別醒目，仔細看到每一根圓滑的鹿角枝，會發現一個個有眼、耳、喙的格里芬頭部。排列格里芬或鳥的頭部當作邊緣裝飾，這種手法從初期斯基泰時代就可以看見，但用來裝飾鹿角則是後期斯基泰美術的特徵。

這樣的鹿形雕像大大小小總共出土了二十六件（小的也有四十公分）。遭到盜掘卻依舊出土了如此多的鹿形雕像，很難想像原本的數量有多少。如前所述，擁有大鹿角的鹿有祈求重生的意思。

這個墓地另外還出土了明顯屬於阿契美尼德王朝波斯製作的金壺和銀來通，可見墓主與波斯有所來往。想必薩爾馬提亞人就是在被埋葬在這種墓地當中的領袖帶領下，威脅斯基泰人。

薩爾馬提亞人後來分成幾個部族集團，直到西元後四世紀下半葉匈人來襲為止，一直統治著裏海北方至黑海北岸的草原地帶。

1 石突：指在槍柄最後的位置所安裝的鐵器，作用是保護槍柄，縱使將槍柄擊在地上也不受傷害。

2 「馬鹿」：日文代表笨蛋的意思。

第五章

蒙古高原的新勢力

匈奴的金冠　內蒙古鄂爾多斯市一帶，杭錦旗戰國時代匈奴古墓出土的金冠。本體上刻有老虎、山羊、馬等動物踞坐的姿態，金冠頂端有一隻老鷹。高 7.1 公分、重 1.2 公斤。

匈奴的先驅者

◎匈奴的祖先是中國人嗎？

《史記》〈匈奴列傳〉一開始就寫道：「匈奴，其先祖夏后氏之苗裔也。」夏后氏是半傳說的夏王朝王室。根據三國時代和南北朝時代的《史記》注釋記載，夏王朝在被殷王朝滅亡之後，部分夏后氏逃往北方平原遊牧，成為匈奴（本書之後引用《史記》〈匈奴列傳〉和《漢書》〈匈奴傳〉時，不再另行標明出處）。匈奴使用的究竟是突厥（土耳其）語或是蒙古語，雖然學者的意見分歧，但無論如何都不是漢語。因此就語言的觀點來說，中國人和匈奴沒有關係。然而，部分中國人因為某種理由移居北方，與當地突厥系或蒙古系的人們同化，這不是沒有可能的事（匈奴時代以後，這樣的例子經常出現在中國各王朝末期）。

姑且不論夏王朝是否真實存在，考慮到殷王朝於西元前十七世紀初成立，如果上述夏后氏移居北方的事情屬實，那麼就是發生在西元前十七世紀。然而，如第一章最後所述，西元前十七世紀當時，歐亞大草原尚未出現純粹的遊牧，更沒有騎馬遊牧民。因此，就算夏后氏移居北方，屬於騎馬遊牧民的匈奴也不是在這個階段立刻誕生。

司馬遷之後穿插本書〈前言〉所介紹的匈奴風俗習慣等記述，舉出從殷周至春秋戰國時代為止，位於中國北方或西方的各個蠻族（總稱戎狄），但當中並沒有出現匈奴的名字。不過，其中提到的葷粥，古代發音「xunjiuk」，前半的音與匈奴的古音「hiungno」類似，因此有人解釋兩者發音相同，只是用了不同的漢字表示。這種主張又繼續延伸到與後世入侵歐洲的「匈」人的關係。然而，由於葷粥的真實情況不明，很難支持僅因為名字相似就認為葷粥是匈奴的說法。《史記》列舉出的諸族多位於秦、

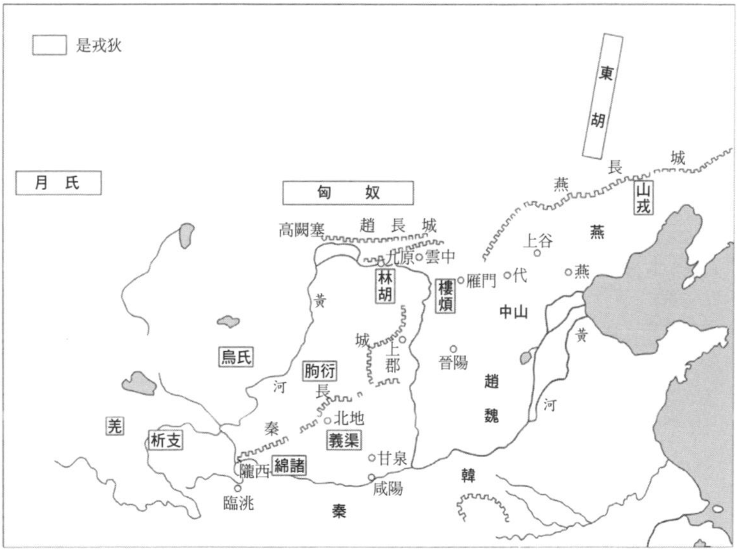

戰國時代的中國北方　居住著各式各樣的戎狄，人與人之間的交流頻繁。

趙、燕附近。這裡既有與中國人混居的地區，也有如後述定居化的戎狄，人與人的交流非常頻繁。也許正是因為這樣的情況，才會產生「匈奴的祖先是中國人」的看法。

◎定居的戎狄

位於秦國北邊的義渠戎築城固守，但逐漸遭到秦國蠶食，秦惠（文）王（西元前三三八～前三一一年在位）時，終於奪取義渠的二十五城。然而，這時候的義渠尚未完全歸順。由於秦昭（襄）王（西元前三〇七～前二五一年）年紀輕輕（十八歲）便即位，因此昭王的母親宣太后（故惠王的后妃之一）以攝政之姿掌管朝政。宣太后竟與義渠王私通，生下兩個孩子。生下兩子代表兩人私通的期間很長，且感情良好。但最終宣太后引誘義渠王至甘泉，並且暗殺了他。如字面上的意義，甘泉自古以來就是以湧出甘甜泉水聞名的溫泉休養之地，之後的秦始皇和漢武帝皆在這裡興建避暑用的離宮。甘泉位於秦都咸陽的北邊，剛好在秦與義渠的中間；想必兩人就是在這裡幽會，義渠王被宣太后引誘，歡歡喜喜前去卻被殺，秦軍趁機一舉殲滅義渠。

《史記》將殺義渠王的主謀寫作是宣太后，但真的是這樣嗎？如若宣太后是為了消滅義渠才接近義渠王，那麼可說是一個相當長期的計策。相較之下，昭王長大後發現母親與義渠王私通，對於同母兄弟，也就是對手的出現備感威脅，於是以母親的名義誘殺義渠王，這樣的看法或許更自然。無論如何，秦國誘殺義渠王後，便輕鬆占領了失去君主的義渠領土。

義渠王和宣太后用什麼語言交談呢？究竟是義渠王理解中國語，又或是宣太后會說義渠語呢？又或是義渠的語言也是中國語呢？由於義渠築城，因此被認為不是遊牧民，而是定居該地。統治趙國北方中山國的王族是白狄的一支，也曾興建都城。

可見這些被稱作戎狄的族群，原本因為擁有與中國不同的風俗習慣，但由於無法成為單純的遊牧民而逐漸定居，而就像這樣混居在秦、趙、燕附近。對此，秦在征服義渠之後，立刻設郡加以中國化，又築長城，明顯劃出防止更外側戎狄入侵的界線。

◎戎狄與戰國七雄的角力關係

趙國和燕國同樣追討北方的戎狄，擴展領土，並興建長城。燕國有一位名叫秦開的優秀將軍，曾是東胡的人質，但也許是因為他的態度與人品，東胡非常信任他。然而，秦開在結束人質身分剛回到燕國後便立刻襲擊東胡，將東胡趕到千餘里（四百公里左右）的北方。然後燕國也興建長城，防禦得到的土地。這一連串事件被認為發生在西元前三世紀初。

東胡接受燕國送來的人質，代表什麼意思呢？戰國時代，各國之間以相互對等關係為前提而進行頻繁的交換人質。也就是說，東胡被認為與燕之間具有對等的關係。然而，秦開雖然是人質，卻取得東胡的信任，也因此得以蒐集東胡境內的地勢和戰力等資訊。與秦國相同，燕國也欺騙了老實的戎狄，掠奪了他們的領土。相較之下，趙國則是用正當的方式擴大領土。趙武靈王（在位時間西元前三二二～前二九九年，西元前二九五年歿）改變既有的習俗，讓麾下的士兵穿胡服（胡也是對於北方騎馬遊牧民的總稱），學騎射，也就是練習騎在馬上射箭。他靠著這支騎馬軍團，成功擊敗北方的林胡和樓煩，興建長城。

關於趙武靈王改變習俗，司馬遷詳細說明了其背景。在此之前的中國軍隊由步兵和戰車兵構成，相較戎狄的騎馬軍團處於劣勢。武靈王於是希望將騎馬隊導入趙軍，好與之對抗。為此，首先必須將長襬的服裝改成方便騎乘的胡服，也就是改成褲裝和短版上衣。然而，穿著蠻族的服裝，模仿蠻族的兵法，這樣的作法遭到趙國宮廷的強烈反對。武靈王壓下反抗勢力，斷然實施兵制改革；結果不僅擊破北方諸族，也成功合併了中山國。然而守舊派頑強抵抗，武靈王最終還是遭到他們殺害。

導入胡服騎射使得趙國一時處於有利的地位，但之後依舊持續受到北方勢力不時入侵所擾。鎮守北方的將軍李牧（西元前三世紀前半或中期的人）刻意不抵抗匈奴入侵，而是閉城固守。這樣的作法被評為上策，可見北方諸族的勢力有多麼地強大，不過李牧在忍耐的數年間不忘訓練士兵和儲備軍需，終於擊敗匈奴大軍（《史記》卷八一，李牧列傳）。秦、燕、趙是戰國七雄當中的三大強國，就算如此，為了戰勝戎狄，除了欺騙和模仿之外別無他法。

◎匈奴的登場

剛才在介紹李牧的時候，不經意地出現了匈奴的名字，這是匈奴最早出現在文獻當中的其中一例。嚴格來說，《史記》〈秦本紀〉和《說苑》（西漢末年編纂）當中，記載了西元前四世紀末，匈奴接近秦或燕的事件。然而，究竟是否真的是匈奴？還是匈奴之名僅是作為北方騎馬遊牧民的代名詞而使用？這一點不得而知。但在李牧的時候，也許已經可以承認匈奴的存在。

匈奴的明確登場是在秦始皇統一天下前後。統一天下六年後的西元前二一五年，有人向秦始皇提出「亡秦者，胡也」的預言。為了斬草除根，秦始皇於是派將軍蒙恬領軍十萬（〈秦本紀〉寫作三十萬人）進攻胡；這個階段的胡明顯就是匈奴。秦軍占領黃河以南的所有地方，從黃河北岸的九原起，至首都咸陽附近為止，開通了被稱作「直道」的軍用道路。匈奴因此被趕到了黃河的北方。

根據東漢的注釋者解釋，預言中所說的「胡」不是匈奴，而是後來導致秦滅亡的二世皇帝「胡亥」。若真是如此，那麼對匈奴而言，可真是遭到了一場無妄之災。不過正如鶴間和幸所說，這樣的解釋，想必是知道後來歷史發展的人所做出的曲解（《中國的歷史》03，講談社，二〇〇四年）。秦始皇又於翌年派遣大軍進攻南方的百越。天下統一之後經過一段安定期，此後秦又進行大規模的對外遠征。

秦南北兩面的作戰都獲得成功，南北皆擴大了領土。然而，秦始皇的生命垂危。西元前二一〇年始皇死後，名將蒙恬被奸臣逼迫自殺，內亂爆發，負責防衛邊境的防人皆被調到內地。結果，匈奴再度往南渡過黃河，在原本的邊境與中國對峙，真可說是打回原形。

◎匈奴興起前夕的草原文化

由於中國近年來蓬勃的發掘調查，西元前四至前三世紀，位於中國北方草原地帶的騎馬遊牧民文化得以逐漸明朗。高濱秀指出，在相當於中國春秋戰國的時代，北方草原地帶的文化可分為以下三個地區，之間雖然略有差異，但整體而言與黑海沿岸的斯基泰文化和阿爾泰的巴澤雷克文化非常類似（《世界美術大全集 東洋篇1》小學館，二〇〇〇年）。

三個地區分別是①北京、河北省地區；②內蒙古中南部；③寧夏、甘肅省地區。地區間的細微差異就留給高濱秀的研究探討，這裡讓我們來看看它們與歐亞草原全區共通的特徵。

在陝西省北端神木縣的納林高兔，發現了擁有鹿角的合成獸立體雕像。底座的四葉形部分開有小孔，可見是放在帽子上的裝飾。阿爾贊二號古墳也出土了動物形狀的帽子裝飾，不過圖案是寫實的鹿。然而，納林高兔出土的動物，頭上的每一根角的分枝都由格里芬的頭構成，這是後期斯基泰美術的特徵之一。

不只如此，這隻動物本身的頭部也是格里芬，尾部尖端也是格里芬的頭部。與此接近的合成獸圖樣，可以在巴澤雷克二號古墳出土的男性右臂刺青上見到。不同之處僅在於雕像不僅角的分枝，就連鬃毛也由格里芬的頭部構成，而刺青只在頸部和前腳有漩渦圖案，其他則完全一樣。

從納林高兔稍往西北，在內蒙古自治區杭錦旗的阿魯柴登，發現了合成獸的腰帶裝飾片，同樣擁有由格里芬頭部組成的長角分枝和尾部。然而，包含腿部，動物整體看起來不像鹿，而是猛獸。彼得大帝藏品當中也有結合猛獸的身體和格里芬角的合成獸。

阿魯柴登的裝飾片還有另一個特徵，那就是動物身體上鑲有綠色和紅色的寶石。像這樣

擁有鹿角的合成獸　屬於帽子上的裝飾；在合成獸的頭部和尾部、枝角，都有格里芬的頭部圖案。高 11.5 公分。陝西省神木縣，納林高兔出土。陝西歷史博物館收藏。

合成獸腰帶裝飾片　擁有猛獸的身體和格里芬的頭部枝角和尾部的合成獸，身體上鑲嵌著紅色和綠色的寶石。橫 5 公分。內蒙古自治區杭錦旗、阿魯柴登出土。內蒙古自治區博物館收藏。

鑲有紅綠寶石的多彩鑲嵌裝飾，流行於薩爾馬提亞時代的歐亞草原中部和西部。這個裝飾片可視為是最早的例子之一。

就像這樣，就算單從以上二例也可以確認，中國北方地區與歐亞草原的中部和西部關係密切。

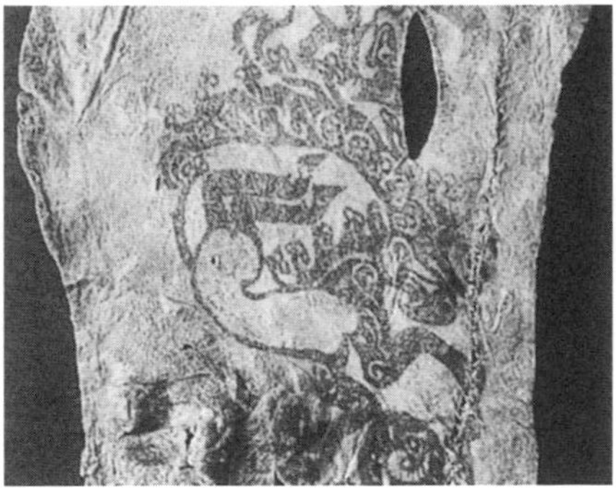
阿爾泰、巴澤雷克二號古墳出土的男性右腕刺青　面向右的合成獸抬起後腿。西元前5～4世紀。艾米塔吉博物館收藏。作者拍攝。

三大勢力的角逐——東胡、匈奴、月氏

◎冒頓的掌權

關於秦將蒙恬將匈奴趕到黃河以北時的北方情勢，司馬遷如此記述：「當是之時，東胡強而月氏盛。」聽起來像是比起威脅秦的匈奴，東胡和月氏更強盛。

中國的史料將匈奴的首長稱號寫作「單于」。當時的單于是頭曼（在此之前的單于名

字不明）。有一種說法，頭曼是將突厥語代表「萬」的「tumen」用漢字寫成，意思是指率領一萬名部隊的領袖。然而，古突厥語「tumen」的用例，要到西元後八世紀的突厥碑文才獲得確認。在此之前，西元後六世紀中葉，突厥第一代可汗「土門」的名字有很能來自「tumen」，但無法確定能否追溯到西元前三世紀。

頭曼單于有一個名為冒頓的太子（繼承人）。然而，冒頓的生母早死，單于也娶了新的妻子（關於單于妻子的稱號，中國史料寫作「閼氏」）。這個新閼氏生下一子，對於頭曼來說，新閼氏生下的孩子更可愛，便想立他為太子，或許也是出自新閼氏的請求。

然而，頭曼不可能貿然廢除沒有任何錯處的冒頓。於是他想了一個辦法：將冒頓送去月氏當人質，他計劃只要自己進攻月氏，月氏一怒之下就會殺了冒頓，如此一來不用髒了自己的手，就可以除去冒頓。頭曼於是實行他的策略，而月氏也果真試圖殺了冒頓。但冒頓似乎識破了父親的詭計，他盜取了月氏的一匹好馬，乘著牠逃回國內。他不但脫險，還立下奪取敵人好馬的功勞，因此頭曼不得不表揚他，於是立他為率領一萬騎兵的統領。

冒頓造鳴鏑，訓練部下騎射。明令「若有人不射向自己鳴鏑所射之處，立斬」。當他出外行獵鳥獸，有人不射向鳴鏑所射之處，立斬。冒頓接下來將鳴鏑射向自己騎乘的好馬（或許是從月氏盜取的馬），部下有人猶豫不敢射向冒頓的馬，也遭到斬殺。

不久之後，冒頓又將鳴鏑射向自己的愛妻，部下驚恐不敢射，也被斬殺。又過了一陣子，冒頓外出狩獵時將鳴鏑射向父親單于擁有的好馬，部下所有人立刻射向好馬。至此，冒頓確定部下必定會執行自己的命令。

於是，冒頓在與父親外出狩獵的時候，將鳴鏑射向父親。部下所有人立刻朝著鳴鏑飛去的方向射箭，頭曼單于於是遭到射殺。之後冒頓又殺了後母和弟弟，以及所有不順從自己的大臣，自立為單于。這是發生在西元前二〇九年，也就是秦始皇逝世、二世皇帝即位後翌年。

以上是《史記》記述有關冒頓掌權的始末。雖然覺得事情發展的有些太順利，但也沒有其他方法可以確認。只能說冒頓使用殘忍的手段，慎重且大膽地推進計畫。

◎冒頓的征服行動

冒頓發動政變的消息很快就傳開了，聽聞此事，東胡王開口想要頭曼的千里馬（一日可跑千里，約四百公里的馬）。東胡王想必是認為，匈奴內部權力基礎未穩，無法拒絕外部的要求，也或許有動搖剛即位新單于的意圖。

對此要求，冒頓詢問臣下的意見。所有人都回答：「千里馬是匈奴的寶馬，不能給。」然而，冒頓卻說：「鄰國人說想要，為何要吝惜於一匹馬！」於是將千里馬給了東胡。

由於冒頓輕易答應了要求，東胡王於是以為冒頓怕了自己。接著又要求迎娶冒頓的其中一位閼氏。這次東胡要的不是馬而是人，而且還是單于的妻子。冒頓又問臣下，所有人都怒道：「東胡無道，竟然要求單于的閼氏。請下令攻擊。」然而冒頓卻說：「鄰國人說想要，為何要吝惜於一名女子！」於是將愛妻送給東胡。冒頓已經殺了一位妻子，這是第二位妻子，想必他擁有多位妻子。

對於第二次的要求冒頓也輕易答應，東胡王於是愈來愈驕傲，準備入侵西方。東胡和匈奴之間有一塊沒有人居住的棄地，兩國分別在兩側設置監視所。東胡又要求想要占有這塊土地，冒頓問臣下，當中有人回答：「反正是棄土，給或不給都無所謂。」冒頓聽完後大怒，說道：「土地乃國之根本，如何能給！」下令斬首所有認為可以給的人。然後，冒頓上馬下令率兵襲擊東胡，「延遲者斬！」

由於東胡看輕冒頓，因此沒有準備，結果冒頓大軍一下子就殲滅東胡王，將東胡的人民和家畜收為己有，想必也收回了之前送給東胡王的千里馬和閼氏。冒頓緊接著一個回馬槍向西進軍，擊敗月氏，南方又合併了樓煩等所在的黃河以南土地。如此一來，他便成功收復過去被蒙恬奪走的土地。至此，據說冒頓已經擁軍三十萬餘。

冒頓在征伐上，也發揮了不輸給權力鬥爭戲碼時展現的冷酷無情。但征服東胡的過程也從犧牲馬開始，接著是愛妻，最後打倒東胡王，與前述奪權的過程如出一轍。雷同的程度之高，讓人不禁覺得是編出來的故事，但也無從確認。

然而，《史記》又說明，冒頓之所以能夠擁有如此強大的勢力，是因為當時的中國因為劉邦和項羽的楚漢之爭而疲敝所致。雖然是藉口，但尚屬合理。匈奴合併黃河以南，的確可以視作是趁中國混亂才得以完成，但擊敗東胡和月氏，就算中國沒有陷入混亂狀態，想必也能成功。

◎月氏的實際情況

如前所述，在冒頓當上單于之前，東胡和月氏的威勢勝過匈奴。關於東胡，冒頓用計使他們鬆懈，一舉加以合併，但月氏可就沒有這麼簡單。

冒頓即位後發動的攻擊，並沒有對月氏造成太大的打擊。之後經過約三十年的西元前一七六（或前一七四）年，在冒頓送給漢的書簡當中提到，他的兒子右賢王率遠征軍滅月氏，平定樓蘭、烏孫、呼揭以及附近二十六國。

烏孫和呼揭被認為是位於天山北方至阿爾泰山脈一帶的遊牧民。關於二十六國，樓蘭是所謂西域（主要指的是塔里木盆地周圍，不過在張騫歸國之後才出現「西域」的稱謂）當中最大的國家，考慮到其位置在塔里木盆地的東端，應該是相當於後來的西域三十六國。

滅月氏，平定樓蘭等諸國，代表樓蘭等國過去歸屬於月氏。這個地區相當於今日的新疆維吾爾自治區幾乎全境和哈薩克南部，範圍廣大。然而，《史記》〈大宛列傳〉當中記載，張騫曾說月氏本來的居住地在敦煌和祁連山之間，相當於今日的甘肅省西部。如果是這樣的話位置偏南，而且範圍狹小。這個矛盾不知該如何解決。

雖然尚未成為定論，但有一個好方法可以解釋：那就是將月氏的領土範圍擴大解釋為蒙古高原西部至新疆，如此一來就包含了南部甘肅省附近。和田清早在二戰前就提出這樣的說法，之後榎一雄加以補充，又獲得護雅夫等人的支持。

的確，月氏是淩駕匈奴之上的強國，因此，若其領土範圍僅限於甘肅省西部的狹小迴廊地帶（一般稱作河西走廊），未免太不自然。另外，實際上月氏並沒有因為右賢王的攻擊而「完全滅亡」。為此，冒頓之後即位的老上單于（西元前一七四～一六〇年在位）繼續攻擊月氏，殺了月氏王，並用他的頭蓋骨當酒杯。

雖然有人質疑匈奴是否真的發動了第三次攻擊，但無論如何，月氏的勢力依舊不容小覷。最好的證據就是，之後在西元前一三〇年代，月氏的主力向西方移動，以巴克特里亞（今日的烏茲別克、塔吉克南部，以及阿富汗北部）為中心，成為中亞南部的強國。

這支主力被稱作大月氏，留在甘肅方面的則稱作小月氏。小月氏不久之後就消失在歷史上，但大月氏在世界史上扮演了重要的角色。首先，羅馬的史料也記錄了這件推測是大月氏入侵巴克特里亞的事情，世界史上西方和東方首度記載同一件事，可見大月氏入侵巴克特里亞這件事有多重要。

另外，支撐大月氏的五名總督，分別屬於五個大部族；其中一個部族貴霜在西元後一世紀前半左右取代大月氏，建立帝國統治中亞南部。在其統治之下，佛教和佛教美術興盛，帶給後來中亞和東亞極大的影響。究竟貴霜原本是構成大月氏的其中一個部族，或是巴克特里亞當地的一個部族，學者們意見紛歧。我本身覺得前者的說法較有魅力，但也欠缺決定性的證據。

◎月氏留下的痕跡？

關於月氏移動前的領土範圍問題，如果文獻史料有其極限，那麼便試著將焦點轉向考古學。關於第三章和第四章介紹的阿爾泰巴澤雷克古墳群，榎一雄於一九五九年發表了「留下這個遺跡的也許就是月氏」的學說。想必不知道這項發表，考古學家魯堅科（Sergei Rudenko）於翌年也發表了相同的學說。

巴澤雷克的出土品在以草原遊牧民的塞迦、斯基泰系美術為基調的同時，也發現了波斯和希臘的元素，甚至還有中國製品。這可視為月氏的領域從蒙古高原西部起，直到阿爾泰、天山南北，包含絲路的主要部分。然而，僅憑這種間接的證據，還是無法提升其確定性。

若巴澤雷克真的是月氏的遺跡，那麼與巴澤雷克屬於同系統的文化應該廣布於月氏的領域。如第三章所述，二〇〇六年七月於蒙古領地的阿爾泰首度發現的凍土墓，代表巴澤雷克文化跨越國境，進入現在的蒙古領地。然而，這裡依然是阿爾泰山脈的延續，距離也不遠。

相對於此，天山山脈南側，位於吐魯番東側火燄山山麓的蘇巴什遺跡，雖然在巴澤雷克南邊相距約九百公里，但卻與巴澤雷克文化擁有共通性，這一點讓人頗感興趣。巴澤雷克由於墓室結凍使得遺體和有機物質保存良好，而吐魯番這個地區因為極度乾燥，所以遺物也能保存下來。

從蘇巴什一號墓地的第十一號墓當中發現的馬鞍，狀態幾近完好。這個馬鞍是縫合兩個放有填充物、有如枕頭一般的皮革製品而成。由於使用的是如坐墊或靠墊一般柔軟的材質製成，因此可以稱做軟式鞍。

鞍具的前方（見本頁圖）至中央靠後部分較寬，愈往後愈窄。可以看到三、四排的皮縫線，如此想必是為防止中間的填充物歪斜。這與秦始皇陵兵馬俑所見的馬鞍作法相同。馬鞅的皮繩從馬鞍前部斷面穿出這一點也相同。

巴澤雷克發現了被認為是這種馬鞍原型的鞍。它同樣

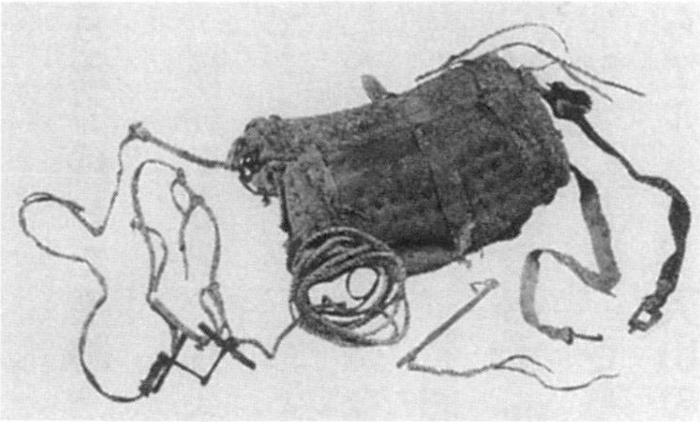

蘇巴什一號墓地出土的馬具　軟式鞍和馬鞅、轡、馬絆、腹帶、馬鞭。西元前4～3世紀。出自：王炳華，《新疆古屍》，新疆人民出版社。

是縫合兩個有如枕頭一般的墊子而成，前方至中央靠後部分較寬，同樣下功夫防止中央的填充物歪斜。但巴澤雷克發現的馬鞅不是從馬鞍前端穿出，而是從腹帶上方穿出。如此一來，馬鞅的位置過低容易滑落，因此有一條穿過馬鞅中段至馬首後端的皮繩向上拉。彼得大帝藏品的黃金製腰帶裝飾片上，也可以看到這種皮繩的描繪。

這種軟式鞍的馬鞅有容易滑落的缺點，經過改良後出現的就是蘇巴什出土的軟式鞍。趙武靈王採用的大概就是這種軟式鞍，而後又進一步傳到秦始皇的時代。接下來看到的不是實用品，而是相當獨特的裝飾手法。

戴著高帽子的女性遺骸　蘇巴什三號墓地出土。西元前 4 ～ 3 世紀。新疆吐魯番東方。出自：王炳華，《新疆古屍》，新疆人民出版社。

蘇巴什三號墓地的第六號墓發現了男女的遺體，女性戴著一頂相當高的帽子，而巴澤雷克五號古墳的女性也戴著同樣的帽子。這是在木頭的底座上插上長長的金屬線，毛髮再纏繞在這上面。上述的黃金製腰帶裝飾片上也有出現戴著這種帽子的女性。再往前追溯，阿爾贊二號古墳的女性也戴著高高的帽子裝飾。

這種裝飾被認為常見於斯基泰時代圖瓦、阿爾泰至天山一帶的女性帽子。另外，蘇巴什還出土了裝弓箭的矢箙。由此可見，斯基泰系巴澤雷克文化確實傳到了天山南側吐魯番附近。這個文化的年代是西元前五至前三世紀，如果範圍遍及圖瓦、阿爾泰至天山以南，那麼這個文化的主人推測很有可能就是月氏。

匈奴遊牧帝國的出現

◎冒頓和劉邦——雙雄的正面對決

看到這個標題，也許有讀者會想起項羽和劉邦這個膾炙人口的組合。然而，項羽和劉邦的戰爭，說到底不過是中國國內的內戰。下面敘述的冒頓和劉邦之戰，則是在歐亞大陸東部，新興遊牧國家與新生統一中國之間爆發的第一場大國間的戰爭。

西元前二〇一年，劉邦（高祖）打倒項羽統一天下後翌年——相當於冒頓單于即位第九年——的秋天九月，匈奴大軍包圍了駐紮北方防衛要衝馬邑（今山西省北部朔縣）的韓王信。

韓王信出身戰國時代韓國王家，身高八尺五寸（約一百九十公分），是一名勇猛的將軍，與劉邦旗下將軍、以忍胯下之辱聞名的韓信是不同人。他在劉邦麾下建功，被封為韓王，但由於勢力強大而讓劉邦產生戒心，於是把他調任為位於韓地北方的太原之地，並賦予防禦匈奴入侵的任務。

韓王信將根據地從首都晉陽（太原）遷往北方的馬邑，就是在這個時候遭到匈奴包圍。韓王信不時遣使匈奴，尋求和解之道。然而，這樣的行為反而讓劉邦生疑，以為韓王信勾結匈奴。劉邦於是遣使責備韓王信，韓王信害怕被殺，帶著整個馬邑投降匈奴，反過來攻擊太原。

次月，也就是高祖七年（西元前二〇〇年）冬天十月（秦漢初期以十月為一年之初，直到漢武帝太初元年〔西元前一〇四年〕才改正月為一年之始），劉邦為了討伐韓王信，親自帶兵出征。在晉陽南方一百二十五公里處的銅鞮攻擊韓王信的軍隊，韓王信逃往匈奴，慫恿趙國王族子孫趙利，加入和匈奴一起攻擊漢。趙利也許是想藉著與漢對抗重振趙國，好讓歲月重回戰國時代。

劉邦對於韓王信的背叛感到憤怒，在晉陽不時遣使匈奴。匈奴藏起了精銳部隊和健壯的牛馬，只讓使者看到高齡軟弱的士兵和骨瘦如柴的家畜。看到這個景象的十名使者，每一個人都進言劉邦說「匈奴可擊。」然而，最後一名使者劉敬卻說：「兩國相擊，應向對手顯示自己的強大，但卻只見瘦小的家畜和老弱，必定是隱藏了奇兵，不可擊。」

然而此時，二十萬以上的漢軍已經越過晉陽北方一百公里的句注山。因勝而驕的劉邦聽不進這種不主張進攻的言論，不斷追趕假裝戰敗的匈奴軍，親率多達三十二萬的大軍，抵達句注山北邊一百二十公里的平城（現在的山西省大同市）。

皇帝親自率領大軍遠征稱作「親征」。對於匈奴這種遊牧國家而言，親征毋寧是理所當然的事，但中國除了王朝的創設時期之外，非常少有親征。皇帝親征雖然可以提高士氣，但萬一戰敗被俘或戰死，就會威脅到王朝的存亡。這時的劉邦剛完成國內統一，想必是充滿自信。總而言之，統合遊牧民族的草原霸主與中國統一王朝的第一代皇帝，在此展開了正面對決。

◎草草結束

漢軍多為步兵。雖然不知道劉邦是騎馬還是乘車（大概是乘車），但無論如何速度都比步兵快。為此，劉邦抵達平城的時候，步兵尚未全數到達。再加上從晉陽到平城的路上遇到大寒流，還下了雪，兩三成的士兵因為手指凍傷而無法拉弓射箭。決戰開始前，漢軍就已經遭到相當的打擊。

就好像是看準了時機一般，冒頓動員精銳四十萬騎，將劉邦包圍在平城郊外的白登山。匈奴的騎馬軍團四方包圍，西方是白馬、東方是白面黑馬、北方是黑馬、南方是赤黃馬。雖然匈奴如何隱藏起這四十萬騎馬軍團實在令人存疑，但也只能相信司馬遷所言。

遲來的部隊抵達包圍網的外側，但無法送糧食或援軍給被包圍的劉邦。這樣的狀況持續了七日。《漢書》〈匈奴傳〉中記錄了當時街頭巷尾流行的歌：「平城之下亦誠苦！七日不食，不能彀弩。」進退不得的劉邦，只好採用謀士陳平的「秘計」，遣使者帶著許多禮物去見閼氏（冒頓單于帶著閼氏一起遠征）。

閼氏勸冒頓撤軍，說道：「兩國君主何苦相互為難。就算現在得到漢的土地，單于也不可能一直住在那裡。且漢君主可能得神助，還請單于明察。」

冒頓方其實也有隱憂。冒頓與韓王信旗下的趙利等人約定會合，但趙利的部隊過了約定的日期卻未抵達。單于開始懷疑他們是不是又背叛，改投向漢。再加上閼氏的建言，於是他解開了包圍的一角。剛好濃霧不散，匈奴沒有發現使者來往包圍網內外。陳平命全部士兵帶著一把弓兩支箭，從包圍網解開的一角全力衝出，終於成功地與外圍的大軍會合。如此一來匈奴無計可施，只能撤軍。就這樣，原本應該是南北兩大勢力對決的大戰，在沒有一場像樣的戰鬥，且匈奴軍占上風的情況下，兩軍皆引兵而去。這時有可能締結了第一次的和親條約，但詳細內容不明。

然而，陳平的「秘計」不僅是送禮物給閼氏這麼簡單。早在西漢末期就有人提出真相。根據這樣的說法，陳平命畫工畫美女圖獻給閼氏，並告知漢有這樣的美女，皇帝現在有難，願意將美女獻給單于。閼氏擔心漢的美女將會奪走屬於自己的寵愛，於是才向單于提出上述建言，結果冒頓撤軍。由於這個計策卑鄙、不能公諸於世，所以才會稱作是「秘計」。

究竟當時軍隊裡是否真有畫工？或者畫中這般的美女是否隨軍出征？雖然有許多令人感興趣的問題，但都沒有確切的答案。另外，冒頓曾經輕易地殺了自己的妻子，又為了鬆懈敵人的警戒心而將自己的妻子送人，為什麼突然間會對閼氏言聽計從呢？這一點也讓人感到不可思議。或者這個閼氏正是冒頓曾經送給東胡王的妻子，因此對她有愧，才不得不順她的意？無論如何，對於單于擁有如此發言權的閼氏，看來和劉邦的妻子呂后（呂后與武則天並列，是中國史上最強勢的皇后。《史記》將〈呂后本紀〉放在〈高祖本紀〉之後，將呂后與皇帝同等對待）是同類型的人。

相較於義渠戎和東胡都被中國的計謀所騙，匈奴反為漢軍設下陷阱，只是在最後階段，還是被中國擺了一道。

◎和親條約的內容

冒頓本身雖然撤退，但旗下的部分軍隊依舊滯留在附近，並在十二月攻擊了平城東方約一百一十公里的代。劉邦的兄長劉仲在這裡擔任代王，但劉仲因為過於害怕而捨棄此地，逃到了洛陽。韓王信等人翌年也持續入侵漢地。

為此所苦的劉邦找來曾識破冒頓伏兵之計的劉敬，向他問策。劉敬提出了用政治婚姻和禮物懷柔匈奴的計策。如果將劉邦與呂后生下的獨生女——長公主嫁給冒頓，那麼冒頓就是劉邦的女婿；若二人生下的兒子成了新的單于，那麼新單于就是劉邦的孫子。他認為如此一來，新單于也就不可能威脅母親和祖母的娘家。

劉邦立刻答應，但呂后日夜哭泣道：「為何要將女兒嫁給匈奴？」呂后這一哭，令劉邦心軟，不得已只好從宗室中選一名女子，以長公主之名嫁給冒頓單于當閼氏，並遣劉敬為使，雙方締結和親之約（西元前一九八年或翌年）。

條約內容反映出敵我軍事實力，對於漢而言是非常苛刻的約定。漢每年必須向匈奴獻上一定數量的真綿[1]、絲綢、酒、米、食物，並結成兄弟。合約沒有記載具體的數量，但從約一百年後的西元前八九年，匈奴單于送來的書簡中可以得到線索。

書簡中寫道：「歲給遺我糱酒（用麴製造的甜酒）萬石，稷米五千斛，雜繒（絲綢）萬匹。」一萬石是十萬斗，漢代的一斗相當於現代日本的一升再多一點，因此酒一萬石相當於一升的酒約十萬多瓶，如果是一斗樽的話，相當於一萬樽。假設一人一年喝一百瓶，那麼相當於一千人分，如果一人一年喝五十瓶，則相當於兩千人分。這樣的數量究竟是多是少，看法因人而異，但想要搬運一萬樽的酒，是一件大工程（順道一提，當時的中國應該尚未有木樽，不過在南西伯利亞圖瓦一個推測年代為西元前後的墓中，有發現過一個小木樽。只是，這個木樽推測是用來裝乳製品的容器）。絲綢一匹長四十尺，約相當於九公尺（寬約五十公分）。

總而言之，締結這項條約的結果，冒頓入侵的情況「少止」，也就是說並非完全中止，只是較收斂而已。既然已經簽訂條約，匈奴為何還要繼續入侵呢？而匈奴入侵的目的，以及對象又是什麼呢？這些問題就留待第八章詳細論述。

漢以後的歷代王朝也經常採取這種和親或懷柔政策。就漢而言，直到漢武帝轉換方針的西元前一三〇年為止，一直都採取這樣的政策，送了多位公主給匈奴。匈奴雖然沒有停止入侵，但漢也沒有派遣大規模的遠征軍，只將重點放在防禦。

這樣的和親政策對於漢而言究竟是成功還是失敗？這一點學者們的意見分歧。每年贈送一定數量物品所帶來的財政負擔，以及匈奴入侵造成北方邊境地帶人員和經濟上的損失，確實相當龐大。另外，向戎狄低頭對於中國來說，也是一件非常恥辱的事。然而，就算進行大規模遠征也不見得一定會獲勝；即使僥倖獲勝，持續對外征戰也需要相當大的花費，因此究竟該和或戰，必須謹慎評估利害得失。漢武帝的朝廷也針對這個問題議論不休，漢武帝原本就對現狀不滿，因而改變政策，不過在論述這種改變帶來的結果之前，先讓我們看看劉邦死後至武帝即位為止，匈奴與漢的關係。

◎冒頓性騷擾呂太后

白登山之圍五年後，西元前一九五年，劉邦因前年鎮壓叛亂時中流箭所受的傷再度病發，最終身亡，諡號為高祖。太子立刻即位，是為漢惠帝，但實際上政權由母親呂太后把持（皇帝死後太子即位，其母親被稱作太后）。

西元前一九二年，冒頓送書簡給呂太后。然而，書信的內容極為失禮，呂太后大怒，準備攻擊匈奴，但大多數的將軍皆「以高帝賢武，然尚困於平城」的說法加以安撫。呂太后終於冷靜下來，重新確認和親之約。

《史記》雖然沒有記載這封無禮書簡的內容，但所幸《漢書》有所記錄。根據《漢書》的記載，書簡寫道：「孤僨之君（冒頓）……數至邊境，願遊中國。陛下（呂太后）獨立，孤僨獨居。兩主不樂，無以自虞，願以所有，易其所無。」這種超危險的內容如果在現代，也許會被控告性騷擾，也難怪呂太后會大發雷霆了。

在將軍們的安撫之下隱忍自重的呂太后，回信冒頓如下：「單于不忘弊邑，賜之以書，弊邑恐懼。退日自圖，年老氣衰，髮齒墮落，行步失度，單于過聽，不足以自汙。弊邑無罪，宜在見赦。竊有御車二乘，馬二駟，以奉常駕。」

對以強勢出名的呂太后來說，這樣的答覆內容可說非常謙卑，這也顯示出匈奴的軍事實力遠高於漢。然而，冒頓收到回信之後，竟然坦率致歉，說道：「未嘗聞中國禮義，陛下幸而赦之。」並獻上馬匹。於是雙方重新締結和親之約，又將劉氏一族的女子立為公主，嫁給單于。之所以這樣做，也許是為了代替呂太后。

冒頓在書簡中自稱「孤僨之君」，意思是沒有老婆的君王，這點實在讓人頗難相信。難道在平城包圍戰中，與他同行的閼氏已經過世了嗎？就算那位閼氏真的過世了，應該也有從漢送過去當閼氏的冒牌「長公主」才對啊！難道那位「長公主」也過世了嗎？若真是如此，那冒頓的妻子也未免都太薄命了。

再來還有一個問題，那就是這些書簡是用什麼語言寫成的呢？漢朝送去的書簡當然是用中國話寫成，可是匈奴送來的書簡，用的是什麼語言呢？照推想，它應該也是用中國話寫成，形式上和中國方面的書簡相同才對。也就是說，當時在匈奴當中，應該已經有不少能夠撰寫書簡的漢人才對。關於這些漢人在匈奴領地扮演的角色，我將在第八章進行詳述。

◎從冒頓單于到老上、軍臣單于

呂太后逝世、漢文帝即位後（西元前一八〇年）依舊持續和親政策，但西元前一七七年，匈奴右賢王入侵黃河以南，殺了駐守長城的蠻夷，掠奪一空後離去。這裡的「蠻夷」指的是戰國時代的林胡或義渠等非漢人，這個時期歸屬於漢。

冒頓向漢送來書簡，為這次的入侵辯解如下：「雖然締結和親之約，然而漢邊境官吏侮辱右賢王，右賢王未請示就與漢吏相爭。然打破約定是事實，故罰右賢王遠征月氏。」前一節所述右賢王遠征月氏，就是在這樣的情況下進行。

這時冒頓同時獻上駱駝一頭、騎馬二匹、駕車的馬八匹。相對於此，文帝作為回應，送上了皇帝穿著的豪華衣裳一套、黃金的腰帶裝飾和扣環（犀毗），以及各式絲綢一百六十匹。遊牧國家送馬，中國送絲綢，這成為了後來兩方經濟交流的普遍模式。

冒頓不久後過世，老上單于繼任（西元前一七四年）。文帝又再度立劉氏一族的女子為公主，送給新單于當閼氏。這時，中行說（姓中行，名說）作為公主的隨從，一同前往匈奴。第八章將詳述這個中行說在匈奴扮演的重要角色。在老上單于之下，匈奴依舊繼續入侵。

老上單于死後（西元前一六一年），軍臣單于繼任，情況依舊沒有改變。不斷反覆和親之約、公主降嫁、毀約入侵。另外在軍臣單于的時候，還曾企圖與中國國內的反叛勢力聯手。這樣的舉動逼得漢帝必須重新思考和親政策。漢武帝的出現，讓匈奴與漢的關係進入新的階段，不過在講述這一點之前，下一章讓我們先看看匈奴的風俗習慣、經濟、社會結構，以及國家內部的各種問題。

1 真綿：一種用次級蠶繭煮成的綿，具有相當好的保暖力度。

第六章

司馬遷所描繪的匈奴形象

張騫出使西域圖　在敦煌莫高窟第 323 窟北壁上的「張騫出使西域圖」，唐代初期（西元 618 年到 714 年）繪製。

匈奴的社會

◎單于與其下的統治階層

匈奴沒有自己的文字。雖然也有部分學說主張匈奴擁有自己的文字（尤其是蒙古和土耳其等民族主義傾向較強的研究者），但完全沒有證據。與漢的外交交涉使用的是漢文，他們沒有留下任何記述自己歷史的史料，只剩下中國方面史料的引用中，還保留些許線索。因此，若想得知匈奴內部的情況，只能根據中國史料，同時再參考若干考古學資料。

《漢書》〈匈奴傳〉將單于的姓寫作「攣鞮氏」，但《後漢書》〈南匈奴傳〉則將單于的姓寫作「虛連題」（關於匈奴的南北分裂將於第七章詳述）。除去「虛」字，則兩者發音相近，因此被認為是以不同的漢字來表示相同的匈奴語。另外，《漢書》將單于的正式名稱寫作「撐犁孤塗單于」。匈奴語稱天為「撐犁」，子為「孤塗」，單于則代表「廣大」之意。

撐犁就是將古突厥語和蒙古語用來代表「天」之意的「騰格里」以漢字寫成的結果。西元前一七四年，冒頓單于送給漢的書簡，開頭便寫道：「天所立匈奴大單于敬問皇帝無恙。」文章說到單于為什麼是單于，那是因為得到上天的承認。這樣的想法也見於西元六到八世紀統治蒙古高原的突厥。另一方面，關於孤塗和單于的原語，至今尚未有定論。

除了攣鞮氏之外，根據《史記》的記載，最初是「呼衍氏」、「蘭氏」，之後再加上「須卜氏」，這三個姓氏被認為是高貴的氏族。《後漢書》進一步加入「丘林氏」，這四個姓氏經常與單于締結婚姻關係。換句話說，這些是單于的姻戚氏族。然而如第五章所述，從漢嫁過來的公主也會成為閼氏。

關於單于之下的統治結構，《史記》、《漢書》，以及之後的《後漢書》等的記述略有不同，下面原則上以記載匈奴自冒頓時代起一百年之間情況的《史記》為基礎進行說明。

緊接單于之後擁有強大勢力的是左屠耆王和右屠耆王，左谷蠡王和右谷蠡王。屠耆在匈奴語中代表「賢明」的意思，因此中國史料一般稱之為「左賢王、右賢王」。這種稱呼較容易理解，因此第五章採用的也是這種稱呼。

「賢明」對於遊牧國家的統治者來說是非常重要的資質。當然，無論是哪一種組織，最好都有賢明的領袖，但對於官僚機關沒有那麼複雜、領袖的判斷將左右其命運的遊牧國家來說尤其重要。在突厥之後的突厥系遊牧國家，可汗長長的正式名稱當中，經常包含「毗伽」

（賢明）這個詞彙。很可惜地，「谷蠡」的意思不明。

由於左賢王經常由太子，也就是單于的繼承人擔任，因此左賢王可說是第二把交椅。《後漢書》將之後的順位依序寫作左谷蠡王、右賢王、右谷蠡王，但不知道冒頓當時是否也如此。

◎根據十進法建立的軍事組織

四王之下設有左右大將、左右大都尉、左右大當戶、左右骨都侯。中國自春秋戰國時代起便開始使用大將一詞，都尉則是漢景帝（西元前一五七～前一四一年在位）時的武官名稱。想必是將匈奴語用相對應的中國語替換而成。

另一方面，當戶和骨都侯是中國沒有的官名，應該是匈奴語發音的別字。中國文獻關於前三者沒有說明，但記錄骨都侯是「輔政」，想必應該是直接輔佐單于、有如宰相一般的職位。《後漢書》將骨都侯寫作「異姓大臣」，也就是出身攣鞮氏以外的氏族。的確如同加藤謙一的調查，在研究《後漢書》當中知道名字的骨都侯時發現，他們都是上述的姻戚氏族。

護雅夫推測，單于的正式名稱所包含的「孤塗」和這裡的「骨都」，都是古代突厥語代表「天之恩惠、幸運」之意的「qut」用漢字表示的結果，但由於與《史記》所說的「子」的意思不同，因此稍嫌欠缺說服力。

從左右賢王到左右大當戶為止（也就是說不包含最後的骨都侯），共有二十四名首長。當中勢力最大者擁有萬騎，較小者也擁有數千騎，但都稱為「萬騎」。如此一來，匈奴的騎兵總計二十萬騎。然而根據記載，出戰白登山的匈奴兵共四十萬騎。那麼，這四十萬難道是誇大其辭嗎？但也不能這樣輕易斷定，因為說不定被匈奴征服的東胡和樓煩的騎兵，也一同參戰了。

另一個數字不相符的地方是「二十四長」。從左右賢王到左右大當戶為止，怎麼算都只有十人。山田信夫將左右賢王、左右谷蠡王、左右骨都侯視為最頂端的王將階級，認為六人之下各有大將、大都尉、大當戶，如此一來六乘四便等於二十四。然而，如果單純解讀《史記》的記述，則左右骨都侯沒有包含在內，因此這種說法不得不說有些牽強。

另有學說認為四王各一人，但左右大將以下則有數人（例如四到五人），合計約二十四人。然而沒有任何史料可以佐證這樣的說法。因此，目前尚未找出符合二十四這個數字的絕佳解答。

總而言之，這「二十四長」之下各有「千長、百長、什長」。也就是說，率領「萬騎」的二十四長各有數名至十人為止的「千長」，一名「千長」底下共有十名「百長」，一名「百長」之下共有十名「什長」。如此一來，千長大約二百人左右，百長則是十倍的約二千人，什長約二萬人。

在蒙古帝國也可以看到這種十進法的軍制。順道一提，現在土耳其共和國的軍制也納入了這三種階級。現代土耳其語當中代表千長的「binbasi」相當於少校，「yuzbasi」（百長）是上尉，「onbasi」（什長）是伍長。

◎左為東，右為西

二十四長之下還有裨小王、相、封（或是將）、都尉、當戶、且渠等屬官。這些不屬於十進法的軍制，很有可能部分是文官。

王將的名稱都有左右，各代表東西方向的意思。也就是說，左王將在東方，右王將在西方。至於單于，則位於中間。如前所述，骨都侯輔佐單于的政治，因此可能位於中央。

為何左為東，右為西呢？那是因為匈奴的目光一直都放在南方的中國。從北往南看，左手是東方，右手是西方。現代的蒙古語代表「左」的「zuun」同時也有東方的意思，代表「右」的「baruun」則也有西方的意思。

二十四長各自擁有「分地」，在自己的分地內遷移、尋求水和草。「分地」想必就是領地的意思。應該需要獲得單于的承認。

二十四長之下的軍事組織是否等同社會組織，也就是支配整合一般遊牧民的組織，關於這一點，學者們之間產生了嚴重的分歧。如果站在匈奴社會乃是統合複數氏族的鬆散部族社會觀點來看，那麼軍事組織便是只有戰時才存在的編制，並不存在統合平時社會的整體統治機構。

但另一方面，如果將軍事組織直接視為是統合社會的組織，那麼匈奴社會便已經達到擁有如金字塔般統治機構的「國家」階段。

我個人認為，匈奴能與漢締結對等的外交關係、可以假設它存在著流入匈奴的漢人官僚階層、也存在著租稅徵收制度、及簡樸的法律和審判制度。此外，在經濟和防衛政策上可以看出國家的意志，匈漢之間都有意識到彼此的國界線，漢承認北側的人民屬於匈奴的支配，以上這些都說明匈奴已經達到可被稱作是「國家」的水準。關於這一點之後會隨時補充說明。

◎祭祀——神聖的集會和俗世的集會

《史記》接下來又記載了匈奴宮廷的祭祀、刑法、單于的葬儀等。每年正月「諸長小會單于庭」，進行祭祀。既然是「小（集）會」，那麼應該沒有聚集太多人，想必大約是二十四長加上千長等級的規模。「庭」指的是「朝廷、宮廷」，但因為匈奴是遊牧民，因此沒有特定的建築物，指的應該是單于帳篷的所在地。有人認為，於正月進行祭祀是受到中國的影響。

另一方面，到了五月，「大會蘢城（《漢書》寫作龍城），祭其先、天地、鬼神」。秋天馬肥時，「大會蹛林，課校人畜計」。

關於龍城和蹛林，中國自古以來就有許多不同的解釋。包括兩者皆是特定地名、龍城是祭祀龍神的祠堂、蹛林是繞著林木轉的儀式等許多不同的學說。蹛林是類似於被認為是東胡後裔的鮮卑人的祭祀，可以用來補強內容。根據此種說法，鮮卑的秋祭是立起林木或柳枝，眾人騎馬繞三圈的儀式（根據唐初嚴師古為《漢書》〈匈奴傳〉所做的注釋）。

江上波夫也注意到了鮮卑的秋祭。蒙古人至今依舊會在泉水、山峰、山頂等有明顯特徵的地方堆積石頭，再立起粗大的樹枝，稱之為敖包。有時大樹本身就被當作敖包。蒙古人在遷移時如果經過敖包，必定會順時針方向繞敖包三圈，以表敬意，當地的人也會每年一次敬獻供品祭祀。江上波夫將龍城視為是有如敖包一般的祭祀設施，而蹛林指的是繞龍城轉的儀禮。

的確，類似的儀禮常見於西伯利亞和中亞狩獵遊牧民。因此蹛林的解釋可以成立，但若將龍城視為是進行這種儀禮的場所，證據仍略嫌薄弱，因此還不能說已經找到最終的解答。

蒙古西北部山道上的敖包　石堆上放有樹幹，綁上祈願的絹布，祠內供奉酒瓶和紙幣等。作者拍攝。

祭祀的對象當中，「先（祖）」指的想必是被認定為匈奴始祖的神話人物。相對於此，「鬼神」在中文代表「死者靈魂」之意，想必指的是單于的父親和祖父等。「天地」指的當然就是「天神」和「地神」。

相較於龍城是神聖、精神色彩較濃的祭祀集會，蹛林則是帶有世俗、現實特質的大集會。「課校」代表「調查」的意思，至於為何要調查人和家畜的數量，想必是為了課徵勞役和租稅。匈奴似乎存在每幾個男子就要有一人當兵（根據西漢文帝的文官賈誼的著作《新書》〈匈奴篇〉所寫，匈奴每五人就有一人要穿甲冑當兵）、每幾頭家畜就要上繳一頭的制度。

就算為了勞役和課稅召集，人們也很難聚集。因此根據《後漢書》的記載，匈奴會在每年三次的祭祀活動上商議國事，從事賽馬或駱駝的娛樂。這讓人聯想到蒙古每年召開一次的那達慕。那達慕上會舉辦賽馬、相撲、弓箭競賽等活動，吸引很多人參加。

◎刑法、風俗習慣

匈奴的刑法，最大的特徵就是簡單明瞭且嚴格。只要拔刃一尺（二十二到二十三公分）

就是死罪。也許有人認為太過嚴格，但澤田勳解釋，刀劍對於匈奴而言是非常神聖的東西，因此嚴禁平時輕易拔刀。

犯下竊盜罪的人沒收其家產。罪小者處以軋刑（輾壓腳踝的刑罰），罪大者處以死刑。由於刑罰簡單明瞭且嚴格，因此就算留置在獄中也不超過十日，國內的囚犯不過數人。

關於匈奴的人口，《史記》和其他西漢書籍記載「不及漢之一大縣」或「不能當漢之一郡（或巨郡）」、「戶口三十萬」等。漢大縣的人口約三十萬，大郡則是五十到六十萬。如果根據這些記述，則匈奴的人口最多三十萬到四十萬人。然而，這幾乎相當於士兵的數量。如此一來，這裡說的人口或許僅指成年男子。那麼，總人口數會是這個數字的數倍，約一百五十萬到二百萬人左右。當中應該沒有包含從屬匈奴的諸部族。順道一提，一九八九年社會主義時代末期的蒙古國，其人口約兩百零四萬人（然而還有許多蒙古人住在中國或俄羅斯境內）。

單于每早出營，朝拜日，夕拜月。姑且不論日出，月亮不見得每到傍晚就會出現，沒有月亮的時候要怎麼膜拜呢？關於這一點仍有疑問。

坐時尊左而面北。現在的蒙古會在蒙古包的南側設置入口，進入後左側是男性的區塊，右側則是女性的區塊。雖然沒有記載匈奴將入口設在哪一個方位，但後世的突厥將入口設在東側。如果匈奴也將入口設在東側，那麼進入後坐在左側，則會面向北方。

看重戊日和己日。戊和己分別排在十干的第五和第六，也就是視第五和六日為吉日。根據《漢書》的記載，中國的正朔（曆制）並沒有傳到匈奴，因此匈奴也許有自己的曆制，但沒有材料可以佐證。順道一提，突厥以一年十二個月、一個月約三十日計算，以十二支（不使用十干）稱呼年。

在做出重大決定時，經常遵循月亮的圓缺。月盛則攻擊，月虧則退兵。士兵如果在戰場上斬殺敵人的首級或俘虜敵人，則賜酒一杯。這個風俗與斯基泰相同。斯基泰人只有殺敵者可以飲酒，斬殺大量敵人者可以喝兩杯酒（《歷史》卷四，六六）。

戰利品賜給奪取之人，如果抓到的是人，則可以做為自己的奴婢。為此，戰場上人人都為了自己的利益奔走。經常使用誘敵包圍的計策。因此，如果看到有利可圖則聚集，若陷入苦戰則作鳥獸散。戰友戰死的時候，若帶著戰友的屍體回來，則可以得到死者所有的家產。最後這個習慣與下一節所述對待戰死者寡婦的方式有關。

遊牧社會和農耕社會

◎叛變投靠匈奴的宦官中行說

西元前一七四年冬天，冒頓逝世。冒頓在位三十六年，享年不明，但大約是六十多歲左右。其子稽粥繼位，自稱老上單于。

漢文帝又立劉氏一族的女子為公主，準備送給新單于當閼氏。這時，出身燕地的宦官中行說隨公主同行。中行說不願前往，但漢強迫他前去；他於是留下「必我行也，為漢患者」這個有如預言一般的恐嚇，便隨同公主前往匈奴。當他抵達匈奴後，便發誓效忠單于，單于也將他留在身邊加以重用。

中行說為單于提出各種建言。當他看到匈奴喜愛漢的絲綢和食物，便說出了他的意見：

匈奴人眾不能當漢之一郡，然所以彊（強）者，以衣食異，無仰於漢也。今單于變俗好漢物，漢物不過什二（十分之二），則匈奴盡歸於漢矣。其得漢繒絮，以馳草棘（多見於草原的硬葉）中，衣袴皆裂敝，以示不如旃裘之完善也。得漢食物皆去之，以示不如湩酪（乳飲和乳製品）之便美也。

除此之外，中行說在行政和外交領域上也有很大的貢獻。首先他為了調查人和家畜的數量，教導單于身邊的人疏記（分條記載）。再者，漢送給匈奴的書簡木札長一尺一寸，中行說則教匈奴送給漢的木札為一尺二寸較長，印鑑也較大。相較於漢在開頭寫道：「皇帝敬問匈奴大單于無恙。」匈奴則寫「天地所生日月所置匈奴大單于敬問漢皇帝無恙」，在大單于之前的修飾語更尊貴。

就像這樣，完全投靠匈奴的中行說，在面對漢來使者譴責匈奴「野蠻」，想在言語上貶低匈奴時，中行說都一一反駁，正當化匈奴價值觀的不同。

例如，對於匈奴輕視老人的指責，中行說反駁軍事是匈奴的重要活動，因此厚待壯健者，戰士發揮作用，老人的生活才有保障。

另外，面對父子住在同一個氈帳，父或兄弟死後，則其子或其弟娶後母或兄弟的妻子，衣冠束帶的裝飾沒有明確身分的差異，宮廷之中沒有禮儀等批判，中行說的反駁如下：娶後母或兄弟的妻子是怕絕後，由於法制簡單、容易執行、且君臣之間隨意，因此國家的政治也有如活動肢體一般自在，沒必要像中國一樣，受到無意義的表面禮儀之束縛。反而是中國常見親族彼此殘殺，或是殺了主人取代主家的事；他用這樣的話語，反過頭來批判中國。

看到還想進一步辯論的漢使，中行說已經不想多言。他威脅若漢每年送來的絲綢和米的質量充足則無事，若不足，則會在秋天收穫期時入侵蹂躪，以此結束與漢使的辯論。在這場辯論當中，可以看到中行說話鋒尖銳，批判漢的現狀；甚至會讓人覺得，司馬遷是借中行說之口，吐露自己的想法。

◎從中行說的發言中所看到的事情

接下來讓我們仔細檢討中行說所講的每個項目。中行說擔心漢的產物滲透匈奴社會，匈奴會因此漢化。他以中國的服飾不適合草原地帶為理由，勸說停止使用絲綢，但另一方面卻又叮囑漢使每年送來的絲綢必須要有充分的質量。要如何解釋這種矛盾呢？也許獲得的絲綢不是用在國內消費，而是要轉賣給西方。在當時的西亞和羅馬尚不知道絲綢的製作方法，故絲綢可說是與黃金匹敵的貴重物品。

不僅衣食，對於一般遊牧國家而言，該如何接受或排除中國文化，這在之後中國南北朝時代的北族系王朝和突厥、回鶻、契丹（遼）等來說，都是一大問題。中行說可謂是最早考慮此問題的人。

教匈奴分條記載的記錄方式代表什麼意義呢？如之前提及，《史記》〈匈奴列傳〉開頭寫道：「毋文書，以言語為約束。」因此一般認為匈奴沒有自己的文字。

由於之後的突厥，「徵發兵馬，科稅雜畜，刻木為數」（《周書》卷五十，〈異域傳〉下），因此匈奴在課稅的時候很有可能採用同樣的計數方式。事實上，斯基泰時代圖瓦的阿爾贊二號古墳和阿爾泰的巴澤雷克古墳群中堆疊而成的木槨，每一根圓木從下往上，依序便會增加一個刻印。

然而，從之前引用部分匈奴送給漢宮廷的書簡可以看出，與漢外交的時候，他們使用的是漢字。另外，許多漢人（包含王侯、將軍階層）住在匈奴，考慮到他們各自擔任不同的職務，不可否定部分匈奴（尤其是上層階級）使用漢字的可能性。

如上一節所述，蹛林大會上會調查人和家畜的數量，以方便課勞役和租稅。這時，如果認識簡單的漢字和數字，就可以記在木簡（當時還沒有紙）上留下記錄。中行說教給他們的，就是製作統治和管理基礎資料的技術。

從書簡的開頭，可以感受到匈奴企圖誇示自己是與漢對等，甚至是在漢之上的強國。同時希望大家注意到字句表現本身。如前所述，說到單于為什麼成為單于？單于的權威的正當性又來自於何處？那無疑是單于乃是天（神）和地（神）所生，並由日（神）和月（神）將其置於單于之位。相同的想法也見於之後的突厥和回鶻。

印鑑比漢大，也是與漢對抗的意識之展現。漢規定官印的大小為一寸（約二點三公分）四方。然而，西漢前期在南方處於獨立狀態的南越國文帝，他所使用的印鑑邊長三點一公分，且印紐的形狀也是原本只有皇帝才能使用的龍形，推測是南越自己製作而成。匈奴的印鑑應該也有這麼大。

◎「收繼婚」和實力主義

厚待壯健者、迎娶成為寡婦的後母或兄弟之妻的風俗，在以軍事體制為優先的騎馬遊牧民社會中，具有特殊的合理性。匈奴平常在畜牧的同時也勤於狩獵，這也發揮了軍事訓練的角色。〈匈奴列傳〉開頭記載：「兒能騎羊，引弓射鳥鼠；少長則射狐兔，用為食；士力能毌弓，盡為甲騎。」也就是說，匈奴實施的是自幼便累積訓練的全民皆兵制度。也正因為如此，他們的人口雖不及漢的一郡，軍事上依舊能與之抗衡。

迎娶成為寡婦的兄弟之妻，這樣的習俗在文化人類學上稱做收繼婚。許多民族都有這樣的習俗，但迎娶後母則非常少見。在匈奴這種經常戰鬥的社會，當然經常出現寡婦。在伊斯蘭興起時期每日忙於戰鬥的穆罕默德接納戰死戰友的寡婦，結果晚年共有八位妻子，因此這個習俗可說是解決寡婦問題的對策。

最後，關於沒有衣冠束帶的制度和宮廷禮儀這一點，可以視為是匈奴的國家管理體制貧乏且不成熟，但同時也可說是依據身分和出身的制約薄弱，表現出的是社會不受習慣束縛的自由，以及能力和實力主義。

匈奴也強力遊說有潛力的漢人投靠。這點在第七章會有更詳細的說明；李陵最終屈服成為匈奴的「右校王」，蘇武則拒絕長達十九年的勸說，最後回到中國。就連對於匈奴而言身負危險任務的張騫，匈奴的單于也送妻子給他，耐心地（十年左右）等待他改變心意。

蘇武和張騫的意志堅定，顯示對中國王朝的忠心，但這只是站在中國立場的看法，如果站在相反的立場，也可以看作是遊牧國家的寬容，以及只要能力出眾，就算是漢人也願意委以高位的靈活性。

◎匈奴侵寇背後所見之事

中行說日夜教導單于偵查入侵中國時有利和不利的地點，其工作的成果於西元前一六六年展現。當時，匈奴「謀」入邊為寇（〈文帝本紀〉），單于親率十四萬騎大軍越過長城，深入漢的腹地（〈匈奴列傳〉）。冒頓在位時匈奴也不時入侵，在老上單于即位後的西元前一六九年，又入侵狄道（今日的甘肅省中心部，蘭州略靠南）。然而，前一六六年這次的入侵，卻直接威脅到首都長安。

這是發生在冬天的事。入侵的地點是位於長安西北直線距離約二百七十公里、位於朝那（今寧夏固原市附近）的蕭關。蕭關是鎮守帝國的心臟——關中的四關之一。匈奴在攻破蕭關後，又殺了北地郡的都尉（郡的將軍），擄獲許多人和家畜，之後抵達彭陽。

匈奴又派遣奇襲部隊放火燒了位於回中道的宮殿，斥候的騎兵甚至到達甘泉宮。從甘泉宮到長安的直線距離僅約八十公里，可以遠眺長安（遊牧民的視力直到現在都很好，視力五點零的人也不在少數）。漢文帝召集一千輛戰車和十萬騎兵，布陣於長安對岸渭水的北側，準備對抗匈奴入侵，可說是真正的背水一戰。文帝親自犒勞軍隊，發號施令，進入備戰狀態，甚至還準備親自上陣，身旁大臣皆諫阻，但文帝不為所動。最後他在母親皇太后的強力阻止之下終於作罷。

據〈文帝本紀〉記載，在這場攻擊下，「匈奴遁走」，但〈匈奴列傳〉當中則有不同的記述。單于在長城內滯留一個多月後離去。漢軍追趕在後，出了長城，但不久後就返回，無法殺敵。也就是說，如果相信〈匈奴列傳〉的記載，那麼單于滯留長安將近一個月，而漢軍只能鞏固守備、無法進攻，在單于離開之後才總算展現追擊的姿態，但依舊空手而回。

結果，匈奴的十四萬騎與漢的一千輛戰車和十萬騎兵沒有起正面衝突。那麼這場侵寇究竟是怎麼一回事呢？對於這一個問題，從本節一開始引用的「謀」字可以獲得線索。這個「謀」字究竟是什麼意思呢？也許是代表與中國國內叛亂分子「共謀」的意思。

如上一章所述，回到這次侵寇前十年，在相當於冒頓單于晚年的西元前一七七年五月夏天，右賢王率大軍入侵北地上郡，殺略（殺或掠奪）駐守要塞的蠻夷。對此，文帝派遣八萬五千騎兵迎擊，匈奴離去。從漢軍的規模可以推測，匈奴來襲的也是相當數目的大軍。文帝試圖追擊，但由於高祖的孫子濟北王劉興居於東方發動叛亂，文帝以鎮壓叛亂為優先，因此退兵。這場右賢王的入侵和濟北王的叛亂，也許兩者之間有著秘密的聯繫。

另外，在老上單于之後的軍臣單于繼位第八年，相當於漢景帝三年的西元前一五四年，發生了西漢時代最大的叛亂——吳楚七國之亂，反叛的燕王、趙王與「胡王」，也就是匈奴的單于交換密約，約定吳和楚發動叛亂，燕平定代和雲中，匈奴則從蕭關直搗

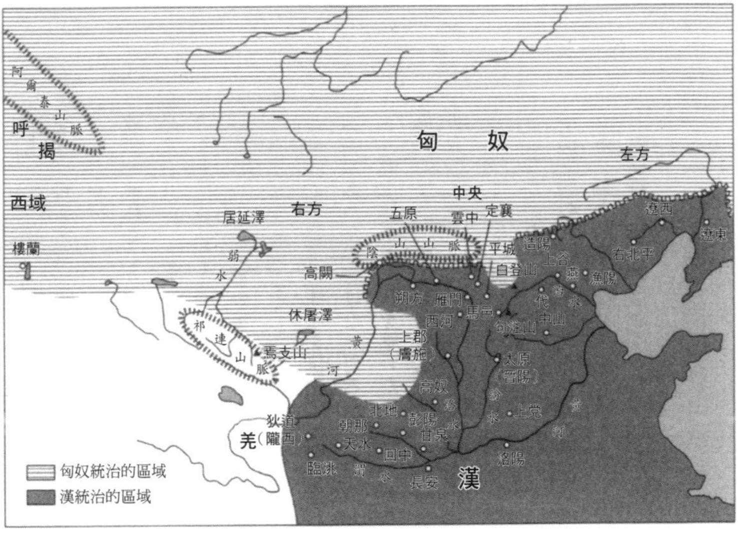

西元前 2 世紀前半的匈奴與漢　海岸線和黃河河道是當時的情況。

長安。然而，叛亂中途遭到鎮壓，沒有匈奴出場的餘地。

中國的叛亂分子尋求北方遊牧國家的援助，這在漢代之後也經常出現。考慮到以上的情況，西元前一六六這場半途而廢的大舉入侵，也許是代表匈奴與中國內部反叛分子的聯絡和交涉不順利。

◎和親與侵寇的反覆

自西元前一六六年侵寇之後，匈奴每年入侵邊境地帶，殺掠人民和家畜。雲中郡和遼東郡受害最深，各有一萬多人受害。不堪其擾的漢送書簡給匈奴，單于回信希望恢復和親，於是在西元前一六二年，再度締結和親之約。

文帝送到匈奴的書簡寫道：「長城以北，引弓之國，受命單于；長城以內，冠帶之室，朕亦制之……漢與匈奴鄰國之敵，匈奴處北地，寒，殺氣早降，故詔吏遺單于秫糵金帛絲絮佗物歲有數。」

從這項記載當中可以看出，漢承認以長城為國境，北側屬於匈奴的勢力範圍，且視匈奴為對等之國。不將每年贈物的理由寫作是交換匈奴不入侵的代價，而是藉口對匈奴氣候風土嚴峻的同情，可以感受到漢想保留最後的尊嚴。

西元前一六一年老上單于死後，如前所述，其子軍臣成為單于。中行說也繼續事奉這個新單于。文帝再度確認與新單于和親，但西元前一五八年，匈奴再度斷絕和親，各派三萬騎分別入侵上郡和雲中，殺掠許多人之後離去。

之前已經介紹過吳楚七國之亂的經過，景帝之後又與匈奴和親。且通「關市」，每年贈物給匈奴並送公主，這些都如以往之約。

這裡第一次出現「關市」的用語，意思是在國境的關口開設民間交易的市場。由於中國地大物博，一切都以自給自足為前提，因此歷代王朝的立場都是原則上不需要與外國貿易。唯一的例外是朝貢，由於是諸國仰慕中國之德而帶著貢品前來，因此沒有理由拒絕。相反地，為了展現中國的度量，就算沒有帶來珍貴的貢品，由於遠道而來請安，因此中國會賜給他們遠超過貢品價值的東西。

然而，由於認為不需要民間貿易，因此中國並沒有積極在國境開設市場。不過，如果各國除了朝貢之外還懇求進行貿易的話，那麼中國會視平日的行為考慮允許。這時也是因為匈奴答應不跨越長城，所以才開放關市。
關市都在進行哪些交易呢？最常見的是絲綢和馬。中國商人帶來絲綢，匈奴則帶來馬。中國雖然也有馬，但由於戰亂和對外征戰不斷所以馬匹不足，價格也相當高昂。
總而言之，和親之約發揮一定功效，景帝在位期間（西元前一五七～前一四一年），雖然仍有小規模的入侵，但沒有發生匈奴大規模侵寇。武帝即位（西元前一四一年）後再度和親，開關市，贈送給匈奴的物品也非常充足，因此單于之下所有人皆與漢親近，往來於長城附近。原以為會一直和平下去，然而之後情勢突變，漢突然轉為採取攻勢。

匈奴與漢，邁向全面戰爭

◎武帝的策略之一——同盟作戰

中國的政治制度是在皇帝死後，取適合該皇帝的稱號，稱作謚號。不採武斷政治、推行文治的皇帝被取名「文帝」，活在王朝末期、幾乎沒有任何權限、年輕早死的皇帝被取名「哀帝」等。被冠以「武」字的皇帝，可見其在軍事方面必定有著活躍的表現，如東漢光武帝和南朝宋武帝。武帝多是王朝草創時期的皇帝，在這一層意義之下，西漢武帝可說是特例。武帝在位期間，北亞和中亞的情勢有了巨大的轉變。

武帝即位（當時十六歲）不久，所有投降的匈奴人都告訴他：「匈奴破月氏王，以其頭為飲器，月氏遁逃而常怨仇匈奴，無與共擊之。」

武帝雖想攻擊匈奴，但僅靠一己之力沒有勝算，於是有如發現一道曙光般，遂想與月氏結盟，共同夾擊匈奴。武帝立刻招募願意出使月氏的人。然而，想去月氏，中途必須經過匈奴的領土，結果一直找不到人。最後終於有一個自告奮勇願意前去的人，那就是張騫。

西元前一三九年或前一三八年，張騫與匈奴人甘父，帶著百餘名隨從，從漢領西端的隴西出發。在進入匈奴境內之後，推測是在祁連山脈附近遭到匈奴俘虜，被送到了單于面前。

也許是隨從漏了口風，單于很快就知道了一行人的目的。單于說道：「月氏在吾北，漢何以得往使？吾欲使越，漢肯聽我乎？」他利用巧妙的比喻，讓張騫啞口無言。

「越」是上一節提到的南越國，占據今日的廣東、廣西、越南北部地區，幾乎處於獨立於漢的狀態。說不定匈奴真的打算與南越結盟。匈奴與位於今日青海省附近的羌直接領土相連，也互相往來。若從羌地繞過當時漢境的外圍而南下，就可以抵達南越，比起漢前往月氏要容易許多。

然而，對於單于說「月氏在吾北」這一點，稍微有點讓人不解。這個時期的月氏已經兩度遭到匈奴擊敗而西逃，照理說應該住在匈奴的西方才對。因此，單于究竟是為了與南越對比才稱「北」，或是匈奴的勢力範圍延伸到了天山北方、和月氏接壤，又或是單純的口誤？

無論如何，也許是欣賞張騫的膽識，單于雖然拘留了他，但也送給他一名妻子。經過十年的歲月，甚至生下了孩子。而在此期間，對於張騫的監視也慢慢鬆懈。張騫於是看準時機，與部下一同逃往月氏。他們想必是盜馬逃走，因為步行的話很快就會被捕。他們向西走了數十日，終於抵達大宛。

◎張騫帶回的成果

大宛是中亞費爾干納地區的一個繁榮王國。這個國家從以前就聽說漢是一個擁有豐富財物的國家，因此想與漢通好，但苦無機會。這時張騫正好到來，於是受到厚待。

張騫趁機遊說：「若國王派嚮導將我送往月氏，我將以漢的眾多財物相報。」他取得大宛王的歡心，兩者的利害一致，大宛王於是派遣通譯，先將張騫一行人送到康居。康居位於費爾干納沿錫爾河往下一帶，是一個以遊牧民為主體的國家。康居又將他們送往大月氏。

大月氏這時以中亞南部、今日烏茲別克南部和塔吉克附近為根據地，南方的大夏（巴克特里亞、今日塔吉克南部、阿富汗北部）也在其支配之下。巴克特里亞本來有一個以西元前四世紀末馬其頓的亞歷山大大帝帶來的希臘人為中心所建立的國家，也就是所謂的希臘—巴克特里亞王國。這個王國於西元前二世紀中，遭到從北方入侵的遊牧民族征服，這一點如第五章關於月氏的小節所述。

大月氏在國王遭到匈奴殺害之後，太子成為新的王。另有別的版本說是他的夫人成為新王。第二章介紹的中亞遊牧民馬薩革泰人，根據希羅多德的記載，他們也有一個名為托米麗司的女王。如果是這樣的話，那麼同樣屬於中亞遊牧國家的大月氏，就算有「女王」也不足為奇。

張騫向這個王或女王提議結盟，卻沒有得到他期待的回應。現在的大月氏獲得新的肥沃土地，幾乎沒有入侵的敵人，生活安樂，再加上與漢的距離遙遠，已經失去了報復匈奴之志。

停留一年之後，張騫空手踏上歸途。回程為了避免被匈奴抓捕，於是他選擇更南方經過羌族領地的路線，但依舊被捕。想必是羌與匈奴保持密切的連絡之故。不過遭到拘留後一年多，軍臣單于逝世（西元前一二六年），匈奴發生了繼位之爭，國內一片混亂。張騫趁亂帶著匈奴妻子和忠實的部下甘父，終於逃回漢。前後總共歷經十三年，成功回到漢的只有張騫和甘父。

張騫雖然沒有完成原本的使命，但帶給了漢其他許多重要的副產品，那就是至今為止漢

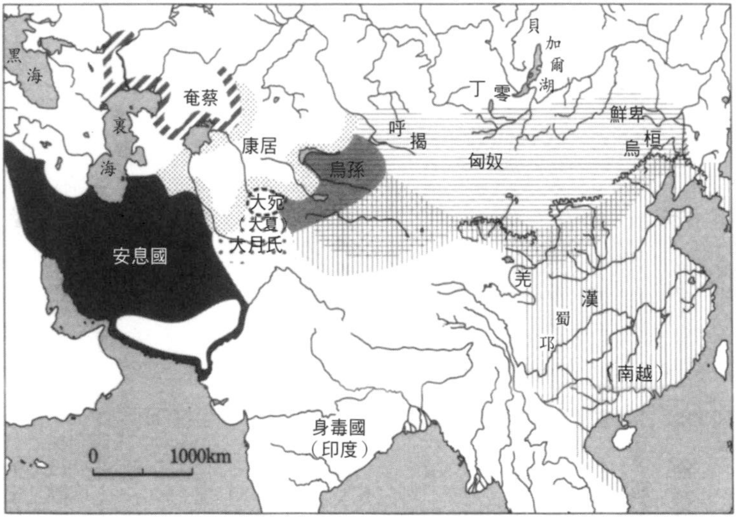

西元前 1 世紀的歐亞大陸

完全一無所知的中亞至西亞一帶的情勢、兵力、產物、地理相關情報。如前所述，大夏歸屬大月氏也是其中一個情報。大宛有流血汗的良馬（汗血馬），這個情報更讓武帝想要得到軍馬，以能夠戰勝匈奴。故武帝決定遠征大宛。另外，張騫也提議與烏孫結盟對抗匈奴，並自願以使者身分前往。

另外，張騫在大夏的時候，曾看到蜀地的布和邛（皆位於現在的四川省）的竹杖。尋問從何而來，發現是從東南的身毒國（印度）而來，於是推測應該有一條從蜀經由身毒國抵達大夏的路；為此武帝也曾派遣使節前往了解，但無功而返。

◎張騫與玄奘

古代從中國旅行中亞的名人，非張騫和玄奘莫屬。一般人似乎都認為，唐代的玄奘乃是懷抱對宗教的熱情，隻身一人悄悄越過國境，經過千辛萬苦到達天竺，但實際上並非如此。

玄奘於西元六二七年（也有六二九年的說法，但我不採用）八月從長安出發，經過蘭州向西前進，抵達涼州（今日甘肅武威）。他在涼州停留一個多月，期間受當地人們所邀，講述佛典。涼州是許多中亞出身的商人往來於絲綢之路而設置的根據地，與這些商人的故鄉中亞聯絡甚密。

聽玄奘弘揚佛典的聽眾當中，就有這些中亞出身的商人。他們進行布施，回到自己的故鄉之後，就向他們的地方首長讚美玄奘，並報告玄奘為了尋求佛法而準備前往印度之事，因此中亞各城市的人都滿心期待玄奘的到來。我們雖然不知道玄奘是否真的為了滿足這些人的期待，而在當地講述佛典，但以結果來說，他的活動非常成功，在他抵達之前就已經有人幫他宣傳。

離開涼州之後，他經瓜州（敦煌）出玉門關。玄奘之前約一百年的僧人法顯，也是從這裡開始向西行，從喀什南下越過帕米爾高原，出犍陀羅。這是前往印度最短的路徑。然而，玄奘反而北上，抵達伊吾（現在的哈密）。

玄奘從伊吾向西北前進越過天山，經過天山北路，準備會見西突厥的可汗，但高昌王聽聞玄奘的大名，命從屬的伊吾王讓玄奘繞道高昌。玄奘不得已訪問高昌，這是發生在六二八年正月的事。高昌王仰慕玄奘，無論如何都要把他留下來，玄奘答應從印度返回的時候一定會再來高昌，才好不容易脫身。在這裡玄奘收下了高昌王的禮物，那就是寫給西突厥可汗的介紹信。信中希望可汗向西方諸國，也就是中亞西部的綠洲國下令，讓玄奘可以越過國境。實際上，高昌王將自己的妹妹嫁給可汗的長子，這個長子駐紮在吐火羅的活國（現在阿富汗的東北部），玄奘於是在此與他會面。

玄奘從高昌來到龜茲，在這裡停留二個多月等待雪融，之後越過天山北邊，終於見到西突厥的可汗。可汗為玄奘找來了會說漢語和中亞諸國語言的通譯，並寫信給玄奘會經過的諸國，將他送到迦畢試國（現在的阿富汗喀布爾附近）。玄奘因此一路平安抵達印度。就像這樣，可以看出玄奘靠著講述佛典賺取路費，靠著對當時國際情勢的理解選擇路徑，並善用位於這條路徑上的政治權力。

相較於此，張騫是在幾乎沒有任何資訊的情況下投身敵營。他滯留匈奴十年，還娶了匈奴人的妻子，想必也可以理解匈奴的語言。然而，再往西的西域諸國和大宛、大月氏，張騫是如何與他們溝通？想必西域諸國應該有了解匈奴語的通譯才對（詳見第七章）。根據《史記》的記載，張騫意志堅定、忍耐力強，以寬容的心相信別人，因此受到蠻夷的愛戴。也正因為如此，他才能平安歸來。總而言之，張騫的出使遠比玄奘危險，且充滿未知數。

◎武帝的策略之二——誘敵之策

張騫出發後杳無音信，武帝於是採取了另一項計策，那就是引誘單于出兵。

西元前一三五年，匈奴派遣使者前來要求和親。武帝與群臣商議是否該答應，意見分成對立二種。出身燕地、經常擔任邊境官員且熟知匈奴的王恢主張：「漢與匈奴和親，匈奴不過數年便背約，不可原諒，應與兵擊之。」

另一方面，身為最高級官員（御史大夫）的韓安國則以「匈奴四處遷移，不易抓捕，漢行軍千里而戰，兵士疲憊則戰力減」等理由反駁。由於大多數人與韓安國同調，武帝只好答應和親。這時的武帝二十一、二歲，尚無法獨排眾議，支持主戰論。

然而翌年，傳來了令武帝心動的情報。一名住在馬邑、名叫聶壹的豪族老翁，他透過王恢進言曰：「匈奴初和親，信任邊境的情勢，只要用計利誘，再埋下伏兵，必可將其擊敗。」這是自戰國時代以來中國經常使用的「誘敵」之策。想出這個計策的人想必不是聶壹老翁，而是王恢。大概輸掉論戰的王恢靠著過去的人脈，找上了聶壹。

得到這個情報的武帝再度召集群臣，問道：「朕欲舉兵進攻，如何？」韓安國當然持反對的意見，但王恢誇下海口：「不需深入匈奴領地，而是引誘單于的計策，必能俘虜單于。」武帝於是採納王恢的意見。

漢立刻開始執行作戰計畫。聶壹故意逃亡匈奴，對單于說道：「吾能斬馬邑令丞吏，以城降，財物可盡得。」由於單于敬重且信任這個老翁，因此信以為真，便准許了聶壹的計策。老翁回去之後斬殺死囚，將首級掛在城牆上，展示給單于的使者看，當作證據。單于於是越過長城，率十萬騎，進入武州塞（雁門東方，馬邑之北）。

這時，漢的戰車兵和騎兵等約三十萬，埋伏在馬邑附近的山谷之中——大批的車馬和三十萬人能否藏於山谷之中這點令人懷疑，但沒有辦法確認。單于一路上擄掠，來到馬邑前一百里（約四十公里）處。然而他看到家畜遍野，卻沒有牧人的蹤影而起疑。於是進攻附近的一個小寨，俘虜尉史，加以威脅，尉史於是招認了漢的計畫。

單于看看左右說道：「幾為漢所賣。」於是引兵折返。出了長城之後曰：「吾得尉史，乃天也。」於是稱尉史為「天王」。這可說是單于身為遊牧民的直覺救了他自己。另一方面，王恢因此被究責，遭到誅殺（也有一說是自殺）。

◎武帝的策略之三——正面交鋒

馬邑之謀後，匈奴斷絕和親，不時入侵，但在此同時，雙方關口互市的交易也愈來愈蓬勃。

武帝接下來採取的策略是正面交鋒。這時是漢自文帝、景帝以來國內政治最平穩的時期，同時也儲備了一定的財力，強化了軍事能力。

西元前一二九年春，匈奴入侵上谷（北京西邊），殺掠官員和民眾。對此，已經做好充分準備的武帝交給四位將軍各一萬騎兵，從不同地方攻擊匈奴。從上谷出陣的車騎將軍衛青直搗龍城，拿下匈奴的首級並俘虜了七百人，可說是小有成績。然而，從雲中出陣的輕車將軍公孫賀沒有得到任何戰果，無功而返。從代出陣的騎將軍公孫敖被匈奴擊敗，失去了士兵七千人。而從雁門出陣的驍騎將軍李廣（李陵的祖父）則遭到俘虜。

李廣是自文帝時代起的勇將，名聲響徹匈奴。單于好不容易生擒李廣，想延攬他為匈奴的將軍。為此，匈奴兵將受傷的李廣抬上架在兩匹馬之間有如擔架一般的東西上，準備將他帶回匈奴。李廣裝死，在他睜開眼的時候，剛好看到一名匈奴的孩童騎著駿馬。李廣立刻起身躍上孩童的駿馬，奪走孩童手裡的弓箭，把孩童推下馬，鞭打馬匹向南逃走。他用孩童的箭射殺追趕的匈奴兵，好不容易回到漢（《史記》卷一〇九，〈李將軍列傳〉）。這對勇將而言，可說是非常恥辱且狼狽的脫逃劇。總而言之，漢與匈奴的第一場正面交鋒，以一勝兩敗一平局收場。

匈奴也立刻還擊，同年秋天，數千匈奴人入侵漁陽。西元前一二八秋，兩萬騎入侵，殺了遼西太守，俘虜兩千人。另外也入侵雁門，殺掠了一千人。對此，漢則派衛青率三萬騎出雁門，取匈奴首級和俘虜數千。

西元前一二七年，衛青從雲中出發，沿黃河抵達隴西，擊敗黃河南邊的匈奴白羊王和樓煩王，取匈奴首級和俘虜數千，牛羊一百萬頭。最終他取得了黃河南側所有地區，修復過去秦將蒙恬所築的長城。另一方面，漢則放棄了上谷北邊突出的造陽，給了匈奴。這可說是戰果顯赫。

西元前一二六年軍臣單于死後，其弟左谷蠡王伊稚斜擊敗軍臣單于的太子於單，自立為單于。匈奴發生內鬥，敗陣的於單逃亡，向漢投降。從這個時候開始，形勢逐漸轉向對漢有利。

◎匈奴明顯處於劣勢

西元前一二五年匈奴發動攻擊，各三萬騎分別入侵代、定襄、上郡，殺掠數千人。另外，右賢王不時入侵過去曾是自己領地的黃河之南，殺掠許多官員和民眾。然而從這個時候起，開始出現有實力的匈奴人投靠漢。

西元前一二四年春，漢發動大規模攻勢。衛青成為大將軍，率領六將軍和十萬兵馬，從朔方和高闕等地出擊。匈奴的右賢王在距離長城六百到七百里（二百四十～二百八十公里）處紮營，他判斷漢軍到不了這麼遠而掉以輕心。某一天晚上，右賢王喝醉了酒，漢軍趁夜偷襲，加以包圍。右賢王急忙帶著一名愛妾和精銳數百騎落荒而逃；漢軍抓捕了右賢王旗下男女一萬五千人、裨小王十餘人，同時又得到家畜數十萬至百萬頭。匈奴到了秋天又入侵代，抓走了千餘人。

西元前一二三年，衛青再度率領六將軍和十萬騎兵從定襄出擊，殺敵和俘虜約一萬九千人，但漢也折損了兩個將軍和三千騎。前將軍趙信看到戰況不利，投降匈奴。趙信原本就是匈奴的小王，投降於漢，成為前將軍，但又重新投靠匈奴。單于重用趙信，賦予他自次王的稱號，又將自己的姐姐嫁給他為妻。在趙信的建言下，單于將根據地往北移，採取讓漢軍抵達前就疲憊不堪的戰略。

西元前一二二年春，匈奴一萬騎入侵上谷，殺了數百人。西元前一二一年春，二十歲弱冠之齡的驃騎將軍霍去病率一萬騎出隴西，經焉支山進入匈奴境內，殺敵並俘虜約一萬八千人。另外又得到休屠王祭天時使用的「金人」。所謂「金人」，據推測應是金屬或黃金製造的人形神像，但很可惜地，目前尚未出土類似的神像。

同年夏天，霍去病再度出擊，經居延攻祁連山，殺敵並俘虜三萬、裨小王以下七十餘人。在失去祁連山和焉支山時，匈奴流傳這樣的悲歌：「亡我祁連山，使我六畜不蕃息；失我焉支山，使我嫁婦無顏色。」祁連山是水草資源豐富的良好牧地，而焉支山則可以取得塗在臉上的紅色顏料。匈奴也反擊，但左賢王的軍隊和李

「馬踏匈奴」的石像　立於陝西省興平市茂陵的霍去病墓前。留著鬍鬚的匈奴仰躺，被馬踩在腳下。

廣的軍隊皆折損數千人，同受損失。

同年秋天，位於匈奴西方、在渾邪王和休屠王指揮之下的數萬軍隊也遭到漢軍殺害，單于大怒，召回兩王，欲處以極刑。兩王害怕，於是率領四萬人投漢（中途渾邪王殺了休屠王）。西部的背離對匈奴造成極大的打擊。

就算如此，西元前一二〇年，匈奴還是各率數萬騎入侵右北平和定襄，殺掠千餘人。

西元前一一九年春，漢軍發動總攻擊。由於單于的大本營退到北方，因此漢軍準備了長途遠征的充足糧食和搬運糧草用的馬匹。漢軍逼近單于的大本營，單于帶著僅數百騎逃往西北方。由於單于一時生死不明，右谷蠡王於是自立為單于，在真正的單于出現之後右谷蠡王又歸還單于位，可說是一片混亂。

匈奴在這場戰爭中折損八萬到九萬人，但漢也失去了數萬人和十萬匹馬，總算暫時收兵。然而，漢的領土在此戰之後確實擴張到黃河以北，並在那裡展開大規模殖民。

第七章

匈奴的衰退和分裂

霍去病　西漢漢武帝時代對抗匈奴的名將。位在中國酒泉市的霍去病雕像。

河西和西域的攻防

◎漢與烏孫同盟

西元前一一九年的大混戰之後，雙方都暫時沒有再發動大規模的攻擊。尤其是漢，也許是連年征戰的疲憊，西元前一一七年，霍去病年僅二十四歲便死去，令武帝深受打擊。

接連的對外征戰，使得漢的國家財政瀕臨破產。為了增加歲收，西元前一一九年，武帝下令實施鹽和鐵的專賣制。鹽和鐵由國家獨占販賣，收益歸入國家財政。西元前一一五年實施均輸法，前一一〇年實施平準法，武帝政權壓抑大商人的利潤，將其納入國家財政，除此之外當然也進行增稅。這些政策使得人民的生活變得困苦，但也讓漢軍有能力再度出擊。

之後漢朝進攻的方向不向北，反而改往西。比起直接攻打匈奴，漢的目標是讓羌和過去從屬匈奴的西域和烏孫等脫離匈奴。另外，漢又在前往西域的祁連山脈沿路綠洲地帶，也就是所謂的河西走廊（今日的甘肅省）進行大規模殖民。除了增加國家稅收，也期待能夠解決西方遠征軍和當地駐紮軍糧食供給的問題。

建言進攻西方的人是張騫。西元前一二二年，由於張騫在與李廣的共同作戰中延遲抵達，遭到問罪論斬，之後付錢免罪，被貶為庶民。想盡辦法希望恢復侯位的張騫於西元前一一五年，向武帝提案與烏孫結盟。只要拉攏烏孫，讓他們搬到投降的渾邪王的舊地，就能「斷匈奴右臂，且以西諸國皆可招來而為外臣」，這樣的說法打動了武帝。

武帝於是立刻任命張騫為中郎將，命他帶著三百士兵前往烏孫。一名士兵分到兩匹馬，還有作為路上糧食的牛羊數萬頭。為了拉攏烏孫王，張騫還帶了巨萬的黃金和絲綢，同時也為了向其他國家遣使，而帶了大批的副使隨行。

在烏孫，王號稱作昆莫或昆彌。張騫不僅贈禮，還提議送漢的公主當昆莫的夫人。然而，這時的昆莫年老，國內為了繼位者的問題分成三派，再加上長期從屬匈奴，十分畏懼匈奴，無法僅憑昆莫一人的判斷，就輕易地決定與漢結盟。

結果，和張騫之前出使大月氏一樣，這次也無法得到好的回應，他只好帶著烏孫的使者數十人和馬數十匹踏上歸途。回到漢之後一年，張騫便過世了，然而他的努力在不久後開花結果。張騫為了展現漢的富裕而帶回來的烏孫使者，他們在回國之後都報告漢的領土廣大，人口眾多，非常富裕。烏孫因此逐漸認識到漢的強大，終於在西元前一〇五年娶了漢的公主，稱作右夫人——不過同時也從匈奴娶妻稱作左夫人，保持平衡。然而，漢送來的公主細君無法適應烏孫的生活，因懷念漢而詠嘆的詩，一直流傳至今。

另外，張騫從烏孫派往西方諸國的副使們，陸續帶著各國的答禮使節回漢。於是不僅烏孫，中亞幾乎所有的國家都與漢建立國交。正如張騫所言，斷了匈奴的右臂。

◎派往西域的使節團

當初，漢的領域西端原本只到渡過黃河不遠處的令居，不過武帝首先設置了武威郡和酒泉郡，隨著人口增加，又分設了張掖郡和敦煌郡。關於設置這些郡的年代，《漢書》本紀和地理志的記載不一，但大約是在西元前二世紀末至前一世紀初。這些郡所連起來的細長地帶位於黃河以西，因此被稱作河西走廊。漢在河西走廊的北側構築烽燧台和城塞，防止匈奴入侵。結果，匈奴不僅被奪走了良好的牧地，與羌的直接連絡也變得非常困難。

漢確保了前往西域的通路後，聽聞西域盛產良馬和珍奇之物，武帝於是派遣使節團前往西域。一次的使節團大則數百人，小也有一百多人，一年多則十次，少也有五到六次。前往較遠的地方往返需要八到九年，近的地方也要花費數年。根據記載，這些使節都帶著與張騫同樣的東西，因此想必是帶了黃金和絲綢。有這麼多的使節團出使，西域於是到處都是漢的物品，已經逐漸不被視為是貴重之物。

另一個問題是使節團成員的素質；在他們當中，許多都是想要一攫千金的騙子、無賴之徒、出身貧困之人，團長也都是些大言不慚之輩。還有人在中途侵吞送往西域的貨物，或是廉價轉賣。因為使節的素質參差不一，每個使節說出的話也不同，使得西域諸國感到非常困惑，最終不再供給使節食物，導致使節之間彼此攻擊。

在這樣的情況下，西域當中位置最靠東、漢前往西域時必會經過的樓蘭和姑師（自西漢後半起寫作車師。車的古代發音與姑的古代發音相近），攻擊了漢的使節。想必是與其呼應，匈奴的奇襲部隊也不時發動攻擊，妨礙漢使節的往來。到了西元前一〇八年，漢派遣將軍趙破奴攻擊姑師和樓蘭，俘虜了樓蘭王。

就算如此，西域諸國依舊懼怕匈奴而輕視漢的使節。另外，大宛以西，也就是帕米爾高原以西的西方諸國由於距離漢非常遙遠，因此一直不如漢意。尤其是大宛擁有許多好馬，卻藏於貳師城，不願給漢的使者。無論如何都想得到好馬的武帝，於是在西元前一〇四年，派遣遠征軍前往大宛。為了得到貳師城的馬而被委以重任的，是當時武帝寵愛的李夫人的兄長李廣利。

李廣利率領「屬國的騎兵（想必是臣服漢的北方諸族騎兵）和郡國品行惡劣的少年（國內各地年輕的無賴）」，興高彩烈地出發，但中途得不到西域諸國的幫助，在沒抵達目的地前就不得不折返。武帝大怒，命李廣利留在敦煌，再度派遣六萬大軍（也多是囚犯或年輕的無賴），又送了充足的武器和糧食，命他再次出征。康居雖然答應援救大宛，但這次李廣利好不容易取得勝利，得好馬數十匹、中馬（中等的馬）以下三千匹。前後四年的遠征，終於讓西域諸國開始重視與漢的交流。

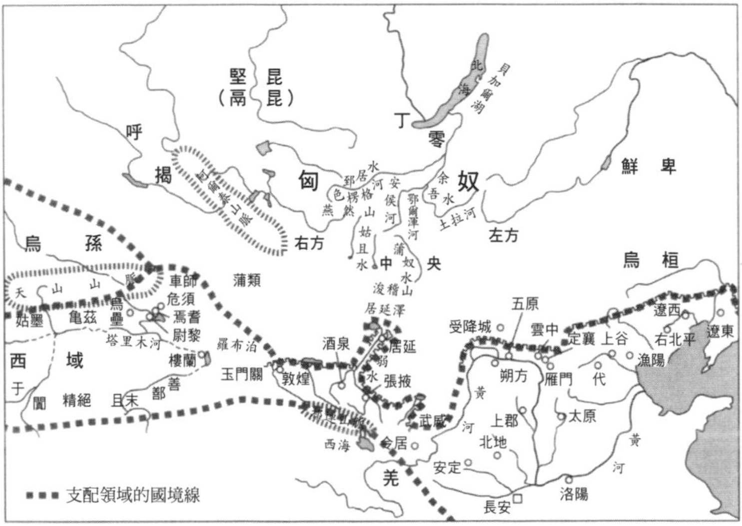

西元前 1 世紀前半的匈奴與漢

◎西域與匈奴的關係

如第五章所述，西元前一七六年至前一七四年，匈奴第二次攻擊月氏，將西域諸國歸入其統治之下。關於其統治體制，《史記》幾乎沒有任何記載，只能從片段拼湊當時的情況：

關於李廣利遠征大宛之前的情況，根據〈大宛列傳〉的記載，比起漢使節，匈奴的使節在西域受到更大的禮遇。匈奴的使節只要持單于的「一信」，諸國就會「傳送」給食。「一信」指的是單于所發的證明文件，想必是相當於後世蒙古時代的牌子。「傳送」明顯指的是驛傳，也就是在投宿的驛站換馬繼續旅程的制度。這原本是在統一國家當中才有可能實施的制度。目前沒有證據判斷，究竟是在匈奴統治這個地方之後才創設驛傳制度，或是從以前月氏統治時代就已經存在這樣的制度，又或是與這些統治者無關，西域諸國原本就有這種橫向的連結。總而言之，匈奴的使節得以充分利用這個制度。相較之下，漢的使節不賣絲綢則沒有食物吃，不買家畜則無法換馬。

另外，樓蘭於西元前一〇八年投降漢之後，匈奴派兵前往樓蘭。樓蘭不得已將其中一位王子送給匈奴，另一位王子送給漢當人質。匈奴獨大的時候，想必他們只須送人質到匈奴。

由此可見西域的小國夾在兩大國之間，不得不展開兼顧雙方的艱困外交。之後，就算漢逐漸鞏固對西域的統治，樓蘭和車師依舊受到匈奴一定程度的影響，這也許與距離匈奴的根據地較近有關。

◎匈奴的日逐王和僮僕都尉統治西域

關於匈奴統治西域的架構，《漢書》當中有較詳細的記載。由於軍臣單于之後的單于都較早死亡，無法立長子為單于，因此有時會由單于的弟弟即位，繼承關係逐漸混亂。根據《漢書》〈西域傳〉的記載，西元前九六年，狐鹿姑單于即位前，差一點由弟弟左大將繼位單于。雖然在兄長左賢王出現後，弟弟立刻讓出了單于之位成為左賢王，但條件是在自己死後要由其子先賢撣繼承左賢王之位。數年後，左賢王病死，原本應由其子先賢撣繼任左賢王，但狐鹿姑單于讓自己的兒子當左賢王，而讓先賢撣擔任「日逐王」。就這樣，《史記》本文沒有出現日逐王的封號（後世的注釋當中有出現）在此第一次登場。根據《漢書》〈匈奴傳〉的記載，日逐王的地位低於左賢王。左賢王是僅次於單于的第二把交椅，日逐王的地位當然比較低。《漢書》特地說明是因為至今為止沒有關於日逐王的記述，為了表示上下關係，因此才會刻意記載，想必是為了強調「日逐王的地位雖高，但低於左賢王」。

另外，〈西域傳〉當中，記載日逐王的活動如下：「匈奴西邊日逐王置僮僕都尉，使領西域，常居焉耆、危須、尉黎間，賦稅諸國，取富給焉。」焉耆、危須、尉黎位於車師的西南邊，皆是博斯騰湖（巴喀刺赤海）北岸的綠洲城市。從車師和樓蘭前來的道路在此交會，同時也是往西的據點，屬於當時西域的交通要衝。之後統治西域的漢，也在此西邊的烏壘設置西域都護府。有人認為，日逐王和僮僕都尉對西域的統治在匈奴自全盛時期起就發揮功效（加藤謙一，《匈奴「帝國」》，第一書房，一九九八年）。然而，日逐王和僮僕都尉沒有出現在《史記》當中，再加上《漢書》的記載方式看起來好像是「日逐王」是為了先賢撣所新設，因此應該是在這時首度設置的統治機構（護雅夫，〈「匈奴」的國家〉，《古代突厥民族史研究Ⅲ》，山川出版社，一九九七年）。在此之前，西域應該也存在其他的統治機構，但在漢踏足西域的這個時期，為了重建架構並強化統治體制而設置新的機構，這樣的看法也屬自然。

《漢書》沒有記載匈奴從西域得到了什麼。不過從匈奴每年從漢手裡獲得的東西推測，想必包含了穀物和酒（酒是葡萄釀造。又，中亞當時尚未生產絲綢）。另外，僮僕都尉這個名稱也值得注目；顧名思義，有可能是召集僮僕，也就是奴隸在匈奴境內勞動。關於這個問題，留待下一章詳述。

◎樓蘭和車師的煩惱

如前所述，樓蘭向匈奴和漢雙方遣送人質。西元前九二年，樓蘭王死後，樓蘭國人希望召回在漢當人質的王子繼承王位。然而，王子因為某個違法行為受到連坐懲罰，被處以宮刑（去勢之刑）。漢當然不可能送回遭到去勢的王子，於是找了含糊其辭的藉口：「侍子，天子（武帝）愛之，不能遣。其更立其次當立者。」

樓蘭立了新王之後，又將王的長子（名安歸）遣送匈奴，次子（名尉屠耆）遣送漢當人質。這個王不久之後也死了，得到消息的匈奴很快送回人質安歸，繼位而成為新的樓蘭王。漢也承認新王，命他入朝，準備厚加賞賜。然而，新王的後妻（婚姻習俗與匈奴相同，因此原本是新王的後母）說道：「先王遣兩子質漢皆不還，奈何欲往朝乎？」反對新王入朝。王也認為有理，於是以「新立，國未定，願待後年入見天子」為由，拒絕入朝。

由於樓蘭在西域當中位置最靠東，距離漢較近，因此負責擔任漢使的通譯與嚮導角色，又因處乾燥地帶，供給水和糧食對他們來說也是一大負擔，再加上漢的官員和士兵經常暴力相向，惹得樓蘭相當不滿。於是他們再度投靠匈奴，經常刺殺漢使。對此，西元七七年，漢便派遣刺客混在使節團中。使節團長將黃金和絲綢品放在樓蘭王面前，並將他灌醉，假借欲與王密談接近，一舉刺殺了樓蘭王。然後，漢送回樓蘭王在漢的弟弟尉屠耆，欲立為新王。但尉屠耆在樓蘭的根基不穩而無法入王城，於是與漢的部隊在其他的小城屯田積穀。從這一連串的經過可見漢以大國之姿蠻橫不講理，隨意操弄小國的命運。為了壓制匈奴，比樓蘭更重要的是車師。車師與匈奴長期保有同盟關係，又橫跨天山南北，占據重要的戰略位置。西元前九九年，漢以匈奴投降的介和王（職務不明）為首，派遣樓蘭的兵攻擊車師，但由於匈奴的右賢王趕來增援，漢軍只好退兵。

西元前八九年，漢又命介和王率領西域六國的兵馬進攻車師，這次成功降伏車師。然而昭帝（西元前八七～前七四年在位）時，匈奴命四千騎在車師屯田，車師又投靠匈奴。宣帝（西元前七四～前四九年）即位，派兵驅逐屯田車師的匈奴兵，車師又回到漢這一邊。然而，在烏貴即位車師王之後，與匈奴結親，並告訴匈奴漢使通行烏孫的路徑。

西元前六八（或前六七）年，漢派遣被免除刑罰的罪人作為屯田兵前往渠犁（尉黎的西鄰），秋收後，率西域諸國的兵力一萬餘人和屯田兵一千五百人進攻車師，攻陷車師前國的首都交河城。漢在此終於成功掌控車師，但匈奴的騎兵之後也經常出沒車師附近。根據匈奴的投降者所說，匈奴之所以如此執著於支配車師，乃是因為單于和大臣都認為：「車師地肥美，近匈奴，使漢得之，多田積穀，必害人國，不可不爭也。」換句話說，對匈奴而言，車臣是供給穀物生產的重要地方。

內部鬥爭、投降、飢荒、叛亂

◎暫時休兵和重啟戰爭

西元前一一九年漢發動大規模攻擊之後，兩軍暫時停止干戈。伊稚斜單于派使者前往漢，欲再度和親，但漢逼迫匈奴、要其稱臣，於是單于一怒之下中止交涉。西元前一一四年單于死後，新的烏維單于繼位，也沒有發生大規模的衝突，僅西元前一一二年匈奴入侵五原、殺死太守而在史料中留下記錄。由於漢這時將精力放在遠征南越，因此沒有餘力對匈奴派兵。之後彼此間雖然也有使者來往，但漢不改要求匈奴遣送人質的高壓態度，而匈奴也執著於過去的貢納條件，因此交涉始終無法順利進行。

西元前一〇五年烏維單于死去，子烏師廬（或寫作詹師廬）繼位，由於年紀尚輕，因此被稱作兒單于。從這個時候開始，匈奴將根據地遷往西北方。為此，左方的軍隊移至雲中的北方，而右方的軍隊則位於酒泉、敦煌的北方。在漢的攻擊下，匈奴的左方損害尤其大；之所以如此，一般認為是漢有意讓過去曾在匈奴統治下、如今受自己指使的烏桓（與鮮卑同樣被認為是東胡的後裔）踏足這塊空白土地的緣故。

兒單于繼位後，漢於西元前一〇四年派遣兩名使者來到匈奴。一人弔問單于，另一人弔問右賢王，意圖離間兩人。然而，由於兩人都被帶到單于面前，於是計畫敗露，單于一氣之下拘留了漢使。在之前不歡而散的交涉中，單于也曾因為漢的高壓態度而發怒拘留漢使，使節團前後總計被拘留了將近十次。對此，漢也不甘示弱，拘留了匈奴來的使節。高層頑固，遭殃的是沒有獲得全權委任的使節。

這一年初的冬天，風雪降臨匈奴，許多家畜飢寒而亡。蒙古將冬季的天候災害稱作「dzud」。這樣的災害又可分為白災和黑災。白災是降雪大到家畜無法用腿撥開雪吃下面的草，最終飢餓而死的災害。相反地，黑災指的是完全不降雪，寒氣使得草完全枯死發黑，無法食用所引發的災害。這個冬天襲擊匈奴的是白災。

不僅天災，匈奴的人民也為人禍所苦。兒單于的性格喜好殺人，國內因此人心惶惶。體恤民心的左大都尉秘密通漢，說：「我欲殺單于降漢，漢遠，即兵來迎我，我即發。」漢為了接收投降者，於是在長城北側興建名為受降城的城塞。但這裡距離匈奴還是很遠，趙破奴於是率二萬騎北上，準備迎接投降者。

然而事跡敗露，單于殺了左大都尉，派八萬騎包圍北上的漢軍。趙破奴奮戰卻依舊無力回天，全軍投降匈奴。單于又進一步進攻受降城，但沒有得手。從這起事件開始，兩軍又回到戰鬥狀態。

◎多災多難的使節團

兒單于在位僅三年就病死。由於子嗣尚年幼，於是由叔父右賢王呴梨湖擔任單于。西元前一〇二年，匈奴入侵雲中、定襄、五原、朔方，殺掠數千人。單于又命右賢王入侵酒泉、張掖，擄走數千人，但又被漢軍奪回。翌年，呴梨湖單于計畫攔截遠征大宛凱旋而歸的李廣利，但沒有成功。

同年冬天，呴梨湖單于即位僅一年便病死，其弟左大都尉且鞮侯成為單于。司馬遷關於匈奴的記述大約在這時便結束，之後的發展只能仰賴班固的《漢書》。有人批評司馬遷「偏袒蠻夷」，可見他是在對匈奴有一定理解的基礎上進行記述，但班固也許是因為受到儒教的強烈影響，因此對待匈奴的態度略有不同。

且鞮侯單于即位後，立刻將至今為止拘留的漢使當中沒有投降匈奴的人全部送回漢（可見也有人投降匈奴），並以謙卑的態度說道：「漢天子，我丈人行也。」這樣說是因為且鞮侯的伯父軍臣單于從漢景帝那裡迎娶了公主（名義上是景帝的女兒），而武帝是景帝的兒子，因此軍臣單于和武帝名義上是姻親兄弟，而且鞮侯單于則是武帝的姻親外甥（見頁二八五「匈奴單于的系圖」）。

漢於是也送回拘留的匈奴使節，並派蘇武為使節團長，帶著許多禮物一起前往匈奴。然而，收到禮物之後，單于的態度便轉為驕傲自大，完全不如漢的期盼。這時，不幸的事情降臨在蘇武身上。一個企圖反叛單于的團體與使節團的副使互通有無，結果事情敗露。蘇武完全不知情，但使節團的所有人都被強迫投降匈奴。然而，蘇武以不能背叛漢為由，用刀刺進了自己的胸膛。在匈奴的努力照看之下，蘇武撿回一條命。聽聞此事的單于認為匈奴需要如此有骨氣的人，更進一步遊說蘇武投降。

此時負責遊說蘇武的人是衛律。衛律的父親是匈奴人，投降漢後生下衛律。衛律在友人李延年（李廣利的兄長）的推薦之下成為漢的使者前往匈奴，但回國之後，李延年和弟弟李季因擾亂宮廷風紀而被處死（不過，這時李廣利不知為何沒有受罰。李廣利的地位是在之後才遭到動搖）。唯恐受到波及的衛律立刻亡命匈奴。不知道他使了什麼樣的手段，衛律受到單于的寵信，參與國政，又得到丁零王的稱號。史書沒有記載衛律亡命匈奴的年分，但想必是在上述送還漢使之後。如果是這樣的話，那麼衛律遊說蘇武，是在他亡命匈奴不久之後。又或者，在之前漢使被拘留的期間中，衛律就已經與且鞮侯有來往。結果衛律的遊說失敗。

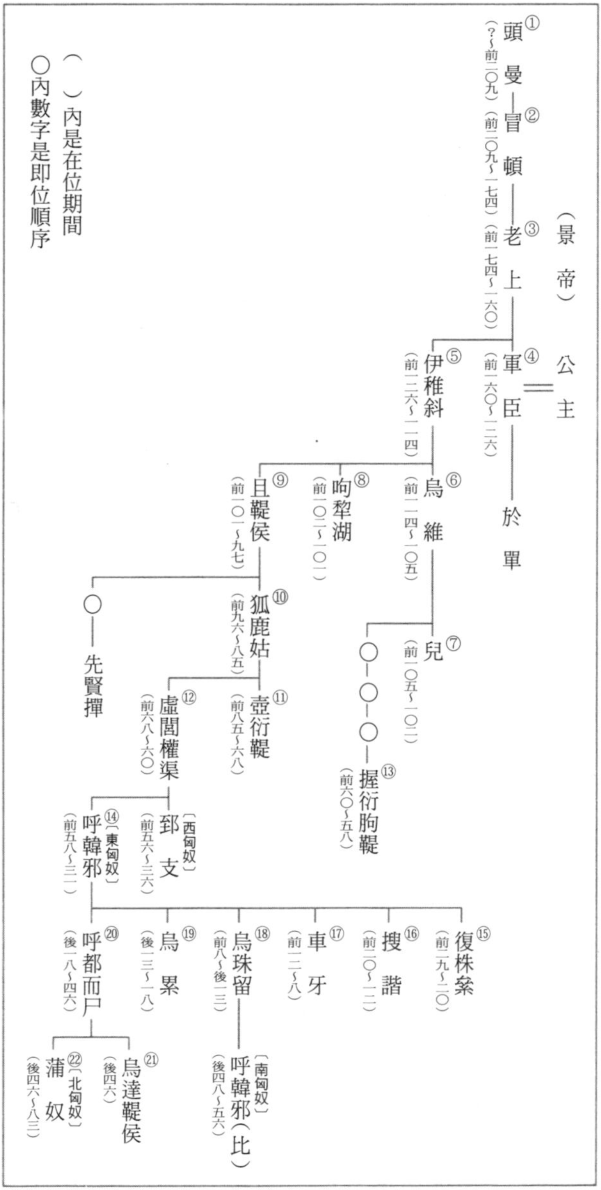

匈奴單于的系圖 根據澤田勳《匈奴》東方書店，1996 年製成。

蘇武之後也受到各種威脅、利誘、刁難，但他不屈服，十九年後終於回國。

◎李陵和李廣利投降匈奴

且鞮侯單于和武帝互不相讓，再加上漢使的弄巧成拙，使得交涉陷入死胡同，於是漢在這時再度發動大規模攻擊。西元前九九年夏天五月，武帝命貳師將軍李廣利率三萬騎從酒泉出發，在天山（應該是東端）攻擊右賢王。取得首級和俘虜一萬餘，但在回程的時候遭到匈奴大軍包圍，由於糧食不足，死傷人數增加。李廣利不好容易衝出重圍，但漢軍的死者高達六到七成。

同一時間，名將李廣（和李廣利毫無關係）的孫子李陵率領步兵五千人，從居延的北方出發，遇上了單于本部的八萬騎大軍。面對敵人壓倒性的優勢，李陵軍奮力抵抗，逐漸撤退到漢的防禦線附近，但最終寡不敵眾，李陵遭到俘虜。據說他假裝投降，準備刺殺單于。

看到李陵奮勇殺敵的樣子，單于於是想要延攬他成為自己的將軍。李陵原本並無此意，但在陰錯陽差之下，留在都城的李陵一族全部遭到武帝處死。事既如此，李陵也不可能再回到漢。單于將自己的女兒嫁給李陵，並給予右校王的稱號。右校王的具體職務不明，但相對於衛律隨時在單于身邊擔任顧問，李陵則是有大事的時候才參與議論。

關於李陵在這段時間心中的糾葛、歸順匈奴後與蘇武的交流、與衛律之間的你來我往等，不僅是歷史家筆下的內容，也是激發作家創作欲的題材，因此在日本出現了許多文學作品。圍繞李陵的人際關係，就留給這些作品（中島敦、佐川美代太郎、護雅夫、富谷至）講述，本書繼續往下看後來的發展。

西元前九八年秋天，匈奴入寇雁門。太守（郡的長官）由於膽小畏敵而遭到公開處刑，可見匈奴占了壓倒性優勢。

也許是為了報復這次的匈奴入寇，翌年春天，李廣利率領騎兵六萬、步兵七萬從朔方出擊，其他三位將軍共率騎兵一萬、步兵七萬，從朔方、雁門、五原出發。面對漢軍大舉來襲，匈奴將家族和財產移到余吾水（今日的土拉河）北邊，單于則帶著十萬兵馬在河的南邊等待李廣利大軍到來。兩軍激戰十多日，依舊無法分出勝負。與左賢王對戰的將軍陷入劣勢而退兵。

且鞮侯單于於西元前九七年病死，之後由狐鹿姑單于即位。接下來兩軍有好一陣子沒有動靜，但在西元前九一年九月，匈奴入寇上谷、五原，殺掠官員和人民。西元前九〇年正月春天，匈奴又入寇五原和酒泉，殺了兩郡的都尉（軍司令官）。作為回應，三月時，李廣利率七萬大軍從五原出發，其他兩位將軍分別率領二萬人和四萬騎從西河和酒泉出發，直搗匈奴。

收到消息之後，匈奴再度將家族和財產移到余吾水之北和郅居水（可能是現在的色楞格河）以北的趙信城，鞏固迎戰的態勢。這場大戰當中，李陵也和匈奴的大將率領三萬騎參戰，於浚稽山與同樣三萬的漢軍交手，但根據《漢書》的記載，李陵沒有獲得太大的戰果就往北撤退。

李廣利的本隊躲過衛律的伏擊北上。這時，李廣利的妻子因為捲入武帝繼承之爭的咒殺事件（巫蠱之禍）而遭到連坐下獄，聽到消息的李廣利為了免罪而急於立功，一路進軍到郅居水之北，但士兵長途征戰，疲勞已經到達極限。最後漢軍在退回燕然山的時候遭到匈奴軍擊潰，李廣利也不得不投降。單于原本就知道李廣利既是漢的大將軍也是重臣，因此讓他娶了自己的女兒，地位高於衛律。

◎領導階層的內部分裂和人心背離

西元前八九年，單于派遣使者前往漢，表示希望如過去一樣締結協議，匈奴迎娶公主、漢提供酒、米、絲綢等，雙方停止在邊境偷盜。帶來回覆的漢使抵達匈奴後，單于向左右說道：「漢，禮義國也。貳師道前太子發兵反，何也？」以此批評漢。漢使承認，但又再說道：「乃丞相私與太子爭鬥，太子發兵欲誅丞相，丞相誣之，故誅丞相。此子弄父兵，罪當笞，小過耳。孰與冒頓單于身殺其父代立，常妻後母，禽獸行也。」單于大怒，談判因此決裂，漢使也被拘留在匈奴三年。

武帝死後的西元前八七年冬天，匈奴入侵朔方，殺掠官員和人民。然而，匈奴因為長年戰亂而疲敝，陷入人與家畜難以順利生產的困境。因此，單于之下所有人都想要和親，但單于於西元前八五年病死。

單于有一個擔任左大都尉的異母弟。由於這個弟弟賢能，在國內的聲望很高。閼氏懷疑單于不立自己的兒子，而要立弟弟為繼承人，於是秘密派刺客殺了左大都尉。左大都尉的同母兄長記恨，之後不再出席每年於單于本營召開的集會。

單于臨終前對床前的貴人們說：「我子少，不能治國，立弟右谷蠡王。」之後死去。然而，衛律與顓渠閼氏（單于的第一夫人，被稱作大閼氏的閼氏可能是第二夫人）共謀，隱瞞單于的死，竄改單于的命令，並與單于臨終前在場的貴人們飲酒結盟（關於飲酒結盟，請參照頁三〇〇〈匈奴歸順〉一節），立閼氏的兒子左谷蠡王，是為壺衍鞮單于。

左賢王和右谷蠡王因為沒能當上單于而記恨，想要率領旗下部眾歸順漢，但又沒信心事情是否能如自己所想。他們於是威脅盧屠王（職務不明）一起西進，準備在降伏烏孫之後進攻匈奴。這是藉烏孫之力打倒單于的計畫。然而，由於盧屠王將計畫告訴單于，單于於是派人問罪。右谷蠡王反將所有罪都推到盧屠王頭上，但人人都知道這是冤罪。自此之後，左賢王和右谷蠡王分別留在自己的領地，不再出席龍城的大會。

之後，單于年少也就罷了，但由於掌握實權的母親行為不正（史書沒有具體記述是什麼行為），導致人心背離，陷入一旦遭到漢的攻擊就會分崩離析的困境。在這樣的情況下如果提議和親，也只會被漢看破手腳，但入侵邊境又沒有把握獲勝。為此，匈奴幾乎很少入寇。

◎與烏桓、烏孫、丁零的抗爭

西元前七八年，匈奴三千騎入寇五原，殺掠數千人。更有數萬騎在長城附近狩獵，伺機進攻長城外的小城塞，俘虜官員和人民。然而，因為漢的烽火台發揮功能，匈奴就算入寇，得到的東西也很少，入寇的情況更加減少。

這時，漢從匈奴投降者的口中聽說：「烏桓嘗發先單于冢，匈奴怨之，方發兩萬騎擊烏桓。」漢準備趁著匈奴攻擊烏桓的時候攻擊匈奴，於是派遣兩萬騎出陣。然而，匈奴在進攻烏桓之後，得知漢軍即將到來，於是立刻退兵。漢軍無法空手而回，於是進攻遭到匈奴襲擊而衰弱的烏桓，斬首六千人，抓了三個王。烏桓可說是遭到無妄之災。

另一方面，匈奴將矛頭轉向西方，攻擊烏孫，取車延和惡師之地，帶走了當地的人民。儘管內田吟風認為車延和惡師相當於今日的庫車和阿克蘇，但這兩地並不是天山南麓的綠洲城市，而是烏孫境內的某處才對。此外，匈奴又要求烏孫交出漢嫁到烏孫的公主。烏孫王昆彌和公主於是在西元前七二年，寫信給繼昭帝之後即位的宣帝，請求派遣援軍。

漢回應他們的請求，於西元前七一年正月，派遣五位將軍率領十五萬騎出擊，烏孫也派出五萬騎，共二十萬騎對匈奴發動總攻擊。聽到這個消息的匈奴，讓老弱者和家畜逃到遙遠的北方。正因如此，才會有將軍「僅斬首、俘虜敵人十九人、捕獲牛、馬、羊一百頭便滿足戰果」這類寒酸的說法。然而，以整體來看，匈奴的折損包括居高位者在內的四萬人，被奪走的家畜全部高達七十萬頭。據說家畜全部被烏孫所奪，這對匈奴而言是極大的打擊。

這一年冬天，單于率領數萬騎準備向烏孫復仇。他們在俘虜烏孫的老弱者後準備返回，中途遭遇大雪，人和家畜都凍死，平安歸來的人不到十分之一。北方丁零、東方烏桓、西方烏孫的進攻，使得匈奴的困境雪上加霜。三國合計殺了數萬匈奴人，匈奴的家畜也承受了極大的損失。屋漏偏逢連夜雨，匈奴又發生了飢荒，人死了三成，家畜死了五成。漢又派出三千騎，俘虜匈奴數千人後返回。至此，匈奴再也沒有反擊的餘力。

西元前六八年壺衍鞮單于死去，弟左賢王即位，是為虛閭權渠單于。政權內部比起和親派，強硬派的勢力更大，隨時伺機入侵，但終究沒有成功。再加上飢荒和丁零的入侵不斷，匈奴不見東山再起的跡象。

如前所述，西元前六八（或是前六七）年，西域諸國和漢共同攻擊追隨匈奴直到最後的車師，車師投降。西元前六〇年虛閭權渠單于死後，由於後繼人選的紛爭，匈奴統治西域的日逐王先賢撣率領數萬騎在西域投降漢。漢就是在這時候於烏壘設置了西域都護府。作為匈奴最後一線希望的西域也斷了線。

該成為漢的屬國還是……

◎兄弟單于的對立

新立的握衍朐鞮單于欲與漢恢復和親，但由於性格殘暴，內部陸續出現反叛者。西元前五八年，首先在匈奴的左地，也就是東部，前任虛閭權渠單于之子稽侯狦被推舉成為呼韓邪單于。呼韓邪率左地之兵四至五萬人西進，為了攻擊握衍朐鞮單于而推進到姑且水之北。還沒有交戰，握衍朐鞮單于就敗走。他求助於弟弟右賢王，但弟弟說：「汝不愛人，殺兄弟諸貴人。各自死若處，無來汙我。」拋棄了他。再也無計可施的握衍朐鞮單于如右賢王所言，自殺身亡。呼韓邪單于找來身在「民間」的兄長呼屠吾斯，任他為左谷蠡王。呼屠吾斯不知為何身在「民間」，也許是因為犯了某種罪而被剝奪了身分。之後，呼韓邪和這位兄長上演了一場生死之鬥。

內亂完全沒有平息的跡象。握衍朐鞮單于的堂兄弟們和投降漢的日逐王之兄，以及呼屠吾斯紛紛自立為單于。期間反覆發生內戰，有的單于被殺或投降，也有些單于歸順於漢。最終只剩呼韓邪單于和其兄長郅支單于（呼屠吾斯）。

西元前五四年，兩者決戰，最終由郅支單于獲勝，在單于原本應在的地方設立本營。戰敗的呼韓邪在重臣的建言之下決定成為漢的臣下，仰仗漢的援助。當然，旗下也有許多反對的意見，但呼韓邪貫徹了投漢的方針，南下接近長城。西元前五三年，呼韓邪之子右賢王進入漢的朝廷奉侍。另一方面，郅支單于也將其子右大將送入漢的朝廷。

◎單于稱「藩臣」

西元前五二年，呼韓邪單于走進漢五原城塞的城門，表達了希望翌年正月入朝的願望。到了正月，漢於五原至長安的沿路各郡安排騎兵二千出迎。漢宣帝此時依每年正月的慣例，行幸甘泉宮。過去老上單于曾入寇至這附近，斥侯騎兵也曾侵擾甘泉宮，而呼韓邪單于是為了拜謁宣帝而來到甘泉宮。

為了迎接單于，朝廷上下議論該如何應對。關於這場議論，《漢書》當中的記載略有矛盾，而對於單于究竟是否真的成為漢的臣下，日本學界也有許多不同的解釋（堀敏一，《東亞世界的形成》，汲谷書院，二〇〇六年）。斟酌朝廷採納的蕭望之的意見，下列的解釋應屬適切：由於匈奴是不使用漢曆的敵國（匹敵之國），因此不以臣下之禮，而以客禮對待。單于就算稱藩臣，漢也應展現謙讓的態度，不視其為臣下，而以高於諸侯王的地位，給予特殊的待遇。

也許有人會認為不使用漢曆又有什麼問題，但使用中國的曆制，就代表承認中國的權威。在實際拜謁的場面上，呼韓邪單于雖稱「藩臣」，但沒有報上自己的名字。想必是在事前的排練當中，確實以漢語記住了「藩臣」兩字。

關於呼韓邪單于帶來的禮品，僅寫作「珍寶」而沒有具體的記述，但賜給單于的物品則有詳細的清單。根據記載，漢賜給單于冠帶、衣裳、黃金璽（金印）、盭綸綬（草綠色的綬帶）、柄與鍔鑲有玉的寶劍和腰間配刀、弓一把、箭四發（一發十二支）、帶有絹飾的戟十隻、安車（有座位的車）一輛、鞍和轡一副、馬十五匹、黃金二十斤（一斤＝二百五十七公克）、銅錢二十萬、衣服七十七套、各種絲綢品八千匹（一匹＝四十尺＝九公尺）、絮八千斤。單于在長安的宅邸滯留一個多月後返回，臨走前在邊境又獲贈米糧合計三萬四千石。

同一年，郅支單于也遣使獻上貢品，漢也回贈厚禮。兩單于翌年也再遣使進貢，但這時漢賜給呼韓邪一方較多的物品。呼韓邪單于又於翌年親自入朝。這時漢也以第一次相同的儀禮對待，賜給的物品也相同，同時又追加了衣服一百一十套、錦緞九千匹、絮八千斤。元帝即位後的西元前四八年，呼韓邪向他訴苦民眾的窮困，於是漢又供給了雲中和五原的穀物兩萬石。

◎郅支單于的西走

郅支單于認為南下降漢的呼韓邪沒有這麼快回來，於是將勢力集中在西方和北方。他首先與烏孫聯手，試圖借烏孫之力。然而比起郅支單于，烏孫更顧慮漢的意向，因此反而派兵進攻郅支單于。郅支單于迎擊打敗烏孫，又兼併了烏揭（與阿爾泰山一側的呼揭相同）、堅昆（葉尼塞河上游）、丁零（貝加爾湖西南）等北方三國，將大本營設在堅昆之地。就像這樣，由於郅支單于將大本營遷到遙遠的西方，因此在他範圍下的匈奴被稱作西匈奴，呼韓邪單于勢力範圍下的匈奴則被稱作東匈奴。然而，西匈奴的命運很快走到盡頭。

漢獨厚呼韓邪單于，再加上郅支單于的大本營遠離了漢，因此郅支單于要求歸還入漢做人質的兒子。漢廷對於是否應該歸還人質而有不同的意見，但為了展示漢天子的恩情，於是派遣使者谷吉同行，歸還人質（西元前四四年）。然而沒想到，郅支單于竟然殺了遠道而來的谷吉等人。此舉使郅支單于和漢的關係決裂。

就在郅支單于擔心呼韓邪單于和漢聯手進擊時，康居突然提出了結盟的提議。為烏孫入侵而苦的康居，希望與烏孫舊主的匈奴單于聯手對抗烏孫，於是差遣使者來到身在堅昆之地的郅支單于面前。郅支大喜，立刻往西出發，但途中遇到寒流而凍死了許多人，僅三千人平安到達康居（西元前四四～前四三年）。無論如何，郅支單于與康居聯手，康居王將女兒嫁給郅支單于為妻，郅支單于也將女兒嫁給康居王。

康居借郅支單于之名向諸國示威，而郅支單于則是借康居之兵攻擊烏孫。郅支單于的軍隊入侵至烏孫王所在的赤谷城，殺掠人民，搶奪家畜。赤谷城推測位於現在吉爾吉斯伊塞克湖南方的納倫河流域，該河流源出天山西部。郅支單于因勝而驕，認為康居王對自己不敬，一氣之下殺了康居王的女兒和貴人，以及數百名民眾，並將屍體肢解投入都賴水中。都賴水指的是塔拉斯河。順道一提，約八百年後，唐在這裡與阿拔斯王朝交戰。

郅支單于徵召人民在塔拉斯河畔築城。據說每日差使五百人，費時二年。又遣使要求西方的大宛和闔蘇等進貢，諸國不得已只能進貢。如前所述，大宛是位於今日費爾干納盆地的國家，而闔蘇有人認為就是奄蔡，但詳情不明。如果是奄蔡的話，那麼有可能與裏海和黑海北方的阿蘭人相同。關於阿蘭人，留待第九章詳述。

◎郅支單于的下場

郅支單于勢力的擴大讓漢西域都護府副校尉陳湯備感威脅，於是說服都護甘延壽，在沒有得到漢廷的許可下，擅自召集四萬兵馬（主要是出身西域的兵），逼近郅支單于所在之城（西元前三六年）。當他們進攻到城下三里（一公里多）時，看到城上掛著五彩繽紛的旗幟，數百名身穿鎧甲的士兵，以及騎兵、步兵各一百多人。

城上的人對著漢軍吆喝「儘管放馬過來」。我們現在不知道他們吆喝的是什麼語言。漢軍首先派出百餘騎奔馳，匈奴陣營則人人拉滿弓，戰情一觸即發，騎兵隊於是暫時撤退。接下來漢又派了許多士兵，射殺位於城門的騎兵和步兵，郅支軍只好退入城內。

甘延壽和陳湯下令：「聞鼓音皆薄（進逼）城下，四面圍城，各有所守，穿塹，塞門戶，鹵楯為前，戟弩為後，卬（仰）射城中樓上人。」樓上的人因此下樓逃走。土城外有雙重的木城（或許是木柵），從木城向外射殺了許多漢兵。外面的漢兵於是將點火的木柴射向木城，進而燒了木城。到了晚上，數百騎欲逃出城，但皆被射殺而亡。

單于聽聞漢軍來襲曾想要撤退，但他懷疑康居已經成了漢的內應，又聽聞烏孫和其他諸國皆發兵，覺悟自己無處可去，於是決定堅守。單于自己穿上鎧甲上城樓，閼氏和夫人數十人皆持弓射向城外之人。從外面射進來的箭射中了單于的鼻子，夫人們也有多人身亡。

單于走下城樓，乘馬轉戰於大內（單于的居所）。午夜時分，由於木城被開了洞，木城中的人於是退到土城當中，登上了城樓。這時，康居的一萬餘騎兵圍住土城，與漢軍呼應。深夜，不時有人欲從陣營中逃出，單于知道形勢不利，立刻後退。天快亮時，四面火起，漢兵歡聲雷動，擊打鉦鼓。康居軍退兵，漢兵從四面推鹵楯攻入土城，單于底下的男女一百多人逃入大內。漢兵放火，搶著進入，單于最後重傷而死。漢軍除了單于之外，還斬獲閼氏和太子等一千五百一十八人的首級，生擒一百四十五人，投降者高達一千多人（《漢書》卷七〇，〈陳湯傳〉）。西匈奴就這樣結束了短暫的生涯。

◎匈奴歸順

另一方面，呼韓邪單于這一邊的人口增加，逐漸隆盛。西元前四三年，韓昌和張猛奉命送還呼韓邪在漢當人質的兒子，他們憂慮實力逐漸累積的單于將回到北方，很難再用和親加以約束，於是兩人用匈奴的方式與單于交換盟約。兩人與單于和大臣們登諾水（推測在雲中的北方）的東山，以白馬為祭，單于以寶刀歃血、以金勺攪拌，再以老上單于攻破月氏時取下的月氏王頭骨做為飲器，飲血為盟。

如第一章所述，以馬為犧牲獻祭的儀式自古以來便存在於草原地帶。值得注意的是儀式的順序。徑路刀推測與斯基泰的阿西奈塞斯式短劍屬於同一類型。括號內是作者的補充，沒有出現在《漢書》原文當中。為《漢書》作注的是東漢末的應劭，他將這個部分解釋為「契金著酒中，攪擾飲之」。這讓人聯想到加了金箔的日本酒。然而根據希羅多德的記載，斯基泰人在與人交換誓約的時候，當事人會用錐子或小刀劃傷身體，將血滴進倒滿酒的容器內攪拌後互飲（《歷史》卷四，七〇）。因為有這樣的儀式，「血盟」的意思更明確。

然而，漢的期待落空，呼韓邪單于還是回到北方，人民也逐漸回歸，國內安定。呼韓邪單于在聽聞郅支單于被殺後大喜，再度請求入朝。當他在西元前三三年入朝時，漢賜下的衣服和絲綢是第一次的兩倍。單于又為了與漢親近而提出希望成為漢朝帝室女婿的請求。這時嫁給呼韓邪單于的，就是知名的王昭君。

娶到王昭君的呼韓邪單于大喜，提出願意負責東起上谷西至敦煌的長城守衛。面對這樣的提議漢朝廷議論紛紛，但最終決定拒絕呼韓邪單于的請求。拒絕的理由將在下一章提及。

王昭君得到寧胡閼氏的稱號，生下一個兒子。西元前三一年呼韓邪單于死去，他與第二夫人大閼氏之間所生的長子成為復株絫若鞮單于。若鞮在匈奴語代表「孝」的意思，漢皇帝的正式稱號之前也都有「孝」字（武帝的正式稱號是孝武帝），因此是仿效漢制。王昭君依照匈奴的制度成為新單于的閼氏，二人之間生下了女兒。

之後繼任的單于也大致遵守過去的約定，兩國的關係穩定。西元前五年，烏孫王的庶子率手下入侵匈奴西部，盜取牛和家畜，殺了許多民眾。這時的烏珠留若鞮單于聽聞後派遣五千騎攻擊烏孫，殺了數百人，帶走了一千多人和牛等家畜。烏孫王的庶子畏懼，將兒子送到匈奴當人質。單于將這件事報告漢，漢譴責單于，命他歸還人質。

◎王莽的歧視蠻族政策和匈奴的復興

兩國的關係，在王莽掌握實權後開始蒙上陰影。西元後二年，西域的車師後國和婼羌國（樓蘭的南方）兩地的國王，因為記恨漢的西域都護和戊己校尉（監督車師的長官），於是率妻子和人民亡命匈奴。單于接受了他們，但漢告訴單于說：「西域內屬，不當得受。」單于雖然以「此外國也，得受之」加以反駁，但漢使一句「你難道忘了中國大恩」，單于也只能謝罪，將這些人送還。單于遣使送他們到與西域的境界，請求漢赦免兩王，但王莽不予理會，殺了兩人，以儆效尤。另外又逼迫匈奴答應不得接受中國人、烏孫人、烏桓人，以及西域諸國接受中國印綬者的投降。

另外王莽又奏令中國人將兩個字的名字改為單名，將此令傳達單于，烏珠留若鞮單于於是將自己的名字從「囊知牙斯」改為「知」。王莽又告訴烏桓今後不需再向匈奴繳納每年作為稅的皮和布。匈奴因此大怒，與烏桓發生爭執。

西元後九年王莽篡位，改國號為「新」。與此同時，授予單于新印，與之前的印鑑交換。原本的印鑑刻有「匈奴單于璽」，但王莽的新印刻的是「新匈奴單于章」。以前的印鑑為了尊重匈奴的自主性而沒有刻上「漢」字，但為了代表單于臣屬「新」國，於是刻意加上「新」字，且將「璽」降為「章」。帶著新印的使者擔心對方拒收，交換了之後立刻粉碎了舊印。而事後才發現真相的單于要求與過去舊印相同的印鑑，但沒能如願。

對王莽一連串的政策感到不滿的單于，於西元後一〇年起，開始接受從西域來的投降者或逃亡者。對此，王莽為了分裂匈奴，於是企圖任命十五位單于。事情到了這一個地步，兩者終於決裂。之後，匈奴不時入侵邊境，殺掠人民和家畜。由於王莽那種歧視「蠻族」的政策也波及西域，因此西域諸國也與中國斷絕關係，選擇從屬匈奴（然而匈奴的課稅重，因此之後有些試圖自立，或希望內屬於重振的東漢）。

一八年即位的呼都而尸若鞮單于（一八～四六年在位）期間，王莽在混亂中被殺（二三年），而東漢政權尚未安定，匈奴於是逐漸強盛。呼都而尸單于據說自比冒頓單于，他的統治可說是「匈奴最後的黃金時代」（澤田勳，《匈奴》，東方書店，一九九六年）。

單于也積極介入中國的政治。面對殺了王莽重建漢的更始帝，他主張匈奴對於王莽政權的垮台有所貢獻，試圖抬升匈奴的地位。單于又擁護割據各地群雄當中的盧芳，與劉秀（東漢光武帝）對抗，還與盧芳一起屢屢入侵。雖然西漢時期很少見到，不過在此後的中國歷史上，便不時出現北方的遊牧集團支持中國國內的部分勢力，而遊牧集團本身也逐漸移入中國的現象。

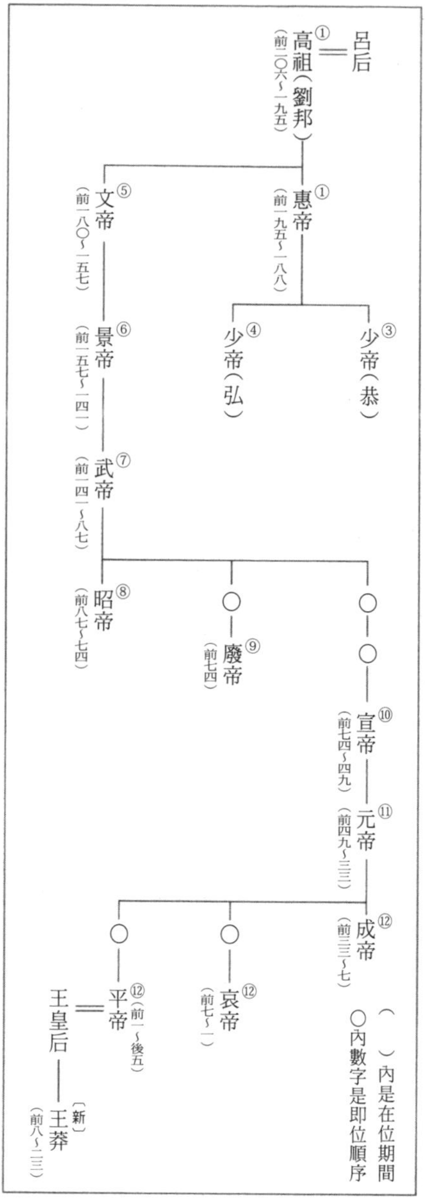

西漢皇帝系圖

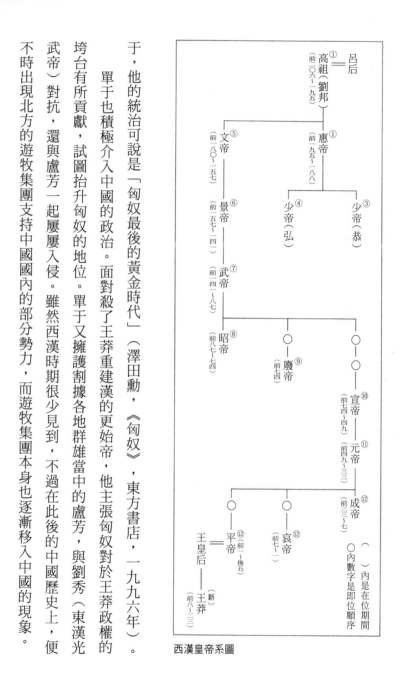

◎匈奴的南北分裂

然而，「最後的黃金時代」並沒有維持很長的時間。呼都而尸有一個王昭君所生的異母弟。原本這個弟弟應該要成為左賢王，但單于想要讓自己的兒子繼位，於是殺了這個弟弟。單于於四六年死後，長子即位，但不久後就死了，次子蒲奴成為單于。然而，之前烏珠留若鞮單于之子比，認為自己才應該是單于。

這時的匈奴連年受到旱魃和蝗蟲所苦，草木乾枯，大地赤裸，許多人和家畜都餓死。為此，單于擔心漢趁虛而入，於是請求與漢和親。另一方面，比秘密派遣使者前往漢，奉上匈奴的「地圖」當作是歸順的證明。真想看一看是什麼樣的「地圖」，很可惜沒有流傳下來。

單于察覺比的計謀，派軍討伐，但看到比的軍勢占優勢，於是折返。大勢逐漸轉向比這一邊。四八年冬天，在諸部族長和漢的推波助瀾之下，比自稱呼韓邪單于，期望像祖父呼韓邪一樣。之後，由呼韓邪單于率領的勢力被稱作南匈奴，蒲奴一方則被稱作北匈奴。

四九年，呼韓邪生擒蒲奴的弟弟，又進攻蒲奴，奪下一萬多人、馬七千匹、牛和羊各一萬頭。北單于（蒲奴）不得不撤退一千多里。另一方面，南單于（呼韓邪）於五〇年向漢行臣禮，之後每年固定入朝。到了五九～六〇年，北匈奴前進西域，統治包括龜茲（今日的庫車）在內的西域北部。然而在東方，陸續有人從北匈奴向南投降，再加上天候惡劣等因素，使得北匈奴逐漸衰弱。八九年，漢軍八千騎和南匈奴軍三萬擊敗北匈奴，翌年又斬首八千騎，俘虜數千人，大獲全勝。九一年北匈奴包括閼氏在內諸王被斬，僅單于和數騎一起逃走，情況悽慘。就算如此，單于的弟弟自立為新單于，旗下尚有八部族、兩萬多人。

一二三年，敦煌太守向朝廷上表攻擊北匈奴的策略。根據奏表，「北虜」呼衍王經常來往「蒲類」和「秦海」之間，壓制西域，（尤其是和車師）一起入寇河西（今日的甘肅省）。「北虜」指的是北匈奴，「蒲類」無疑是今日的巴里昆湖，但關於「秦海」則眾說紛紜。內田吟風認為「秦」是「大秦」，也就是代表羅馬的意思，因此主張「秦海」是黑海。然而再怎麼說黑海都太遠。就算為了壓制西域（在這裡是塔里木盆地），也沒有必要來往黑海。想必應該是離西域較近的某個湖。無論如何，北匈奴的中心無疑遷移到了西域北方。

關於之後南匈奴的動靜，與之後鮮卑各部族勃興、中國三國時代、魏晉南北朝相關，由於偏離本書的主題，因此在此省略。然而，關於之後的北匈奴，將於第九章提及。

第八章 從考古學看匈奴時代

昭君與單于　接受了漢帝國的幫助，重新回到漠北的呼韓邪單于，在西元前 33 年重新入朝。王昭君被送往匈奴和親，她在草原生活、生下子嗣，在匈奴的政治上也有很大的影響力。

匈奴的王墓

◎史書記載的單于墓

關於斯基泰王的埋葬儀式，希羅多德留下了相當詳細的記述（參照第四章）。相對於此，司馬遷關於匈奴王侯埋葬儀式的記述則相當簡單。

根據《史記》〈匈奴列傳〉的記載：「其送死，有棺槨（棺外側的箱子）金銀衣裘（皮草），而無封樹（堆土為墳，植樹為飾）喪服。」因為放入「金銀」，因此想必不是一般遊牧民，而是王侯貴族等級的送葬儀式。後面又繼續寫道：「近幸臣妾（第二夫人以下）從死者，多至數千百人。」不管怎麼說，「數千」的殉死者有些太多，因此被認為是後世的抄寫者將「數十」錯寫成了數千。

沒有堆土（封），代表沒有古墳。斯基泰時代競相建造大的墳丘，而匈奴的王侯真的沒有建墳丘嗎？然而如前章所述，《漢書》〈匈奴傳〉記載了烏桓發（挖掘）匈奴單于墓的事件，可見外部的人都知道單于的墓在哪裡。

《漢書》沒有記載烏桓為何要挖掘匈奴單于的墓。有可能是記恨匈奴殘酷統治（徵收皮布稅等）的報復行為，但也有可能是以盜取陪葬品的金銀為目的。

至今為止，尚未發現能夠證明是某個特定單于的墓，但近年陸續在蒙古高原北部發現推測是匈奴時代王侯貴族的大規模墓地。接下來我將介紹幾個二十世紀前半至最近所發掘的墓。

◎諾彥烏拉古墳群的調查和日本的貢獻

活躍於十九世紀末至二十世紀初的俄羅斯探險家科茲洛夫（Pyotr Kozlov）在考古領域中，因發現西夏的首都黑水城遺址而聞名；不過他另一項不可忘記的功績，則是有關諾彥烏拉遺跡的調查。蒙古語的諾彥代表「領主」，烏拉代表「山」的意思。這個遺跡符合其名，有著豐富的陪葬品，位置是在烏蘭巴托北邊直線距離八十公里的山林中。

這個遺跡由大小多個墓葬構成，根據科茲洛夫團隊的調查共二百一十二座，全部都在很久以前就遭到盜掘，中央因此凹陷。一九一二年夏天，探採金礦的礦工試著挖掘這樣的盜掘坑，但發現的不是金，而是琥珀的裝飾珠和銅製品。以此為開端，一九二四年和一九二七年，科茲洛夫率領的調查團發掘了幾個大的古墳。

出土的資料被集中到艾米塔吉，開始進行研究分析。由於資料當中出現許多中國製的物品，因此蘇聯一方希望精通中國考古學的專家能夠參與研究。剛好這個時候，京都大學的年輕考古學家梅原末治在歐洲留學。於是接受蘇聯科學院的邀請，經由北歐進入列寧格勒（現在的聖彼得堡），於一九二七～二八和一九三〇年，實際觀察遺物，準備與蘇聯的研究者一起發表共同研究報告書。

然而之後，許多研究者因為蘇聯史達林的肅清而犧牲，冷戰鐵幕也斷絕了蘇聯與外部世界的交流。整理遺跡發掘報告書是發掘當事人的責任，只有當事人有資格發表，因此，沒有參加發掘的梅原末治並沒有資格擅自公布資料。然而時間不斷地流逝，梅原比誰都知道這個遺跡的重要性，在無法與蘇聯研究者取得聯繫的情況下，於是在一九四二年準備自行刊行報告書。然而，由於當時正值第二次世界大戰，在報告書還沒有印製完成的時候就遭遇東京大轟炸，只留下草稿，其他都燒成了灰燼。戰後，梅原以草稿為基礎加以補充，於一九六〇年刊行《蒙古諾彥烏拉發現的遺物》（東洋文庫）。這本書由遺跡的章節和遺物的章節構成，遺物更根據用途詳細說明，內容接近單純的研究報告。

兩年後，蘇聯刊行了與梅原末治完全無關的著作《匈奴的文化與諾彥烏拉古墳群》（德文版於一九六九年刊行）。作者是曾調查阿爾泰巴澤雷克墓地的魯堅科。相對於梅原末治的著作，這本著作同時使用從俄羅斯（當時的蘇聯）境內布里亞特出土的資料，描繪匈奴時代的文化整體，但作為諾彥烏拉遺跡報告書的色彩較淡。匈奴和匈人文化的研究者海爾芬（O J.Maenchen-Helfen）綜合兩書指出，這兩部作品其實有著互補的關係。

然而，想要知道諾彥烏拉墓地的全貌，僅憑這兩本書仍不夠。會這麼說是因為一九五〇年代，蒙古發現了一座大型古墳，蒙古考古學家道爾吉蘇仁（Ts. Dorjsüren）於一九六一年刊行了包含這些發掘資料的《北匈奴》，時間正好介於上述兩書之間。這本書雖然很重要，但由於以蒙古文書寫，因此沒有得到充分利用。不過一九八〇年代末，志賀和子參考之後中國等發表的報告書，以日文詳細為《北匈奴》作了譯注。也因為如此，我們才能站在最接近諾彥烏拉墓地資料的立場來描述遺址。

◎突出延伸的方墳

諾彥烏拉古墳幾乎都是方墳，南側有細長的突出延伸部分。多數古墳的表面都覆蓋著不太大的石頭。公布的只有二十四號墳的斷面圖，平面圖是梅原末治根據調查團的報告所繪成的推測圖（梅原末治誤寫成十二號墳）。在這個推測的平面圖上，突出延伸部位從頭到尾都是同樣的寬度，但考慮到其他發掘的案例，從底端到尖端可能逐漸變窄。兩書皆刊登有二十四號墳的斷面圖，但魯堅科書中的墳丘表面凹凸較大。因此，這些圖與其說是正確的實測圖，不如說更類似於素描圖。

雖然是方墳，但上面平坦，從旁邊看，呈現低的錐台形（考古學稱作平截頭體）。測量錐台形的底座是十五點七乘十四公尺。

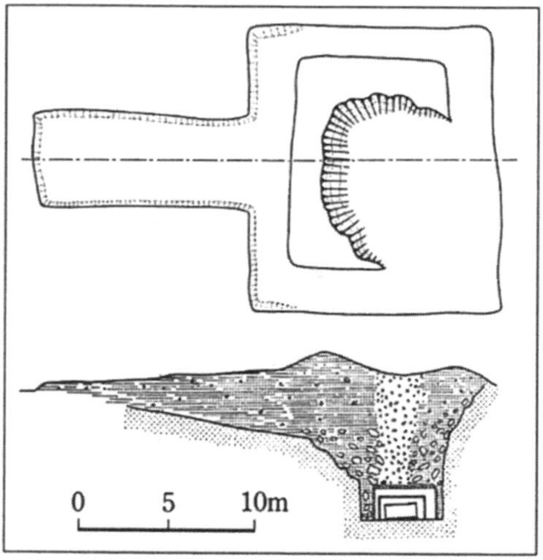

諾彥烏拉二十四號墳的平面圖和斷面圖　南側細長突出延伸。出自：梅原末治，《蒙古諾彥烏拉發現的遺物》，東洋文庫，1960 年。

至於高度，地盤低的南側約一點五公尺，地盤高的北側則不過六十公分。向南側突出延伸的部分寬四點八公尺，長十二公尺。突出延伸處的下面有通往底下墓坑的傾斜路。這個古墳是相對較小的方形，最大的巴洛德古墳（以最初挖掘的礦工名字為名），方形的邊長三十五公尺，高三點二到三點五公尺，南側突出延伸處底端寬是十點八公尺，向前延伸八公尺處的寬是九點三五公尺（無法確認最前端的寬度）。也就是說，這個突出延伸處的寬度逐漸變窄。

二十四號墳墓坑的發掘狀況　出自：S.I. Rudenko. *Die Kultur der Hsiung-nu und die Hügelgräber von Noin Ula*. Rudolf Habelt: Bonn, 1969.

二十四號墳的墓坑大約十二乘十三公尺，深九公尺。雙層木槨，內槨的底部鋪有毛氈，上面放了兩個四角形的枕木，木棺放在枕木上。木棺長二點一六公尺，寬零點七七公尺，高零點八五公尺，側板用細長的木片固定，沒有使用釘子。棺蓋遭到盜墓者破壞，陪葬品所剩不多。

一號墳的木棺塗有漆，又繪有彩畫。發現了繪有鳥的碎片。另外，二十三號墳木棺的周圍所發現的金箔，被認為是木棺上的裝飾。

◎諾彥烏拉墓地的出土品

接下來看出土品。六號墳的木棺下所鋪的毛氈，保存狀態較好，圖案清楚可見。最外側邊緣用的是中國製的絲織物，內側的圖案則繼承後期斯基泰動物圖案的傳統。所有的圖案都是先用捻線描出輪廓，內部再用有顏色的線以刺繡的方式填滿。

動物圖案有兩種，一是有耳的怪鳥襲擊駝鹿的畫面，另一個則是如狼的怪獸襲擊如氂牛的動物的畫面。如狼的怪獸長有枝角，角的尖端和尾部的尖端是格里芬的頭部圖案。這與第五章所見怪獸表現方式相同。兩個場面之間都有象徵性的樹木。

諾彥烏拉墓地最受矚目的出土品是有紀年銘的兩件漆耳杯，分別從五號墳和六號墳出土，銘文的內容雖然不同，但在靠近底部的側面都寫上「建平五年……」，代表這是出自漢帝室的東西。建平是西漢末年哀帝的年號，建平五年相當於西元前二年，在這一年哀帝改年號為元壽。這個時期，東匈奴隸屬於漢，每年入朝接受許多賞賜，因此帝室御用的東西進入匈奴的統治階層，也是很有可能的事。

同時也出土了許多絲絹，當中有些還繡有文字。一號墳出土的錦緞，上面可以看到「新神靈廣成壽萬年」的漢字。如何解釋這些文字有許多不同的意見，將開頭的「新」解釋為王莽建立的「新朝」是最有力的說法。因此，諾彥烏拉墓地被認為很有可能是西元後一世紀前半匈奴王侯的墓地。

此外令人感興趣的出土品，還包括絹製的上衣和下衣、長靴等衣物、毛皮的帽子、敲出氂牛和鹿圖案的銀製裝飾片、漢鏡的碎片、銅製車馬具配件、木製馱鞍配件、大型的甕（和漢代中國的灰陶非常相似），以及銅鍑的碎片。關於銅鍑，將於第九章詳細探討。

◎陸續發現大型古墳

諾彥烏拉之後，在蒙古高原北部發現了包含同樣屬於匈奴時代的大型古墳在內的古墳群。首先是諾彥烏拉向北約二百公里國境北側，位於俄羅斯領布里亞特的伊里莫瓦

（Ilimovaya padi）遺跡。最大的古墳高一點五公尺，方形的邊長二十五公尺，延伸處長十七公尺，雖然比諾彥烏拉最大的古墳小一圈，但墓坑的深度達二十公尺。地上的墳丘用大的石頭構成輪廓，內部再用小石列分出區間，非常獨特。與南向延伸處相反的北側，也有一塊小的延伸處，這也是其他沒有的特徵。木棺同樣安置在雙重的木槨之中。

伊里莫瓦向西約五十公里的查拉姆（Tsaram）遺跡，當中最大的古墳墳丘邊長達三十二公尺。公布平面圖的七號墳，方形部分是二十九乘二十八公尺，墳丘高一點五公尺，延伸處長二十公尺。地上部分與伊里莫瓦墳丘相同，劃分成幾個小區塊，劃分的材料是圓木。當中墓坑的發掘尚未結束，詳情不明，但據說深度已達十一公尺。

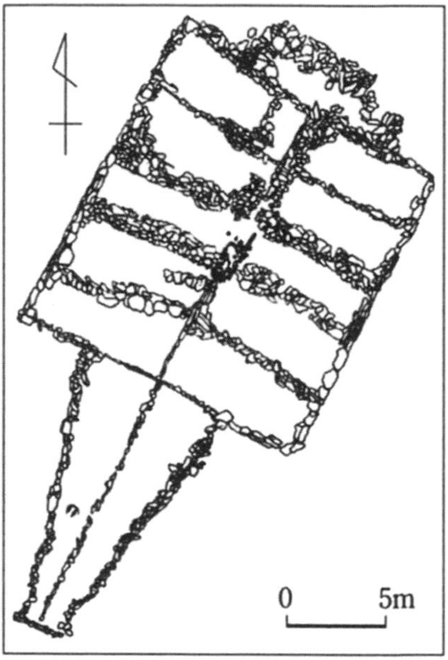

布里亞特的伊里莫瓦遺跡五十四號墳，地上的石頭分布結構　根據以下資料製作：*Stepnaya polosa Aziatskoj chasti SSSR v skifo-sar matskoe vremya.* Moskva: Nauka, 1992.

查拉姆值得注意的是隔著七號墓，東西各有五座墓並列。這些墓裡面都有男子的木棺入葬，年齡包括三十五到四十歲的壯年，及四到五歲的幼兒。發掘的S．米尼亞耶夫等人認為，這些是「王」的葬儀上殉死的隨從。雖然用幼兒殉死有些不可解，但從這些墓排列的位置來看，的確讓人聯想到殉葬。利用放射性碳定年法檢測這些被認為是殉葬的五座墓當中的木棺，發現年代落在西元前一世紀至後一世紀的範圍內。

蒙古國內最近也陸續發現大型古墳。位於首都烏蘭巴托往西直線距離約三百七十公里的高勒毛都（Gol mod，意為「河流的樹木」），很早以前就知道存在一個擁有延伸處、以石頭堆積而成的大型方墳。一九五六年到五七年，蒙古的調查團試圖發掘，但無法到達墓坑的底部，只能放棄。之後從二〇〇〇年起，以法國吉美藝術博物館為中心的調查團使用大型挖土機，挖掘這座古墳。這座古墳延伸處長七十公尺，墳丘的高度西側不過一點四公尺。

墓坑非常深。雙重的木槨從地表深十七公尺處探出頭來，墓坑的底深及二十公尺。就算這麼深，還是逃不過盜墓者的破壞，但依舊遺留少許黃金製品和銀壺的碎片、青銅製車馬具的配件、漢鏡的碎片等。黃金製品與從諾彥烏拉出土的黃金製品相同，是裝飾在木棺上的金箔。

從這個遺跡再往西約五十公里，同樣位於高勒毛都，也發現了類似的大型方形墳塚。為了作區別，將前述在高勒毛都發現的古墳稱作「高勒毛都I」，這一個則稱作「高勒毛都II」。自二〇〇三年起，以美國印第安納大學為中心的調查團，開始調查「高勒毛都II」，但尚未發表報告書。（參照後記）

◎留下的謎題

以上介紹的大型方形墳塚，可以斷定是匈奴單于的墓嗎？與《史記》的記述比較後發現，「棺槨、金銀、衣裘」可說是與實際的出土品吻合。

那麼關於「無封」的記述又如何呢？墳丘雖低，但還是有。然而，我希望大家留意墓地周圍的環境。如第一到四章所見，斯基泰時代以前的古墳皆建在一望無際的草原上。然而，匈奴時代的大型古墳皆建在森林之中。如此一來，一至兩公尺高的墳丘完全不顯眼。相對於以前的古墳刻意建得「顯眼」，匈奴時代的古墳反而好像是希望「不顯眼」。說到蒙古，人們腦中的強烈印象多半是「沙漠和草原之國」，但在蒙古北部，以山脈的北坡為中心，其實有著大片森林。北坡由於日照少，雨和雪不容易蒸發，地面的溼氣不散，因此能夠孕育樹木。

匈奴時代的古墳還有一點與以前不同，那就是方形墳塚。過去在歐亞草原地帶，古墳皆是圓形墳塚。就算周遭的石圍是方形，墳丘也都是圓形（例外是南西伯利亞的哈卡斯，在西元前四世紀左右建造大型方形墳塚）。也正因為如此，方形墳塚起源何處便是一個疑問。當然可以推測的可能性之一是受到中國的影響。中國自戰國時代起開始建造大型墳墓，其墳形從秦始皇陵便可看出是方形。之後，方形墳塚就是中國的主流。墳頂平坦這一點與諾彥烏拉的古墳相同，但中國墳塚的這個平坦部分很小，只是從頂上削去一小部分而已。相對於此，諾彥烏拉古墳與其說是方形「墳塚」，更應該說是有如矮桌一般的錐台形。因此，古墳的平面形狀雖然同樣是方形，但從側面看起來的形狀大不相同。

一條又深又長的斜坡通向墓室，這個特徵也與中國的古墳相同，但這條斜坡也略為隆起，且突起延伸處也是中國沒有的特色。將木棺安置在雙重木槨當中這一點與中國相同，但這種木槨和木棺的構造常見於世界各地，因此很難斷定僅是受到中國的影響。西亞的阿契美尼德王朝，也可以看到使用長條狀木片固定棺木的技法。

整理以上各點，關於古墳和其構造，沒有能夠斷言是受到中國影響的確切證據[1]。那麼，匈奴時代的大型古墳為什麼要建成矮桌形的方墳呢？想必這與在不顯眼的地方深挖墓坑有關。

在草原地帶最初出現王權的時候，為了讓所有人知道，於是愈是強大的王，愈是努力在一望無際的草原上建造又大又高的墳塚，作為王權的象徵。然而，等到王權某種程度已經廣為人知後，特意花費偌大勞力興建巨大墳塚的必要性減弱；不只如此，盜掘也是件令人擔心的事情。此外，木槨和墓坑都是四角形；如果要深掘四角形的墓坑，則必須要在地表挖一個四角形的洞口。如果只是單純埋入的話，覆蓋洞口的墳丘當然也是四角形。另外，通往墓坑的斜坡，前端較淺的地方較窄，愈深靠近墓坑則愈寬。因此才會出現帶有前端細長延伸處的矮桌形方墳。然而，這樣的解釋無法說明《史記》當中關於「無樹」的記述。

關於墳形的特徵，就算大家認同我的說明，

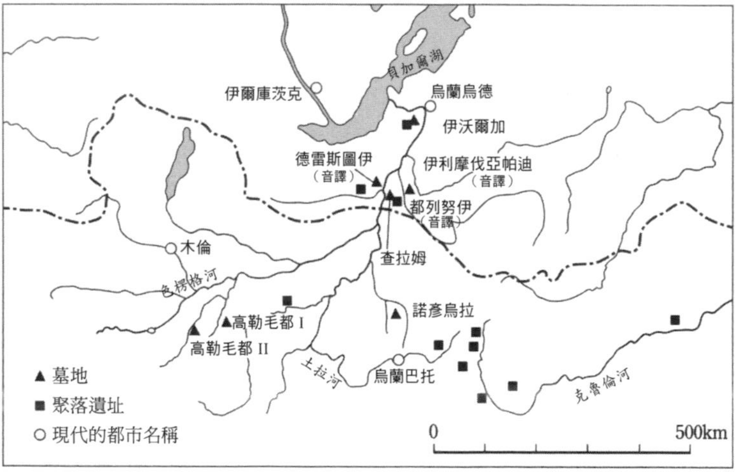

蒙古高原北部大型古墳和聚落遺址分布圖

但還是留有疑問，那就是至今為止發現的「王墓」、大型古墳皆是西元前一世紀至後一世紀所留下，沒有發現任何西元前二世紀匈奴鼎盛時期的「王墓」。冒頓單于和老上單于的墓究竟在哪裡？墳塚又是什麼形狀？還有許多謎題未解。

遊牧國家中的定居聚落

◎匈奴有農耕和定居聚落嗎？

遊牧的生產型態比起擁有定居式的牧場，畜牧生產性低，且容易受到天候條件的左右，經濟不穩定，這是眾所皆知的事實。因此，遊牧國家為了發展經濟，必須從事遊牧以外的生產活動。松田壽男將其以「遊牧＋X」的方式表示，並解釋「X」代表的是農耕和交易。若要大規模進行農耕則需要聚落，若想要永續經營遠距離中轉交易，則需要商品的集散地，而且還需要能夠聚集交易商人的城市。然而，司馬遷斷言這些都不存在於匈奴。匈奴真的不存在這些東西嗎？

關於交易，如第六章所述，司馬遷也曾提及。至於農耕和定居者所在的根據地，司馬遷也留下暗示其存在的記述。第六章敘述西元前一一九年漢發動總攻擊的時候，驃騎將軍霍去病追擊單于而深入匈奴境內，「遂至窴顏山趙信城，得匈奴積粟（泛指所有穀物）食軍（給漢軍吃）。軍留一日而還，悉燒其城餘粟以歸」（《史記》〈衛將軍驃騎列傳〉）。

趙信原本是匈奴人，投降漢之後以將軍身分為漢軍效力，西元前一二三年再度投降匈奴，之後一直是單于的心腹，並極度受到信賴。趙信建議為了預防漢軍進攻，應將糧食和裝備移往北方，單于照辦；趙信城推測就是在這個時候建造的。如果是這樣的話，那麼趙信城僅是單純的物資集散地，很難想像會有定居民以此為根據地進行農耕。且聚集在此地的穀物有可能是從漢取得，無法證明匈奴境內也曾進行農耕。

相對於此，《漢書》當中則有明確顯示農耕存在的記述。西元前九〇年投降匈奴的貳師將軍李廣利娶了單于的女兒，比衛律更受到尊敬。因此記恨的衛律等待機會想要陷害李廣利。一年多後，單于的母親閼氏生病——我猜測單于的母親和衛律之間的關係不單純——無論如何，衛律善用了這次機會。他找來巫師，召喚死去單于的靈魂，假借靈魂之口說道：

「胡攻時祠兵，常言得貳師以社（犧牲祭祀），今何故不用？」單于於是抓住李廣利，李廣利憤怒地說：「我死必滅匈奴。」然而他還是被殺，當成祭祀的牲品。之後不可思議的是，降雪數月不停，家畜死亡，人民感染疫病，「穀稼」不熟。害怕天譴的單于於是興建祭祀貳師的祠堂。

這裡出現的「穀稼」指的是穀物，穀物不熟反而證明了匈奴曾經從事農耕。以前的注釋者也發現了這一件事，唐代初期的顏師古特別注記：「北方早寒，雖不宜禾稷，匈奴中亦種黍穄。」

◎從事農耕的是誰？

如果匈奴境內有農耕，那麼是誰在從事農耕呢？關於這個問題，可以從《漢書》〈匈奴傳〉中找到線索。如第七章所述，在王莽的新朝時代，由於極端的國粹政策，至今為止歸屬漢的西域諸國陸續背叛；而與之呼應，匈奴開始擺出重返西域的姿態。在這樣的情況之下，西元後一〇年，在軍事上支持漢統治西域的戊己校尉，其部分下屬背棄王莽的新朝，殺害戊己校尉、引匈奴軍入內，威脅戊己校尉手下男女二千餘人一起進入匈奴之地。部分首謀者前往單于的大本營，但其他人被留在零吾水邊「田居」。很可惜地，零吾水的位置不明，但田居代表的是居住該地從事農耕的意思，可見這些人被強制遷移到匈奴領地靠近西域的地方從事農耕。這些人當中想必不僅有漢人，也包括西域人。

如第七章所述，匈奴在西域設置僮僕都尉，向西域諸國收稅。從「僮僕」這個名稱判斷，想必也同時徵收奴隸（松田壽男，《匈奴的僮僕都尉與西域三十六國》）。在思考這些奴隸於匈奴境內進行什麼樣的勞動時，《漢書》給了我們一個答案。也就是說，這些原本是出身西域綠洲農耕地帶的定居農耕民，在匈奴領地也同樣從事農耕。

這些住在匈奴領地、出身於定居農耕地帶的人，不僅是西域人，大多數應該都是漢人。如之前反覆所述，漢有許多人投降或被俘虜至匈奴。當中不僅是韓王信、中行說、李陵等著名人物，也包括了大量無名的一般庶民和士兵。

請大家回想匈奴都掠奪了些什麼東西？無論是《史記》或《漢書》，都沒有記載匈奴掠奪金銀財寶、絲綢品或穀物。史料當中，匈奴掠奪的都只是人和家畜。當然，也有可能是因為掠奪穀物太過理所當然而沒有特別記載。然而，若如實依照史料，則匈奴掠奪的只有人和家畜，而且是數以萬計的人。也許是帶走了整個村子裡的人。如果僅是供王侯貴族個人僕役使用，根本不需要這麼多人。考慮到這些人主要的生計是農耕，那麼推測他們在匈奴境內同樣從事農耕也很自然。

◎自發性的逃亡者

數以萬計的人們真的全部都是被強制帶走的嗎？未必如此。會這麼說，是因為按照自己意志、逃亡到匈奴的人其實也很多。舉例來說，漢高祖樹立政權之後，剷除劉氏以外的異姓諸侯王，功臣們都人心惶惶。被封為燕王的盧綰因為擁有強大的軍力而被盯上，再三被要求入宮晉見，但他擔心被殺，終於在西元前一九五年，率領同黨亡命匈奴。

除了這樣的大人物之外，一般庶民當中也有人逃亡匈奴。如上一章所述，西漢末的西元前三三年，入朝晉見的呼韓邪單于向漢提出將長城的防衛交給自己的請求。針對是否廢止漢軍的防衛，朝廷議論紛紛。幾乎所有的大臣都表示同意，唯有郎中侯應，舉出十項理由反對（《漢書》〈匈奴傳〉）。

根據他所舉出的第六項理由，過往有許多從軍者滯留在匈奴境內不歸，其子孫貧困者便會想逃離漢境，依賴在匈奴的親戚。第七項理由則說邊境之人和奴婢悲苦，許多人想逃亡，他們「聞匈奴中樂，無奈候望急何」（長城的防守森嚴。這裡說的防守不是預防北方的入侵，而是預防漢人向北逃亡）。就算如此，還是有許多人突破長城的防線逃亡。第八項理由則是盜賊集團有可能逃亡國外。

侯應根據各種理由，主張不應該將長城的防禦工作交給匈奴。由於侯應「熟知邊境之事」，因此漢元帝最後聽從侯應的建言。在匈奴的生活是否真的比較安樂，這點實在無法判斷；或許是匈奴刻意流傳自己這邊比較安樂的謠言，以招攬貧民前來。

◎定居民在城塞聚落遺址留下的痕跡

考古學的發掘調查確認了匈奴時代確實曾在北方從事農耕。至今為止共發現約二十處被認為屬於匈奴時代的聚落遺址；這些遺址幾乎都集中在蒙古高原北部，當中調查最詳細的是位於俄羅斯布里亞特共和國的伊沃爾加遺跡。舊蘇聯、俄羅斯的考古學家們於一九二〇年代開始進行調查，一九五〇年代起，由女性考古學家達維多娃（A.V. Davydova）指揮發掘。

遺跡位於色楞格河氾濫平原的左岸，北、西、南三方各有四重土壘圍繞。東方想必也曾有土壘，但因河川侵蝕而被削掉。推測當初營建，是先挖壕溝，再用挖出來的泥土堆疊建成土壘。現在，從溝底至土壘頂端為止的高度，最高只有一點三公尺，但根據發掘者的說明，建造當初的高度，內側應有二點五公尺，外側有兩公尺。土壘之上推測有柵欄。這樣的溝和土壘共有四重，如果上面又有柵欄，那麼想必可以大致防止騎馬隊的入侵。

在聚落遺址的南半部發現了五十四戶住居遺址。幾乎都是在地面挖掘零點五五至一點一

圍繞伊沃爾加遺跡的四重土壘　發掘時可以看到清晰的斷面。作者拍攝。

公尺的坑所建成，屬於地下式或半地下式住居（日本稱作豎穴式住居）。住居的東北角落有灶，從灶沿著北和西的牆壁上，有暖氣用的煙道，西南角落則設有排煙的煙囪。

在聚落遺址的大約中央位置，有一個方形的基壇，在那裡發現了非半地下式，而是直接建在基壇上面的土造住居遺址。這個住居的牆壁上也有暖氣設備。由於規模大，因此推測應該是聚落首長的住居。附近也發現了煉鐵爐的遺跡。

出土品各式各樣，值得注意的是，幾乎所有粗陶都與漢代中國的灰陶非常相似，且粗陶上有窯印（這兩點和諾彥烏拉的粗陶一樣），鋤頭和鐮刀等鐵製農具也與中國類似，同時還發現了刻有稚拙漢字的磨刀石。另外還出土了骨製的銛、石製的耳杯和璧、戰國時代常見的連弧紋鏡和禽獸紋鏡的碎片。達維多娃認為，從出土戰國時代的鏡子來看，聚落開始的時代應該提前到匈奴時代的最初期，也就是西元前三世紀末。

出土的動物骨幾乎都是家畜的骨頭，依序是犬（百分之二十七）、羊（百分之二十一點

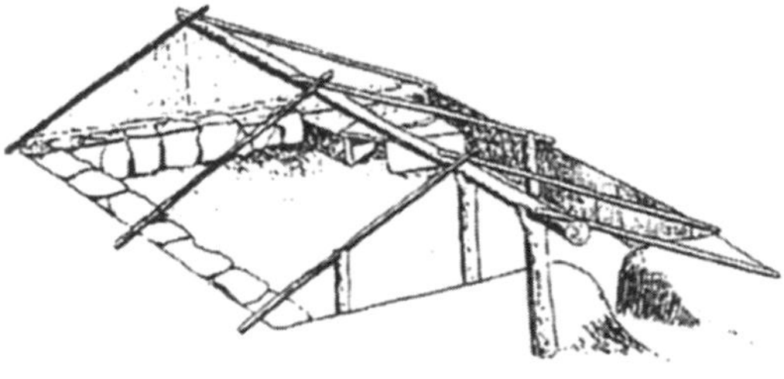

聚落遺址當中半地下式住居的推測復原圖　出自：A.V. Davydova. *The Ivolga Fortress.* St-Petersburg 1995.

六）、牛（百分之十七點五）、豬（百分之十四點八）、馬（百分之十三點五）。當中值得注意的是，蒙古高原少見的豬在這處遺址中占比例甚多。

以上舉出的都是中國風與定居民色彩濃厚的特徵；不過出土品當中也有匈奴、遊牧民色彩的東西，雖然為數不多。包括鏃（大多是骨製，也有少許鐵製和青銅製）、小型的鐵片（鎧甲的配件）、鍑的碎片、青銅製腰帶裝飾片等。

◎中蘇對立的陰影

以整體來看聚落遺址，不可否認中國定居民的色彩壓倒性地濃厚。也因為如此，不禁讓人想說這個聚落遺址的居民基本上都是中國人，他們在此從事農耕、畜牧、手工業（粗陶生產和製鐵）。但在舊蘇聯的考古學界，最有力的說法是認為這裡的居民是定居化的匈奴人。只有達維多娃在當初一九五六年的報告書當中指出，這裡的居民都是中國人。

對此，榮獲史達林獎的西伯利亞考古學大老吉謝列夫（Sergei V. Kiselev）加以批判，認為在遠離漢領域的匈奴境內，中國人怎麼可能自立經營備有防禦設施的聚落（一九五七年）。也許是為了回應這個批判，達維多娃在一九六八年的報告當中改變立場，指出這裡的居民是由「定居化的匈奴人、被匈奴征服的原住民（丁零等）、（來自中國的）俘虜和逃亡而來的外來工匠階層」三個不同的集團構成。並說明定居匈奴人的出現與氏族制的崩壞有關，在貧富差距擴大的過程當中失去畜群、敗落的部分遊牧民逐漸定居化。關於中國人，則只承認從事手工業工匠的存在。

達維多娃為何在一九六八年的報告當中完全沒有引用一九五六年的報告，也沒有說明改變見解的理由？遊牧民的定居化是從凋零貧困的階層開始，這是舊蘇聯學界的通說，達維多娃不過是套用這個通說罷了。

可以猜想改變見解的另一個背景理由，是因為進入六〇年代之後中蘇關係的惡化（包括領土問題）。從吉謝列夫的批判當中也可以看出，就算是古代的事情，也絕不可能認同蘇聯領地存在具備防禦設施的中國人聚落。我曾於一九九七年造訪布里亞特，直接問布里亞特的考古學家，從而確認了我的推理是正確的。另外，我在二〇〇三年於哈薩克的阿拉木圖所召開的「中亞的城市化和遊牧社會」國際會議上提及了我的這項推理，過去曾是蘇聯的研究者、一九八五年移居西歐的哈薩諾夫（A. Khazanov，以古代至現代的遊牧民研究聞名）偷偷地在我耳邊說了「You are right」。

於蘇聯解體後的一九九五年所出版的報告書當中，達維多娃重視中國人在匈奴社會中所扮演的角色，也承認他們參與了農耕，但依舊沒有放棄主張伊沃爾加城塞聚落的居民是由敗落貧困而定居化的匈奴人、原住民、逃亡中國人構成的想法。

鄰近墓地的調查也值得注意。根據一九九六年出版的墓地報告書，與之前介紹的諾彥烏拉墓地這種擁有方形墳丘的墓地不同，這裡的墓地都是地上沒有任何標誌的單純土坑墓，僅有放入木槨或木棺（有二例是同時擁有木槨和木棺）的差別，且陪葬品的質量略有不同，推測這是社會地位差異的表現。出土品基本上多與伊沃爾加聚落遺址的出土品相同，但陶器多為粗製品，推測這是為了放入墓中所製作。除此之外還出土了骨製的弓箭配件、青銅製腰帶裝飾片、銅鍑、子安貝、五銖錢等。

弓箭、腰帶裝飾片、鍑是與匈奴相通的要素。達維多娃因此認為埋葬在這個墓地裡的人是鄰近聚落的居民，並作出結論：從出土品當中可以看出非匈奴系的居民急速與匈奴同化。她無論如何都不說「中國人」，而是以「非匈奴系」這個模糊的字眼含混帶過。

關於被葬者頭部的朝向，朝北的有一百五十二例，朝東的有四十七例。關於這個朝向的不同，達維多娃以「民族」的差異作結。如果她的說法正確，那麼生產人口（漢人）與士兵（匈奴人）的比例也許是三比一。

◎伊沃爾加城塞聚落的機能

整理以上資料會發現，伊沃爾加城塞聚落扮演了各式各樣的角色。漢人在北方之地從事農耕和手工業生產，匈奴人士兵負責漢人的護衛和監視，同時牽制丁零。也就是說，這裡並不是自然形成的聚落，而是單于政權在明確的意圖下建造而成。如果是這樣的話，聚落之長應該是由單于任命。在伊沃爾加南方同屬匈奴時代的都列努伊（音譯）聚落遺址，發現了方形（二乘一點九公分）的青銅製印章。形狀雖然是中國風，但刻印的不是漢字，而是頭部扭轉向後、有如山羊一般的動物。這

都列努伊聚落遺址出土的青銅製印章和印痕（右）　刻有山羊般的動物。出自：*Arkheologic heskaya otkrytiya 1979 goda.* Nauka: Moskva 1980.

也許是單于授予聚落首長的印章。

這樣的聚落都集中在北方，推測有幾個原因，包括防止漢人逃往南方，或是蒙古高原北部的降雨量多，比南部更適合農耕等。另外，這樣的聚落想必也同時扮演牽制北方丁零的軍事角色。值得注意的是，數百年後的六世紀初，根據地位於蒙古高原的柔然擊敗北方的丁零、收復領土後，曾在此地築城。

話說回來，在壓制敵對勢力的據點派士兵駐守同時進行農耕，這與中國的屯田非常相似。說到屯田，大家會以為士兵一人同時兼具農民和守衛兵的角色，但中國初期的屯田並非如此。自西漢武帝、昭帝時期開始的中國屯田，有兩種擔任不同角色的兵卒，分別是「鎮守烽火台的戍卒」和「進行屯田的田卒」（尾形勇，〈考察漢代屯田制〉，《史學雜誌》，七二：四，一九六三）。這與伊沃爾加的匈奴人士兵與漢人農民的構圖完全相同。

事實上，史料也有記載西元前七〇至六〇年代，匈奴曾在車師「屯田」（《漢書》〈匈奴傳〉、〈西域傳〉）。雖然不確定漢與匈奴的屯田制有沒有關係，但匈奴從冒頓單于的時候開始擄掠漢人，如果是強制他們從事農耕，那麼「屯田」在匈奴的歷史更久遠。強制遷移整個定居民集團在中國被稱作「徙民」。這種做法在之後的鮮卑、柔然、突厥等遊牧國家和五胡十六國時代的北族系王朝，以及北魏、遼等遊牧民出身的王朝中，經常可以看到。匈奴的例子可說是這些王朝的先驅。

中國文化和匈奴文化的廣布

◎南西伯利亞的中國風房舍遺址

一九四〇年夏天，南西伯利亞的阿巴坎市郊外正在進行道路建設。工人為了挖通一個小山丘而將鐵鍬鏟入地面，結果哐的一聲碰到了某樣東西。這樣東西雖硬但易碎。工人將其丟棄在一旁，但現場工頭撿了起來，結果發現那是一片圓形的灰色瓦片。工頭於是打電話給州立博物館，告訴他們發現了奇妙的瓦片，如果有興趣的話來看一看。研究者趕往後發現，那是浮雕有漢字的瓦當（屋檐最前面的圓形瓦）；這代表山丘的下面藏有大型建築物的廢墟。

調查從翌年展開，但由於爆發德蘇戰爭而不得不中斷，在戰爭結束後的一九四五年和一九四六年，正式開始進行發掘調查。建築遺址因為道路建設而有四分之一遭到破壞，但其他的保存狀態還算完好。殘留下來的牆壁，最高處有一點八公尺。建築物是長方形（四十五乘以三十五公尺），中央有一個面積一百三十二平方公尺的大廳，周圍有二十間小房間。地板下發現供暖氣設備使用的溝。但與伊沃爾加不同，溝不是沿著牆壁，而是在地板下縱橫分布。

瓦有平瓦和圓瓦，裝飾屋簷的瓦當浮雕有水平鏡射的漢字。上面的字是「天子千秋萬歲常樂未央」，也就是「天子千年萬年（長生不老），永遠快樂無比」的意思，是祈願皇帝長壽不老的吉祥話。從瓦片出土的狀況來看，推測這個建築物四面擁有斜向的雙層屋頂。雖然木門沒有遺留下來，但發現了掛在門上的鋪首（門上的環形裝飾）。

瓦當　浮雕有水平鏡射的漢字。南西伯利亞阿巴坎市出土。米努辛斯克博物館收藏。

◎屋舍的主人是李陵嗎？

這棟明顯屬於中國風的屋舍，在發掘後不久也廣為中國和日本所知，並針對這個屋舍的主人究竟是誰，掀起了大論戰。舊蘇聯最早提倡的是「李陵的宮殿」說。在蘇聯雖然也有人提出反駁，認為這是十二至十三世紀遺留下來的遺跡，但立刻又遭到否定。針對「李陵的宮殿」說，中國持否定態度的學說較有力，但日本則逐漸傾向肯定的看法。

蘇聯之所以提出「李陵的宮殿」說，有其理由。《新唐書》卷二一七下〈回鶻傳〉關於黠戛斯的記述當中，提到在古堅昆國，李陵曾被任命為王。十九世紀前半，將《史記》和《漢書》的〈匈奴傳〉翻譯成俄羅斯文的俄羅斯史學家，特意在李陵出場的地方，根據《新唐書》的記述作

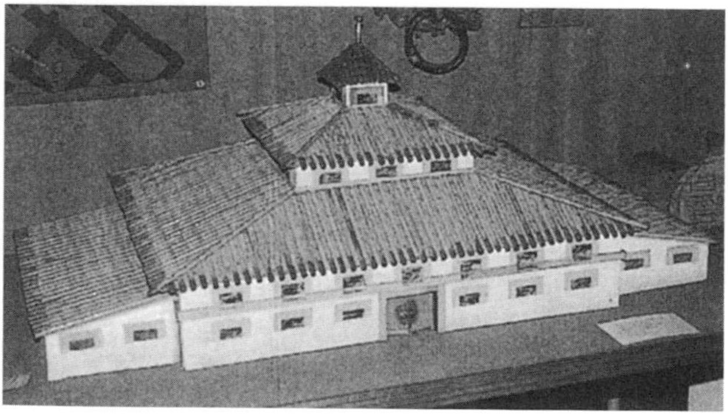

屋舍推測復原模型　米努辛斯克博物館收藏。作者拍攝。

注。俄羅斯考古學家於是認為，《史記》和《漢書》的記載便是如此。然而，李陵在堅昆國當王的事情，是唐代八世紀初創作的傳說（護雅夫，《李陵》，中央公論社，一九七四年）。

否定「李陵的宮殿」說的關鍵證據是發掘出來的瓦片。瓦片上面的銘文與漢代典型的文字瓦當有一字之差。漢代一般不寫作「常樂」而是「長樂」。這個一字之差具有重大的意義。在王莽奪取政權之後，大肆更改官員的稱號和地名。其中，他將長樂宮改為常樂室，首都長安改為常安（《漢書》〈王莽傳〉）。然而，漢復興之後，又全改了回來。因此，使用「常樂」二字，僅可能是新朝存在的西元九年至二三年間。李陵於西元前七四年死去，因此李陵不可能住過這個建築物。

◎那麼是王昭君的女兒嗎？

還有其他可能性更高的人物嗎？另一組候選人是王昭君的女兒雲和女婿須卜當夫婦。如上章所述，王昭君第一任丈夫呼韓邪單于死後，依照匈奴的慣例，她與呼韓邪的兒子復株絫若鞮單于再婚，並生下兩個女兒。雲是長女，結婚之後隨夫姓，又稱須卜居次（匈奴語代表單于之女的意思）。

當時兩國的關係因為王莽的新政策而開始變質，根據《漢書》〈匈奴傳〉的記載，雲一直希望匈奴與中國和親。她的夫婿須卜當身居右骨都侯的要職，執掌匈奴的政治。雲和須卜當勸新立的烏累若鞮單于（一三～一八年在位）和親，努力與王莽展開外交交涉。王莽方負責交涉的王歙由於是王昭君兄長的兒子，等於是雲的表哥。然而，王莽僅贈與單于一些貴重金飾，對於交涉展現不誠實的態度，反而惹惱了單于。

西元十八年即位的呼都而尸若鞮單于派遣雲的兒子和雲妹妹的兒子，帶著貢品前往長安。結果王莽送兩人至國境，在雲和須卜當與他們見面之後，以武力將他們擄走至長安。只有雲妹妹的兒子好不容易逃回匈奴，報告事情的經過，結果匈奴對於中國的不信任到達頂點。王莽擄走須卜當，計畫立他為「單于」，進而誘發匈奴的內鬥，但王莽已經沒有時間這麼做了。須卜當病死，雲和她的兒子也和王莽一起遭到希望復興漢室的軍隊殺害。

那麼，阿巴坎市郊外的中國風建築，真的是雲和須卜當夫婦的宅邸嗎？年代的確吻合，而兩人或許也都對王莽展現出某種程度的敬意。舊蘇聯的研究者魏因施泰因（Sev'yan I.

Vainshtein）和庫里歐可夫（Mikhail Kryukov）將焦點放在須卜當曾是右骨都侯上。「右」在匈奴代表西方的意思，因此就算他的領地在匈奴的西北邊境也不足為奇（魏因施泰因、庫里歐可夫，〈李陵的宮殿〉，《歐亞大陸》新二號，一九八五年）。然而，如第六章所述，骨都侯負責輔佐單于的政治，因此人在單于所在的中央，才是更自然的推測。

結果，還是無法確定這棟房舍的主人究竟是誰。但可以確定的是，中國文化已經深入遙遠的南西伯利亞一角，且這裡曾住著製作瓦片的工匠。大量的瓦片沉重，且搬運的時候容易損壞，因此進行大規模建築的時候，在當地生產瓦片乃是常識。

◎廣布歐亞大陸的遊牧文化

在過去斯基泰時代，中國的絲織品和鏡子也曾傳到阿爾泰地區，但沒有再向前推進。到了匈奴時代，不僅南西伯利亞，中國文化也深入到中央歐亞各地。之所以如此，任誰都會想到的理由就是張騫開通了絲路交易[2]；然而除此之外，也不可忘記匈奴等騎馬遊牧民所扮演的角色。下面介紹幾個例子。

過去直到一九八〇年代為止，西方考古調查團隊在社會主義國家進行發掘，是完全不可能的事；不過隨著蘇聯瓦解和中國改革開放政策的推進，這樣的行動也變得可行。我參與的蒙古調查，也是在這樣的潮流當中進行發掘，另外在中國，也有許多日本考古學家與當地的研究者共同展開調查。

早稻田大學早從一九九一年起就開始調查新疆維吾爾自治區。一九九六年，他們在吐魯番郊外隔著交河故城和山谷西側的溝西墓地，發現了伴隨少量黃金製品的墓。墓是單純的土坑墓，地表沒有墳丘。墓的構造簡單，但從多個墓當中出土了黃金製品。值得注意的是，這些黃金製品與蒙古高原北部匈奴時代的遺跡，以及遙遠西方北高加索、黑海北岸薩爾馬提亞時代前中期（西元前三～後一世紀）的遺跡當中的出土品有共通之處。

發布當時被稱作「金冠」的黃金製品，其繞成三圈的管子上下有著老虎咬住山羊下半身的細長圖案。的確，這看起來像是女王戴在頭上的王冠，但事實上這個黃金製品並不完整，缺少了後側部分。作為比較，可以看西北高加索的出土品。後者是：繞成五圈的管子上下有細長動物的頭部，拔下後面單邊的針就可以打開。這很明顯是項圈（當然是裝飾用品）。這樣的項圈在薩爾馬提亞時代，廣布於哈薩克至黑海北岸一帶。第三章介紹的「黃金人」，脖子上戴著兩端刻有獅子頭部的三重項圈，可能就是王侯貴族作為權威的象徵戴在身上。順道一提，這個西北高加索的墓，也同時出土了西漢的星雲紋鏡。

在別的墓當中，也發現了圖案是雙頭格里芬的脖子互相交纏的黃金製品。由於是從被埋葬者的腳踝附近出土，因此被認為是長靴扣子上的裝飾。而模仿公牛頭部製成的黃金製品從被埋葬者的腹部出土，因此被認為是貼在腰帶上的裝飾。這個墓當中還出土了推測是西漢時代的五銖錢。與此非常相似的青銅製品也從布里亞特匈奴時代的遺跡

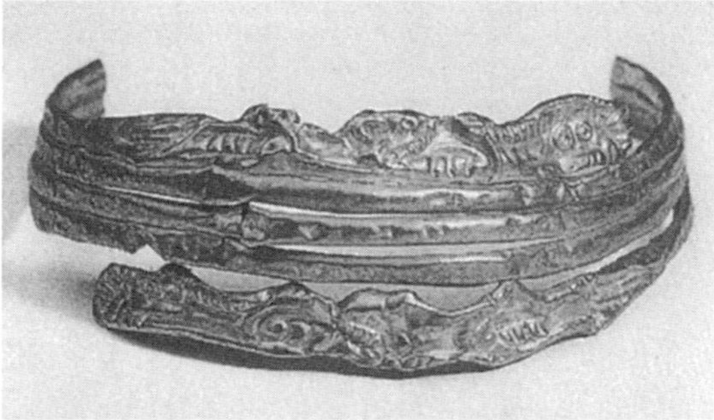

吐魯番郊外溝西墓地出土的黃金項圈　發現當時被稱作「金冠」公布。直徑 14 公分。新疆文物考古研究所收藏。

西北高加索，克拉斯諾達爾伊利特諾村古墳出土的黃金項圈　西元前 3 ～ 1 世紀。直徑 14 公分。克拉斯諾達爾博物館收藏。

中出土。

從溝西墓地的這兩座墓中，出土了推測是西漢時代的星雲紋鏡碎片和五銖錢。也就是說，吐魯番近郊這些墓的出土品與中國（漢）和布里亞特（匈奴），以及西北高加索（薩爾馬提亞）這幾種文化相關聯。

◎北阿富汗的黃金遺寶

一九七八年，著手發掘阿富汗北部蒂拉丘地（黃金之丘）遺跡的舊蘇聯考古學家薩瑞阿尼迪（Viktor Sarianidi），發現了與他原本計畫完全不同的建築遺構。推測這個墓的年代是遠遠晚於青銅器時代的西元前後，陸續發現了六座。每一座都沒有遭到盜掘，故發現了驚人數量的閃亮黃金製品。這裡的墓也是單純的土坑墓，地表上沒有任何標誌，也許是因此才逃過盜墓者的眼睛。被埋葬者是男性一人，其他的皆是女性，推測是王和他的后妃們。事實上他還發現了另一座墓，但由於調查的時間大幅超過預期，打算翌年再繼續進行發掘，因此將墓埋了回去。然而，因為阿富汗爆發內戰，之後甚至無法靠近遺跡附近而無法挖掘。

這個遺跡的重要性甚至可以另外寫一本書探討，但在這裡僅就其「國際性」簡單說明。首先是與中國的關係，在墓中出土了推測是西漢時代的連弧紋銘帶鏡三面。同時也發現刻有印度風人物的象牙梳子。另外還有許多已土著化中亞風格的希臘羅馬諸神圖案。此外，大量使用紅色瑪瑙和綠松石（也稱突厥玉）等紅色和綠色寶石進行細部鑲嵌的裝飾手法，則屬於典型的薩爾馬提亞美術。

這種鑲有綠松石、兩側各有兩個半圓突起、形狀特殊的劍鞘裝飾（四個半圓的內側開孔，繩子穿過開孔，穿上褲子後直接綁在大腿上），源起於斯基泰時代的阿爾泰，流傳於屬於薩爾馬提亞領域的黑海北岸和安息時代的西亞。這個劍鞘的中央連續刻有各種動物，位於中間位置的動物，明顯是中國風的龍。可見，傳到了中亞的不是絲綢或鏡子等物品，而是龍這個母題。

此外，龍也傳到了薩爾馬提亞。從黑海北岸出土的珊瑚、石榴石、玻璃鑲嵌的腰帶裝飾片上，其複雜的圖案和鑲嵌技法上屬於薩爾馬提亞，但交相纏繞的動物圖案，其中一隻是連鱗片都細緻呈現的龍。另外在北高加索與黑海北岸，也發現了數面西漢末期至後漢時代的鏡子。可見中國文化經由遊牧民之手，傳到了西方。

1 編注：作者後記中補充：該墓地有受到西漢的影響。

2 編注：本套世界史之第六卷《絲路、遊牧民與唐帝國》一書，作者森安孝夫指出，絲路貿易在張騫之前即存在，故不是張騫開通絲路貿易，而是張騫出使西域的路線本就是遊牧民的貿易往來路線。

第九章

匈人是匈奴的後裔嗎？

匈奴的模樣　匈奴在血統上屬於哪一個支系眾說紛紜，雖然大部分學者推測他們為蒙古人種，但也有部分人根據史書記載的紅鬍子、藍眼睛匈奴人來反駁這個推論；而語言上的主張也有蒙古語系、突厥語系或其他完全不同語系等種種推論。

民族大遷徙和騎馬遊牧民

◎有關匈奴與匈人同族說的論戰

歷史上有時會發生大事件而結束一個時代、並開啟新時代。在歐洲的歷史上，引發民族大遷徙、導致古羅馬帝國的終結，從而開啟中世紀序幕的匈人入侵，正是這樣的劃時代的大事件。那麼，匈人究竟是什麼樣的民族？起自何時、從何處而來？這些問題當然會引起眾多歷史學家的關心。早在十八世紀中，法國的歷史學家德經（Joseph de Guignes）將匈人視為匈奴、發表所謂「匈奴與匈人同族說」以來，便引發了正反兩面不同意見的論戰。

這種論戰也波及日本的東洋史學界。白鳥庫吉針對德國東洋史學家夏德（Friedrich Hirth）的同族說（一九〇〇年發表），提出了批判（一九二四年）。對此，內田吟風則是全面擁護夏德的同族說（一九三六年），而江上波夫則是使用考古學資料補強同族說（一九四八年）。另一方面，榎一雄則是批判，認為僅憑提出的考古學資料，無法充分論證同族說（一九五五年）。

整理以上各種說法的護雅夫，在一九七〇年時說道：「今日，同族說好像是定論一般，但若想要確定匈人與匈奴同族，還需要更積極的證據。」他對榎一雄的主張表示共鳴，並總結道：「現狀尚未獲得完全的解答。」護雅夫也推測，由於匈奴（如第五章一開始所提，匈奴的古代發音「Hiungno」與匈人的發音「Huns」接近）作為征服者的名號響徹中央歐亞各地，因此有可能是某民族借強者之名，自稱匈奴（匈），或是遭到入侵這一方，憑著過去的記憶用這個名字稱呼入侵者（護雅夫，《東西文明的交流1漢與羅馬》，平凡社，一九七〇年）。

的確，唐代稱突厥為「匈奴」，另外也有將入侵中世紀歐洲的馬扎爾人（匈牙利人）稱作匈人的例子。拿破崙以「斯基泰人」稱呼放火燒克里姆林　的俄羅斯人，邱吉爾在寫給羅斯福的信中，也將德國人稱作「匈人」。

從之後的歐美學界來看，在俄羅斯、匈牙利、德國，同族說是最有力的說法，但在其他國家則有許多研究者抱持懷疑的態度，或是像護雅夫一般，認為判斷的材料不足。

究竟之後是否有出現足以解決這個問題的證據呢？在本書的最終章，我們將探討這個問題。首先從文獻史料確認北匈奴之後的動向，和出現在歐洲的匈人初期的歷史，接下來再從考古資料探究匈人的分布和遷徙。

◎北匈奴的去向

第七章最後介紹《後漢書》記載西元後一二三年，北匈奴呼衍王將根據地設在西域的北方，也就是天山山脈北側的草原地帶，今日新疆維吾爾自治區北部至哈薩克的地區。之後，北匈奴和東漢之間，在車師和其周邊地區展開拉鋸式的攻防戰。一五一年，呼衍王進攻伊吾（現在的哈密），東漢派軍，呼衍王離去。在這一段記述之後，北匈奴就消失在東漢的記錄當中。

究竟是北匈奴作為一個集團已經消滅，還是遷徙到了訊息不容易傳入中國的西方？在記載北魏歷史的《魏書》〈西域傳〉（因為原書已經散佚，所以是從七世紀中完成的《北史》〈西域傳〉中重新收錄）悅般國這一小節中，寫到九一年左右，北匈奴的單于在遭到西漢和南匈奴聯軍擊敗後，逃往康居。有人將這段記事的時間延後到西元一五〇年代，認為這與北匈奴從東漢的記錄當中消失有關。

補強這種說法的是西元一五〇到一六〇年代，一股新勢力在蒙古高原明顯興起。被認為是東胡後裔的鮮卑，他們的年輕領袖檀石槐在一五〇年代於蒙古高原東部確立勢力，並在一六〇年代將統治的範圍擴大到烏孫。或許是受到鮮卑西進的壓迫，北匈奴才不得不往西遷徙。由於康居的領域推測是在錫爾河流域至鹹海附近，如果這個說法正確，那麼北匈奴便遷到了非常遙遠的西方。

◎使論戰更混亂的記述

《北史》〈西域傳〉當中還有一處關於匈奴的記述：「粟特國，在蔥嶺之西，古之奄蔡，一名溫那沙，居於大澤（大湖），在康居西北，去代（北魏的首都）一萬六千里。先是，匈奴殺其王而有其國，至王忽倪，已三世矣。其國商人先多詣涼土（河西地方）販貨……」

引用稍長，但如何解釋這段記述，可方便理解同族說論者的正反意見。最大的問題在於粟特和奄蔡同時出現。根據《漢書》〈西域傳〉的記載，奄蔡在康居西北兩千里處，位於寬闊的北海邊，與康居擁有相同的風俗。因為鹹海西北方的大海就是裏海，因此推測奄蔡是位於裏海北岸的遊牧國家。

之後，《三國志》〈魏書〉裴松之注所收錄的《魏略》〈西戎傳〉當中，則指出奄蔡又稱阿蘭，而《後漢書》〈西域傳〉，也記載了奄蔡國改名阿蘭聊國。聊（柳）國原本是鄰近奄蔡的國家，也許是奄蔡將其合併。另一方面，根據西方希臘羅馬史料的記載，直到一世紀末為止，薩爾馬提亞領域的東部，是由名為「阿蘭」（Alans，又稱 Alauni、Alani）的遊牧部族集團掌握霸權。這個阿蘭是薩爾馬提亞的一部分，又或是從東方來的新加入者？關於這一點議論分歧，但它們的語言似乎同屬伊朗系。無論如何，《後漢書》關於奄蔡國改名阿蘭聊國的記述，正與阿蘭掌握霸權的西方史料吻合。如果匈奴征服了裏海北岸的王國，那麼剛好證明匈奴遷徙到了西方。

然而，粟特指的是位於中亞南部綠洲農耕地帶的「sogd」；粟特人以透過絲路來到中國，發揮商業才華而聞名（參照本系列叢書第六卷《絲路、遊牧民與唐帝國》）。裏海北岸的遊牧民不可能與中亞南部的定居農耕民是同一個集團。夏德和內田吟風於是設想粟特其實指的是位於黑海北岸克里米亞半島的 Sughdak 人，這一如此牽強的藉口，遭到白鳥庫吉和榎一雄徹底的批判。

為了解決這個矛盾，江上波夫解釋，奄蔡的記述是不小心混入記載粟特國的小節當中。也就是說，「古之奄蔡……已三世矣」是關於奄蔡的記述，在這一段之前和之後則是關於粟特的記述。如果是這樣的話，那麼與sogd就沒有關係，匈奴征服奄蔡也就變得合理。另一方面，榎一雄在探討《魏書》〈西域傳〉的撰寫過程，主張將粟特與奄蔡連結不過是北魏派遣至西域的使節錯誤的推測，統治粟特的「匈奴」與蒙古高原的匈奴沒有關係，而是與薩珊王朝波斯交戰而聞名的「Huns」族。

各學者還有其他許多不同的看法，但本書暫且介紹到這裡。詳情請參考護雅夫整理的比較介紹。總而言之，北匈奴在二世紀中葉居於天山北方，之後有可能遷徙到西方的康居之地，這樣的說法在某種程度上可說是比較確切。

◎匈人出現

在北匈奴消失動靜兩百多年後的西元三七六年，羅馬帝國收到了一個消息。過去位於黑海西北岸的西哥德人被從東方出現的強大騎馬軍團擊敗，逃到羅馬帝國國境的多瑙河北岸。面對這個前所未有的事件，羅馬的瓦倫斯（Valens）皇帝（三六四～三七八在位）允許哥德人渡河進入帝國境內。後來事件的詳情也逐漸明朗：在西哥德人遭到攻擊之前，東哥德人已經遭到攻擊，且在此之前，更東邊的阿蘭也被迫臣服。這個可畏的敵手名叫「匈」（Hun）。

雖然再往前追溯的年代僅能憑借想像，但西元三五〇年起至三六〇年左右，匈人似乎越過伏爾加河襲擊阿蘭。關於匈人，留下最詳細記述的是同時代的歷史學家阿米阿努斯・馬爾切利努斯（Ammianus Marcellinus，活躍於四世紀後半），根據他的記載，匈人是「頓河之人」，他們殺掠阿蘭人，與剩餘的阿蘭人結盟。加入阿蘭人的強大集團以匈人為盟主，繼續向西前進。

當時，從黑海北岸至西岸，語言屬於日耳曼系的東哥德人和西哥德人各自形成王國。匈軍（有史料將其領袖寫作巴蘭比爾，但不確定）於三七五年或更早，入侵厄爾曼納里克王（Ermanaric）統治之下的東哥德王國。《羅馬帝國衰亡史》的作者吉朋（E.Gibbon）根據哥德史家約達尼斯（Jordanes）所著的《哥德史》（五五一年左右完成），認為厄爾曼納里克王至今為止，一直征戰東歐各地，將領土從波羅的海擴展到了黑海。然而，這似乎是自家人的誇大其辭。如同海爾芬強烈否定，雖然黑海沿岸和波羅的海方面曾有琥珀交易的路線，但並不存在東哥德的「帝國」，東歌德的領域範圍不過限於第聶伯河下游。

◎匈人屬於突厥系？

東哥德的厄爾曼納里克王抵抗了相當長的一段時間，但最終還是抵擋不住而自殺，由維提米利斯（Vithimir）繼位。根據阿米阿努斯的記載，維提米利斯雇用「其他的匈人」為傭兵。「其他的匈人」究竟是何人？海爾芬從約達尼斯的記述（然而，其出處要追溯到五世紀的歷史學家普利斯庫斯）當中找到解答。作為被匈人清除的部族集團之一，普利斯庫斯寫作AMIΛZOYPOI，而約達尼斯寫作Alpidzuri。海爾芬復原原本的稱呼為Alpildzuros，並用突厥語解釋成Alp-il-čur。

「alp」代表「英雄」或「勇猛」的意思，「il」代表「國」或「民」的意思，「čur」是常見於人名或稱號後面的固有名詞的一部分。「Alpilčur」以人名來說的確常見，但作為部族的名稱又如何呢？無論如何，如果這個解釋正確，那麼就代表他們過去是以突厥語交談。也就是說，匈人在來到此地之前，這個地方已經有突厥人，「其他的匈人」指的就是他們。這是海爾芬的看法。

他對於匈奴與匈人同族說反而採取懷疑的立場，因為匈人的名字明顯是突厥語的情況很少，但他保證這個族名是明顯屬於突厥語的少數例子之一。我對於這樣的解釋感到懷疑（關於將人名或稱號後面的 čur 放在部族名之後這一點），但暫且保留這是其中一種可能性。

此外，更令人玩味的是幾個匈人的名字。例如四一二年的匈王哈拉頓（Charaton，音譯）、阿提拉的兒子鄧吉茲克（Denghizic，音譯），這些名字聽起來像突厥語或蒙古語。

◎阿德里亞堡之役

維提米利斯王雖然雇傭「其他的匈人」抵抗，但終究寡不敵眾，推測約在三七六年陣亡。擊敗東哥德的匈人將他們收歸旗下，剩下的東哥德人則越過聶斯特河往南前進。接下來與匈人對峙的是西哥德。由阿塔納里克率領的部分西哥德人逃往潘諾尼亞（現在的匈牙利），但大多數人在菲列德根的指揮下出現在多瑙河下游，得到羅馬帝國的許可而渡河，尋求羅馬帝國的庇護。

然而，當地色雷斯行省的將軍盜領了原本應該要給哥德人的糧食，胡作非為，西哥德人難忍飢餓，終於在西元三七七年叛亂。再加上東哥德、匈人和阿蘭，三七八年中，巴爾幹半島到處發生掠奪和戰爭。

當時羅馬帝國由東西兩位皇帝共同治理，而巴爾幹方面屬於東羅馬帝國。羅馬帝國東部的皇帝瓦倫斯，來不及等西部的皇帝、同時也是自己侄子的格拉提安（Gratianus）救援，便親自率軍來到巴爾幹。時值三七八年八月九日，在巴爾幹半島南部色雷斯的阿德里亞堡（現在土耳其的愛第尼）郊外，哥德軍和羅馬軍展開了大決戰。這場戰役以哥德軍壓倒性的勝利告終，羅馬軍損失三分之二，皇帝也陣亡。

根據阿米阿努斯的記載，阿蘭這時也加入哥德軍，但沒有看到匈人的名字。然而在之後的記述當中又出現「加入哥德的匈人和阿蘭」這樣的字句，因此匈人或許是在大戰開始不久後加入，或是從一開始就參戰，但阿米阿努斯漏記。

大戰持續二年，期間匈人和哥德人、阿蘭人一起摧殘色雷斯各地，但三八〇年後，匈人和阿蘭人的名字暫時消失在巴爾幹。想必他們再度越過多瑙河回到北方的草原地帶。三八四年春天，出現匈人的騎馬軍團經由諾里庫姆和拉埃提亞（奧地利和德國南部），往高盧方向前進的消息，推測匈人早在這時已經占據潘諾尼亞（羅馬帝國的一個行省，今匈牙利西部一帶）。

◎匈人遠征西亞

西元三九五年夏天，匈人的大軍在頓河流入黑海的河口附近渡河，往東南前進，越過高加索山脈，侵入亞美尼亞和羅馬的行省，以及波斯。部分軍隊摧殘安那托利亞（土耳其）東南部，但在渡幼發拉底河的時候遭到羅馬軍討伐。另一支部隊沿底格里斯河和幼發拉底河往下，逼近薩珊王朝波斯的首都之一泰西封（今日伊拉克首都巴格達東南的底格里斯河河畔），但遭到波斯大軍擊敗，便往現在的亞塞拜然方向逃走，越過裏海之門（高加索山脈在裏海形成斷崖的地方），回到北方的草原。根據基督教會流傳下來的多少有些誇張的編年史，這時的匈人放棄了包括一萬八千人俘虜在內的戰利品。其他的軍隊則在安那托利亞東部和敘利亞大肆掠奪。

三九七年，匈人的小部隊又入侵亞美尼亞。不久之後的四一五至四二〇年，匈人繞過裏海東側（也有繞過裏海西側、越過高加索山脈的說法），入侵波斯。這些對西亞的遠征，代表匈人的大本營不僅在多瑙河一帶，北高加索一帶也有他們的根據地。

一般認為三九五年遠征的原因是匈人的根據地發生飢荒。海爾芬舉出匈人帶走大批家畜作為證據，也就是掠奪家畜當作糧食。同時，海爾芬還注意到匈人帶走了大批俘虜，故將這場入侵視為大規模的奴隸狩獵。然而，在饑荒的時候帶走大量的奴隸是想做什麼呢？如果讓他們從那個時候開始農耕，也解不了燃眉之急。

說到騎馬遊牧民入侵定居農耕地帶，帶走大批人和家畜，這已經是我們非常熟悉的模式（參照第八章），與是否發生飢荒無關，想必匈人也是想在北方善用定居民的勞動力。另外，在此兩百到三百年後，突厥系的可薩人（Khazars）同樣從北方越過高加索山，不時入侵亞美尼亞、亞塞拜然，此時他們掠奪的對象也是人和家畜。

匈人入侵西亞，據推測還有另一個理由。試回想在此一千年前發生的斯基泰人遠征西亞（參照第二章）。斯基泰人越過高加索山入侵西亞，不僅大肆掠奪，更以傭兵的身分穿梭於對立的諸勢力之間。說不定匈人也介入了對立的羅馬和波斯以及立場微妙的亞美尼亞等諸國，從中謀取利益。

關於五世紀以後的匈人歷史，我將在介紹完他們的習俗和文化之後繼續探討。

匈人的習俗與文化

◎亞洲系騎馬遊牧民族

關於匈人的容貌、外表和生活方式，阿米阿努斯的記載如下。然而，阿米阿努斯本身並沒有見過匈人，而是從哥德人的口人得知。

> 孩子出生後便劃破他們的面頰，為的是讓他們以後長不出鬍子，好像宦官一般不美。他們矮小，身體壯碩，有著粗壯的手腳，脖子很粗。有如怪物一般醜陋畸形，還以為是兩隻腳的野獸……他們沒有任何棲身的建築物，好像墓一般迴避這樣的建築物。他們連

茅草屋頂的小屋也沒有。他們自由放浪於山林之中，從小便習慣了寒冷、飢餓、乾渴。他們穿著麻製或縫合野鼠皮製成的衣服（現在的蒙古人還是會穿著用有如豚鼠一般的土撥鼠等小動物的毛皮縫製而成的毛皮衣）……頭上戴著圓形的帽子，用山羊皮保護他們多毛的腿。因為他們不用木型製作鞋子，認為妨礙了他們自由行走，因此不適合徒步作戰（很難理解鞋子和步行的關係，推測應該是材質柔軟的鞋子。另外也有人解釋是因為經常騎馬而是極端的O型腿，因此不利於行走）。然而一騎上馬，他們就像黏在上面一樣。他們的馬強壯但醜陋。他們有時會像婦女一般側坐在馬上，做一些日常的工作。他們日夜都在馬上進行買賣、飲食，靠在馬脖子上睡覺。……他們為了能夠迅速地採取出人意料的行動，因此行囊簡便。他們會突然散開，四處突襲，進行可怕的殺戮。……他們自古以來就用尖銳的骨鏃代替普通（金屬）的鏃，巧妙地裝上箭柄，他們用弓箭作戰，再騎馬拉近與敵人的距離，接近之後用刀作戰。……他們的國裡沒有耕田之人，甚至是拿鋤之人。他們沒有固定的居住地、爐灶、法律、定居的生活樣式，有如難民一般四處流浪。他們在遷移的車裡生活。他們的妻子在車裡縫製醜陋的衣服，在車裡與丈夫同住，生子養育（Res Gestae, XXXI., 2, 1-10 The Loeb Classical Library）。

斯基泰人追悼死者時，也可以看到劃傷臉頰的風俗，突厥也有這樣的風俗。提供消息的人也許誤解臉上有傷和不長鬍子的關聯。不長鬍子、矮小壯碩的體格等特徵，也許暗示他們屬於蒙古人種。然而遺憾的是，在推測是他們根據地的匈牙利，並沒有發現可以鎖定人種形質的匈人埋葬遺跡。也許是因為他們採取火葬，或是原本人口就少，又或是他們的根據地其實在更東邊。有各種推測，但都沒有定論。

從他們的作戰方式和生活樣式來看，他們擅長騎馬射箭、沒有定居地和固定房屋、不進行農耕，這些特徵與斯基泰和匈奴相通。整體而言，可以得知他們是亞洲系的騎馬遊牧民，但沒有證據足以斷定匈人就是匈奴。

◎「前突厥時代」的美術

在歐亞大陸草原地帶的考古學和美術史的領域，一般區分西元前八／前七世紀至前四世紀為斯基泰時代，前三至後三世紀為薩爾馬提亞時代（或是包括東邊的匈奴，稱作匈奴—薩爾馬提亞時代）。隔一段時間，六世紀後半以降則多被稱做突厥時代。那麼，之間的時代該如何稱呼呢？

有人稱之為「匈人時代」。然而，匈人的活動期間僅是四世紀末起約一世紀，且幾乎沒有找到可以斷定是他們留下來的遺跡或遺物。因此也有人不特指「匈人」，而是稱作「民族大遷徙時代」。這個用語起自德語圈，俄羅斯語圈也廣為使用，但這是在考慮到「日耳曼」系諸族遷徙所創的稱呼，因此在歐洲以外的地區印象薄弱。

我認為，匈人無疑是這個時代的代表，因此將之稱作「匈人時代」沒有什麼問題，但如果要求正確性的話，我認為「前突厥時代」的說法更妥當。

姑且不論名稱，這個時代草原地帶西部具有特徵的遺物包括①貴金屬工藝品、②馬鞍裝飾、③鍑。①的特徵是在金或銀的材料上鑲嵌略大的紅色寶石（紅色瑪瑙和石榴石、紅玉髓等），中間再埋入用金粒加工而成的三角形。鑲嵌也是

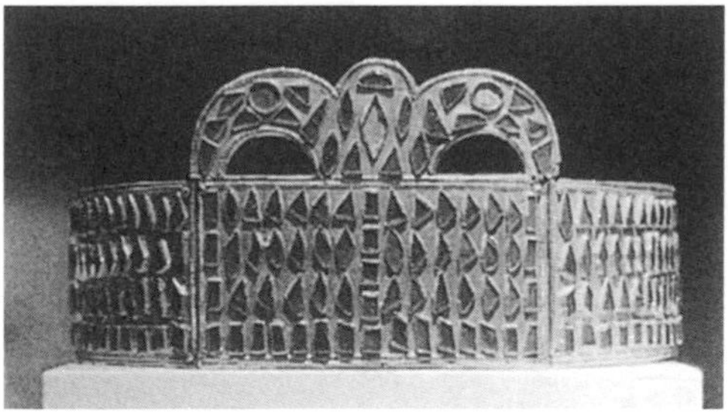

鑲有石榴石的黃金王冠　克里米亞半島，克赤，米特里達梯山出土。直徑約 19 公分。4 世紀末～ 5 世紀前半。羅馬、日耳曼美術館收藏。

薩爾馬提亞時代基本的裝飾手法，但每一個形狀小，顏色以綠色為多，混一點紅色，這被稱作「多色裝飾樣式」。兩者相比，可說有了很大的變化。

使用這種裝飾法製成的工藝品包括劍鞘裝飾、馬具、扣環、耳飾、王冠（頭帶型）、顱顳裝飾（從王冠左右兩側垂到鬢角附近）等。這些物品集中在匈牙利平原至多瑙河下游、黑海北岸，不過也流傳到東方烏拉爾地方至哈薩克、天山西部、阿爾泰北麓。

近年，中國新疆維吾爾自治區的伊犁河上游，也發現整批使用相同裝飾技法的黃金製品。這批製品曾於二〇〇二年在日本舉辦的「絲路、絲綢和黃金之路」展覽中展出，讀者之中也許有人欣賞過。除了紅色寶石鑲嵌的劍鞘裝飾之外，還發現了黃金製的男用面罩、虎形把手和植物圖案的壺、戒指（亦使用同樣的技法裝飾）等。

在出土當時，中國發表這批遺物應屬於六至七世紀的西突厥

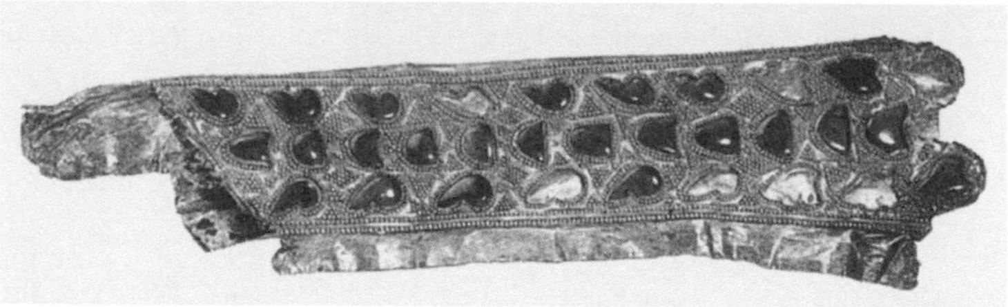

鑲嵌紅寶石的劍鞘裝飾　前突厥時期（民族大遷徙）的典型工藝。長 21.7 公分。新疆維吾爾自治區伊犁地區波馬出土。伊犁州博物館收藏。

王族。然而，做出這一推測的理由，單純是因為伊犁地區曾是西突厥的中心地，這樣的裝飾技法反而應該屬於西突厥之前的前突厥時代。

另外，這個時代也出現用細的金線區劃鑲嵌部分，再埋入切成薄片的紅色寶石或玻璃的裝飾技法。類似七寶燒的這種薄片鑲嵌技法，在哈薩克和東亞（從三國時代新羅的古墳出土）也廣為人知，但在西方特別流行，不時從五至六世紀日耳曼王侯的墓中出土。

◎硬式鞍和鐙出現的時期

那麼為何可以斷定紅色鑲嵌和金粒做工的裝飾技法屬於前突厥時代呢？事實上，也有學說將這些貴金屬工藝品的年代延後到西元六至七世紀。然而，我確信這個技法的出現不可能延遲到突厥時代。下面將說明我的理由，但在此之前必須先簡單看馬鞍和馬鐙的歷史。

如第三章所述，斯基泰時代的馬鞍是有如坐墊一般的軟式鞍。在採用馬鞍的中國，也正如從秦始皇的兵馬俑所見，屬於軟式鞍。然而中國於三世紀左右，想出了擁有木製骨架的硬式鞍。硬式鞍是由兩片當作基底的鞍板，和為了固定鞍板的前鞍橋和後鞍橋構成。初期最大

青銅鍍金皮帶裝飾和鞍板裝飾　斯洛伐克，萊維采出土。鞍板裝飾長 13.5 公分。5 世紀後半。匈牙利國立博物館收藏。

的特徵是硬式鞍的前鞍橋和後鞍橋垂直立起，作用在於前後包夾住不習慣騎馬的人的身體，使其更安定。

然而，立有垂直的板子不方便上下馬。於是在四世紀，發明出了在基底的鞍板上穿孔，穿過繩子懸吊馬鐙的方法。由於是為了方便上馬使用的腳踏，因此當初只有左側有馬鐙，但馬上就發現其方便性，於是懸吊在兩側，騎乘時腳也可以放入馬鐙。從日本的埴輪馬（一種用陶器做成的馬）可以看出，日本古墳時代流傳下來的鞍和鐙就是屬於這一種類型。

就算如此，有了後鞍橋還是不方便上馬，因此五世紀開始將後鞍橋做成向後傾斜的樣式。自從改成這種類型之後，硬式鞍才首度在草原地帶流傳。騎馬遊牧民會將各種用具和戰利品掛在馬鞍上，因此比起軟式鞍，硬式鞍更堅固。然而，就算引進了硬式鞍，還是沒有使用馬鐙。也許是因為草原的馬體型較小，且遊牧民從小就習慣跳上馬，因此一開始沒有感受到馬鐙的必要性。然而，他們逐漸發現馬鐙除了是上馬時的腳踏之外，在騎乘時也可以放腳有助於施力。腳放入馬鐙施力起身，更有助於射箭時的準頭。除此之外，在馬上使用刀槍也非常方便。於是在六世紀或其後半，馬鐙便從草原地帶流傳到了歐洲。

將馬鐙帶入歐洲的，一般認為是六世紀後半從東方而來，語言上屬於突厥系的騎馬遊牧民阿瓦爾人。由於與阿瓦爾人作戰，法蘭克人也開始使用馬鐙。關於硬式鞍和馬鐙的發明與普及還有許多其他不同的說法，但我認為上述的見解是現在最值得信賴的學說。

不等邊三角形或弓形的金銀製薄片，也經常與分布於哈薩克至東歐的紅色鑲嵌、金粒做工的貴金屬工藝品一起出土。這種薄片上面一定會有魚鱗般的圖案，這種圖案常見於前突厥時代的整個草原地帶。這種薄片從馬墓出土的狀況來看，可以知道是

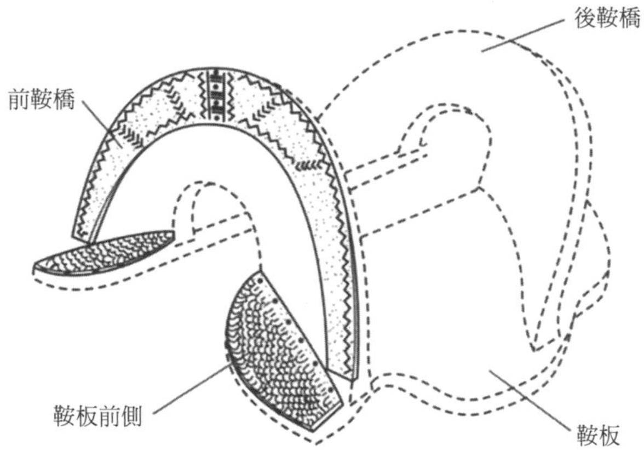

黑海北岸梅利托波爾出土的硬式鞍的推測復原圖　5世紀。根據 I. Bóna. *Das Hunnenreich*. Corvina: Budapest,1991 製成。

貼在鞍板前側上的裝飾片。木頭的部分已經腐蝕不見，僅留下金屬的裝飾片。

然而，從出土這種鞍板裝飾片的墓當中並沒有發現馬鐙。因此，這些鞍板裝飾片的年代應該是在六世紀前半之前，且與鞍板裝飾片一起出土的紅色鑲嵌、金粒做工的貴金屬工藝品也是六世紀前半之前的東西，也就是說屬於前突厥時代。認為年代應該更晚的俄羅斯考古學家A・安布羅斯說明，七世紀的遊牧民將馬鞍放入墓中，但沒有把馬鐙一起放入。然而，這種解釋聽起來非常牽強。雖然已有硬式鞍，但尚未開始使用馬鐙，這樣的說明比較合理。

◎「匈型」鍑的特徵

最後，讓我們看看前突厥時代另一樣象徵性的遺物——鍑（遊牧民族儀式時使用的釜），並探討其起源和分布。斯基泰時代和薩爾馬提亞時代的鍑，大多鍑身鼓起，但被稱為「匈型」的鍑，其腹部多為直筒形，這是最大的特徵。另外，「匈型」鍑共通的特徵是四角形把手，鍑身整體被隆起的直線劃分為四個區塊。另外在裝飾方面，把手上有三或四個、把手兩側各有一個蘑菇形的突起，從鍑身上部的水平隆起線至前側，並排著有如圓形「珠簾」

一般的圖案。蘑菇形的突起大而顯眼，帶給人強烈的印象，因此帶有這種裝飾的鍑被認為是匈人象徵性的器物，經常出現在匈人相關的書籍當中。

由於匈人王族戴在頭上的王冠上也可以看到這種蘑菇形的突起裝飾，因此有學說認為這是王權的象徵。如果這種說法成立，那麼帶有蘑菇形突起的鍑是王族的所有物，沒有這個突起的鍑則是王族以下階級的人所使用的東西。

「匈型」鍑的出土數量不多。接近完整狀態的出土品約十多件，其他包括僅存碎片在內的鍑也只有二十多件。現在，確認屬於斯基泰時代至前突厥時代為止，整個草原地帶的鍑共有四百五十多件，「匈型」鍑占的比例非常少。

數量雖少，但有些地區出土的鍑，分布相對集中。多瑙河中游的匈牙利，包含碎片在內共出土了五

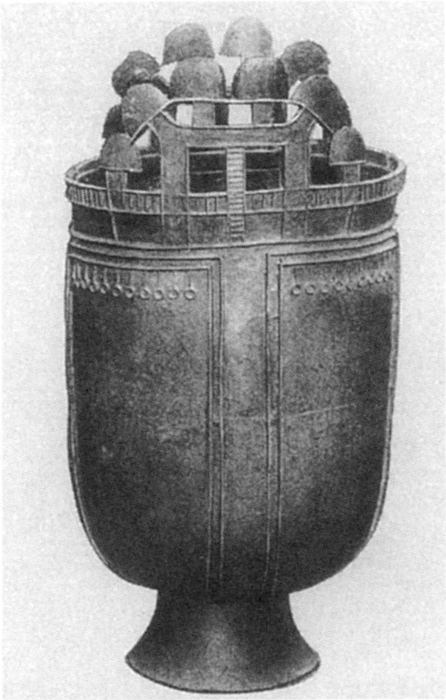

匈牙利特爾泰爾出土的銅鍑　「匈型」鍑的代表例。高 89 公分。5 世紀。匈牙利國立博物館收藏。出自：I. Bóna. *Das Hunnenreich.*

件。其中，從佩斯省特爾泰爾（匈牙利語：Törtel）出土的鍑最大，由四個不同的塊範鑄造而成（一般是二個）。而且只有這個鍑的把手中央有支撐。

沿多瑙河往下，在河的北岸羅馬尼亞境內發現了九件。在克拉約瓦地區的帝沙村附近，發現了沒有損壞的鍑。據說是漁夫從水裡撈起來，但發現過程的詳情不明。發現地點的對岸——多瑙河的南岸，曾經是羅馬帝國的要衝拉夏里亞，這個城市在四四二年左右遭到阿提拉消滅，因此有學說主張這是阿提拉在發動攻擊前，於北岸舉行祈勝儀式時使用的鍑。

在黑海的東部，只零星發現分布四處的鍑。其中之一，據說是在伏爾加河中游索查河岸邊沙中發現，這隻鍑雖然沒有蘑菇型的突起，但鍑身上部珠簾狀的裝飾與多瑙河特爾泰爾出土的鍑相同。把手下方的鍑身，上面有朝向下箭頭般的圖案，後述的烏魯木齊南山鍑也有相同的圖案。錫爾河下游位於哈薩克境內的哲塔薩爾（Dzhetasar，音譯）也出土了同樣帶有方形把手的土製鍑。由於鍑身鼓起，因此可能是比較古老的類型。

◎「匈型」鍑的起源

過去大家以為不會在伏爾加河東方發現帶有蘑菇形突起的鍑，然而近兩年的發現打破了這個過去的常識。其中一件鍑是出土於南烏拉爾的克茲爾阿德。這個鍑的特徵是磨菇的蕈傘小，把手兩側的蘑菇沒有完全與把手分離，且鍑身不是直筒形，而是帶有圓弧形。這些特徵都代表這個鍑屬於較古老的類型。

更驚人的發現是在遙遠東方、中國新疆維吾爾自治區烏魯木齊市南方的南山地區。這個鍑的把手上有三個突起，兩側各有一個分離的突起，但蘑菇的蕈傘比多瑙河出土的鍑小。鍑身與伏爾加河索查出土的鍑同樣都有朝下箭頭的圖案。鍑身的形狀與其說是直筒形，更接近鍑身逐漸變窄的克茲爾阿德鍑。另外，上面沒有珠簾般的裝飾。關於這個鍑，有人認為是從歐洲回流的遊牧民集團帶到這裡。然而，形狀偏舊型，與伏爾加的鍑有共通點，因此無法輕易斷定產自多瑙河。所以，先有這個鍑才誕生伏爾加和多瑙河的鍑，這樣的看法較自然。

從烏魯木齊往東北的阿爾泰一帶出土了更古老類型的鍑。其中車爾納亞塔里亞（音譯）出土的鍑，把手上雖然有三個突起，但蘑菇的蕈傘相當小，兩側僅是單純突起，並沒有呈現

N
0
1000km
葉尼塞河
勒拿河
鄂畢河
額爾齊斯河
俄　羅　斯
安加拉河
托木斯克
比什克
米努辛斯克
車爾納亞塔里亞
阿巴坎
圖戈茲沃諾沃（音譯）
克孜勒
圖　瓦
貝加爾湖
烏蘭烏德
諾彥烏拉
烏蘭巴托
杭愛山脈
黑龍江
大興安嶺山脈
阿爾泰山脈
伊犁河
蒙　古
陰　山　山　脈
烏魯木齊南山
波馬
阿拉木圖
天　山　山　脈
哈密
呼和浩特
北京
吉爾吉斯
塔里木河
新疆維吾爾
自治區
塔吉克
祁　連　山　脈
黃河
阿爾金山脈
印度河
中華人民共和國
崑　崙　山　脈
西安
長江

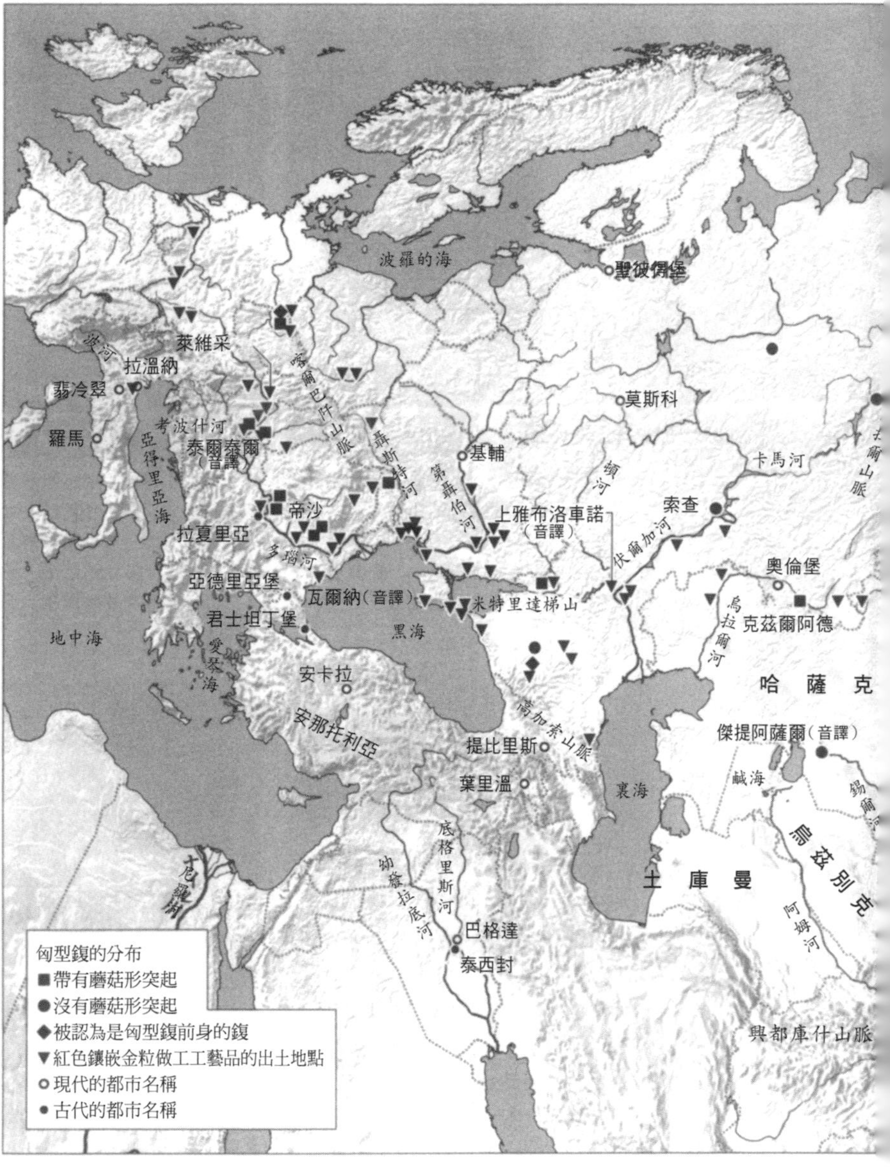
波羅的海
聖彼得堡
萊維采
拉溫納
翡冷翠
羅馬
考波什河
亞得里亞海
泰爾泰爾
（音譯）
莫斯科
基輔
卡馬河
頓河
帝沙
拉夏里亞
多瑙河
上雅布洛車諾
（音譯）
索查
伏爾加河
亞德里亞堡
瓦爾納（音譯）
米特里達梯山
奧倫堡
君士坦丁堡
黑海
烏拉爾河
克茲爾阿德
地中海
愛琴海
安卡拉
安那托利亞
高加索山脈
哈薩克
提比里斯
傑提阿薩爾（音譯）
葉里溫
裏海
鹹海
底格里斯河
幼發拉底河
土庫曼
烏茲別克
阿姆河
巴格達
泰西封
尼羅河
興都庫什山脈
匈型鍑的分布
■帶有蘑菇形突起
●沒有蘑菇形突起
◆被認為是匈型鍑前身的鍑
▼紅色鑲嵌金粒做工工藝品的出土地點
○現代的都市名稱
•古代的都市名稱

匈型鍑的出土地分布圖

蘑菇狀。而比什克（音譯）出土的鍑，把手上的三個突起沒有呈現蘑菇狀。阿爾泰東鄰圖瓦的克蓋利（音譯）墓地出土的土鍑，把手上的三個突起和把手兩側沒有分離的突起都沒有呈現蘑菇狀，鍑身的形狀相當圓，給人更古老的印象。

接下來請大家看諾彥烏拉墓地出土的鍑的碎片。四角形的把手上，兩端和中間略為尖起，兩側僅有有很小的突起。鍑身可以看到曲線圖案。想必這是鍑的原型，把手上的三個突起和兩側的突起逐漸發達，終於成長成大的蘑菇蕈傘形。另外，鍑身的圓弧曲線想必也是逐漸變化成直角折曲的線條，將鍑身劃分成四塊。

就像這樣，看到鍑的發展過程，彷彿可以看見從蒙古高原往阿爾泰、天山、烏拉爾、伏爾加、北高加索，從黑海北岸往多瑙方面延伸的路徑。然而，諾彥烏拉墓地的鍑和天山以西的鍑有著相當大的年代差距。另外，目前蒙古高原尚未發現紅色鑲嵌貴金屬工藝品和鞍板裝飾片。整理以上訊息可以推測，將根據地設在天山、哈薩克一帶的遊牧民集團，在相當短的時間內從裏海前進到黑海北岸，但在此之前是否與蒙古高原相關，則不得不說證據尚且不充分。

新疆烏魯木齊南山地區出土的銅鍑　屬於匈型鍑。4～5世紀。高59公分（除了經過復原的底部）。新疆維吾爾自治區博物館收藏。作者拍攝。

伏爾加河中游出土的銅鍑　把手下的鍑身有朝向下箭頭般的圖案。5世紀。高53.2公分。莫斯科國立歷史博物館收藏。作者拍攝。

諾彥烏拉六號墳出土的銅鍑碎片　前1～後1世紀。把手部分。艾米塔吉博物館收藏。作者拍攝。

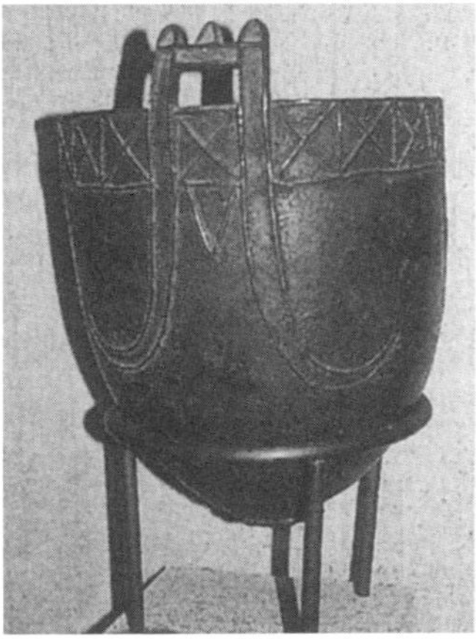

南西伯利亞阿爾泰比什克（音譯）出土的銅鍑　1～3世紀。高27cm。莫斯科國立歷史博物館收藏。作者拍攝。

匈人「帝國」的最後

◎五世紀初的匈人

在之前提及的巴蘭比爾之後，就沒有其他匈人首長的名字流傳下來。到了西元四〇〇年左右，終於知道有一個名為烏爾丁的首長。烏爾丁於四〇五年左右入侵色雷斯，但似乎沒有占據該地的意圖。四〇六年匈人支援西羅馬，留下在翡冷翠附近擊敗哥德軍的記錄，但這些匈人是否是烏爾丁旗下士兵則不得而知。四〇八年，烏爾丁再度進攻色雷斯，但沒有成功。之後與阿提拉同時期成為西羅馬最高指揮官的埃提烏斯，在四〇五年至四〇八年曾是匈的人質。

四一二年至翌年，東羅馬派了一位名叫奧林匹奧德魯斯的人出使匈。他寫下了他的經歷，但很可惜地現在只留下片段。在這份好不容易留下的片段當中，出現了一位疑似是匈王的人物，名叫多納托斯。然而，出生於匈牙利的內亞史家D．西諾爾（Sinor，音譯）推測，這個人是被基督教視為異端的多納圖斯派僧侶，逃亡至匈，而非匈王。同樣出現在殘留片段當中的哈拉頓（音譯）則被認可確實是匈王。

四二二年，有一個名為盧加或盧阿的匈王入侵色雷斯，甚至威脅君士坦丁堡，東羅馬的宮廷於是以每年向匈支付三百五十磅的黃金為條件，與匈締結和約。有學說認為盧加的勢力範圍是位於多瑙河下游的北方，從這裡往西至匈牙利的範圍則由盧加的弟弟奧克塔爾掌控。奧克塔爾於四三〇年，在與勃艮第人的戰爭中死亡，盧加則是在四三四年死去。

繼承盧加之後的是他的兩個姪子，分別是布列達（兄）和阿提拉（弟）。布列達統治東部，阿提拉則繼承了奧克塔爾留下的西部。四三五年東羅馬的宮廷向兩人遣使。兩人在多瑙河南岸的馬各斯（音譯，Margus，今日塞爾維亞的波扎雷瓦茨〔Požarevac〕）附近會見使節團，但據說會面期間兩人都沒有下馬。交涉的結果，每年的歲幣提高到兩倍的七百磅。

◎阿提拉的統治與其結束

然而，兩人的共同統治似乎進展的並不順利。西元四四四年或四四五年，阿提拉殺了兄長布列達，成為唯一的統治者。之後阿提拉也繼續威脅東羅馬，大約在四四七年，他成功締結條約，將歲幣一口氣提高到兩千一百磅。

四五〇年以後，阿提拉的關心轉向西方。西羅馬皇帝瓦倫提尼安三世的姐姐奧諾莉亞向阿提拉求援。奧諾莉亞因為記恨皇帝處死自己的愛人，於是偷偷地將自己的戒指送給阿提拉，暗示要與阿提拉結婚。有說法認為阿提拉企圖藉由與奧諾莉亞結婚得到一半的西羅馬領地，但無論如何，阿提拉朝向屬於西羅馬勢力範圍的高盧進軍。至於他為何不直接朝著義大利進軍，則不得而知。

當時的高盧有狄奧多里克率領的西哥德軍。西哥德與西羅馬的關係非常不穩定，但兩者面對阿提拉來勢洶洶，決定聯手。四五一年六月，兩軍據說在卡塔隆平原展開激烈的戰爭。然而，這場戰爭正確的位置尚不清楚。

這場戰爭似乎是場血流漂杵的激戰。阿提拉自己也陷入危機，與其被敵人斬首不如自己投身火窟，於是將馬鞍堆成山，隨時做好點火的準備。如果這是真的，那麼代表匈軍使用的是木製的硬式鞍。如果是汗水容易滲透的皮製軟式鞍，就算點火想必也只會冒煙而已。關於這場大戰由誰獲勝至今仍有爭議，詳情也不明。西哥德的狄奧多里克戰死，但匈軍據說也受到極大的損失。

阿提拉暫時回到根據地（現在的匈牙利），翌年春天至初夏再度進軍。這次的目的地是義大利。大軍首先在面臨亞得里亞海的阿奎萊亞苦戰，阿拉提好不容易攻下，之後前進到了波河平原，但不知為何沒有指向西羅馬皇帝所在的拉溫納。之後也沒有朝向羅馬城，而是回到了匈牙利的根據地。有人說阿提拉是害怕重蹈四一〇年進攻蹂躪羅馬後不久便死去的西哥德王亞拉里克的覆轍，但實際的情形不明。

四五三年初，不知道是阿提拉的第幾任妻子，但他娶了一位絕世美女。然而到了早上卻不見阿提拉起身。覺得可疑的隨從進門一看，發現阿提拉躺在血泊中氣絕身亡，新娘在旁邊不停哭泣。究竟阿提拉是自然死亡，又或是被新娘殺害，關於他的死有各種臆測，後世的英雄敘事詩和文學當中也有不同的潤色。

阿提拉死後，匈人的統治急速衰敗。由於阿提拉的行軍意圖不明，近乎臨時起意，因此很難想像他擁有領土方面的野心，企圖建立一個大帝國。另外，關於在他支配的領域當中，是否存在可被稱作是「國家」的組織這一點，僅憑現存的史料也無法判斷。然而，如本章開頭所述，以匈人的入侵為導火線，哥德人等大量湧入羅馬帝國內部，導致西羅馬帝國衰敗，開啟新的時代，唯有這一點是不爭的事實。

結語

漢朝廷賜給匈奴首領的印璽　刻有「漢匈奴歸義親漢長印」九個字，上面是駱駝的雕像，是東漢的銅印。1979 年出土於青海省大通縣，高 2.9 公分、每邊長 2.3 公分。

◎考古學的運用說明

本書根據考古資料的記述幾乎占整體的一半。尤其是前半探討斯基泰的章節，考古資料更是高達八成。關於斯基泰的文獻史料幾乎都是由希羅多德提供，但此外的文獻史料今後也無望增加。相對於此，考古學資料每年都有新的發現，不斷進行發掘，持續累積。由於本書希望介紹最新資訊，因此考古學相關記述才會占了這麼多的篇幅。如果執筆時期提早一年，也許不會有這麼多的資料；反過來說，如果執筆時期延後一年，則或許又有新的資料。考古學就是這樣一門學問。

以匈奴為對象的後半，由於文獻史料豐富，因此考古學的占比沒那麼高；就算如此，第八章還是留給了考古學，當中也反映了近年的調查結果。另外我也指出，從外部看起來屬於客觀的考古學資料，如何解釋資料也受到現代國際政治的重大影響。考古學也是一門這樣的學問。

本書針對的是一般讀者，但文中不時出現專門研究者的名字，也介紹了彼此對立的學說，有時還會加以批判。在資料和史料較少的研究領域，不足的部分很多時候只能靠推測補充，也因此一定會出現多種不同的解釋。另外，由於新遺跡的發現、遺物的出土，至今為止大家認為的定說有可能一夜之間遭到顛覆，考古學也是一門如此嚴苛的學問。

◎王權的誕生和王墓

本書的主題之一是闡明騎馬遊牧民何時誕生，何時擁有強大的力量。他們的登場不如過去想像中的古老，大約是在西元前九世紀左右。西元前九世紀，被認為是最初「世界帝國」的亞述帝國於西亞登場，東亞則有西周不斷地擴大領土。東西擴張主義國家的登場，與遊牧民是否有關，目前尚不得而知。

騎馬遊牧民之間，似乎是歐亞草原地帶的東部先開始出現擁有強大權力的「王」。「王」建造巨大的「王墓」（最大的高二十公尺，直徑一百公尺以上），藉此誇示雄厚權力。初期是在地上建墓室，再在上面覆蓋墳丘，之後則改為在地下建墓室。

他們創造出以獨特動物圖案、馬具、武器為代表的文化。這些文化很快地就廣布於西方。擁有這種文化的遊牧民集團斯基泰於西元前七世紀前半，開始與亞述接觸（很可惜地，直到現在日本高中的世界史教科書，依舊將斯基泰的出現寫作西元前六世紀）。

西元前八／前七世紀起至前四世紀為止的斯基泰時代，可說是草原的古墳時代。古墳的大小表現出的想必是社會地位的差距。在即使現今依舊人口稀薄的草原地帶，想要建造需要龐大勞動力的大型墳塚，需要控制相當廣大的地區，同時也需要將許多一般遊牧民歸入統治之下。此外，為了讓所有人知道草原首度出現王權，於是建造從很遠的地方就可以清楚看見的大型墳塚，以作為王權的象徵。然而，我們仍然不知其具體的統治結構和國家組織。

西元前三世紀末出現的匈奴，由於司馬遷的記述，我們得以對其有比較詳細的認知。他們的社會擁有以十進法構成的金字塔型統治架構，同時兼具軍事組織的功能，也已經確立了徵收勞役、租稅的方法。

然而，匈奴的王侯已經不再建造醒目的古墳。他們選擇墓地的位置不是平原而是森林，地上的部分雖然不大，但地下的墓室最深達到二十公尺。這個巨大轉變的原因推測是因為害怕遭到盜掘，且王權已經眾所皆知，沒有必要再以大型墳塚的形式讓大家知道。

◎遊牧國家的多樣性

本書的另一個主題是闡明遊牧國家擁有多樣性和國際性。雖說是遊牧國家，但居住其間的不僅是遊牧民，同時也有農民、工匠、商人。然而，他們大多數都是從定居農耕地帶根據自己的意思，或是被強制帶到草原地帶。如同諺語「隔行如隔山」，遊牧民也許是認為遊牧以外的領域，最好還是交給其他專家才對。

時代雖然往後推移許多，但下面介紹兩個與這一主題相關的故事。

西元七到十世紀，裏海的西北岸有一個名為可薩、語言上屬於突厥系的遊牧國家。他們除了遊牧之外沒有什麼其他產業，仰賴交易支撐財政基礎。這個不會出現在世界史教科書中的國家，以強大的軍事力量為背景，與當時的大國拜占庭和阿拉伯帝國並駕齊驅，備受矚目。統治階層中途改宗猶太教，理由推測是為了與兩大國保持均等的距離。到了這個時代，遊牧國家更進一步認識到交易的重要性，也開始推動城市的建造。然而，統治者只有冬天會留在首都，其他的季節都在附近的草原過著遊牧生活。在城市裡的主要是從他國來的商人。首都裡有七位法官，其結構包括猶太教、基督教、伊斯蘭教的法官各兩人，其他異教（或許也就是遊牧民固有的薩滿教）的法官一人。

這個事實讓近代歐洲的歷史學家大感吃驚。一直處於對立的三宗教竟然受到平等的對待。原本骨子裡都屬於一神教的宗教也就算了，就連可疑的邪教都有一個法官（想必城市裡的遊牧民很少）。同時期，歐洲完全是基督教的天下，其他的宗教只能忍受迫害。與此相比，也許會認為他們是何等認同信仰自由的國家。然而，這樣的做法並非出自類似近代宗教自由的觀念。作為依賴交易過活的遊牧國家，他們打出的旗號是歡迎任何一種宗教的商人，只要確實繳付關稅，就保障他們的安全。

他們是如何溝通的呢？自匈奴之後的許多遊牧國家，使用突厥語的可能性高。突厥語是相對容易學習的語言。現在東起西伯利亞的雅庫特（薩哈），西至土耳其共和國為止，都廣泛使用突厥語。這是因為語言方面發生了突厥化的現象。突厥語從歷史上來看也是變化較少的語言。現存最古老的突厥語資料是出自八世紀初，但只要了解現在土耳其共和國的土耳其語文法，很容易就可以讀懂。

另外，突厥語也是地區差異最少的語言。中國新疆的維吾爾人，能夠理解土耳其共和國的土耳其語超過一半以上。一九九一年我拜訪靠近哈薩克國境的中國塔爾巴哈台市（蒙古語代表「有草原旱獺」的意思，漢語寫作「塔城」）時，受到一個大家族的邀請。當家的是烏茲別克系的老人，家中同時有突厥系的哈薩克人、吉爾吉斯、塔塔爾人，還有通古斯系的錫伯人。我問他們在家裡究竟用什麼語言溝通時，他們回答「Ortag」。Ortag代表「（在）正中央」的意思。也就是說，只要使用各自語言交疊中央的單字，就可以溝通（但錫伯人使用的似乎是哈薩克語）。這在日本可行不通。奈良時代的日語若沒有經過專門的學習則不可能理解。另外，江戶時代的津輕人和薩摩人之間，究竟是如何對話的呢？

◎騎馬遊牧民對世界史的影響

下面說到騎馬遊牧民對世界史的影響和衝擊。大家都知道匈人的入侵是導致歐洲產生重大變革的起因，但很少有人知道同樣的事情在歐洲稍早之前，也曾發生在東亞。四世紀初，西晉王室發生了前所未有的內部紛爭，這時曾是晉朝將軍的劉淵（南匈奴單于的直系子孫）自立成為大單于。以此為契機，除了匈奴之外，鮮卑和羌等諸族也紛紛自立，在華北樹立政權。這些政權大多短命，不過其中鮮卑系的北魏勢力崛起，最終銜接上之後的隋唐（參照本系列第六卷《絲路、遊牧民與唐帝國》）。

在歐洲，匈人只是開了頭，但本身並沒有殘留下來。之後東方又有阿瓦爾人、保加爾人（有學說認為建立保加利亞的保加爾人是匈人的後裔）、馬扎爾人入侵歐洲，但都沒有深入中心部。在這一層意義之上，可說東亞受到騎馬遊牧民的影響更大。

騎馬遊牧民帶來的影響也衝擊文化方面。他們發明的軟式鞍傳到了中國。發明硬式鞍和馬鐙的雖是中國，但將其傳播到西方（歐洲）的是騎馬遊牧民。另外，根據自己的喜好改變東西方美術樣式和圖案，再傳到東西方的也是騎馬遊牧民。他們居住的中央歐亞草原地帶也是連接歐亞大陸東西、所謂絲綢之路的必經之地。他們不僅弘揚自己的文化，同時也擔任將東方文化帶往西方，西方文化帶往東方的角色。

◎遊牧國家有文明嗎？

根據至今為止敘述的騎馬遊牧民、遊牧國家的特徵，能說中央歐亞的草原遊牧社會存在文明嗎？雖然何謂文明的定義非常困難，但美索不達米亞、埃及等古代文明的共通要素，一般而言包括城市的產生、王權的誕生、作為其象徵的巨大建物的建設、作為統治手段的官僚制度的創設、審判制度的確立、文字的發明等。從文明是英語「civilization」（原意是市民化）的翻譯名詞可以看出，文明原本是在城市型定居社會的基礎上所產生的用語。因此，對於沒有「城市」的遊牧社會而言，原本就與「文明」無緣，反而是站在與文明相反的位置，被認為是「野蠻」之地也無可奈何。

雖然用以城市型定居社會為前提的各種條件來驗證遊牧國家是否存在文明，本身就是件很不合理的事，但在此認知之下，我還是試著探討斯基泰和匈奴是否符合「文明」的各種條件。

的確，斯基泰和匈奴沒有居住的「城市」。然而，匈奴存有讓出身定居地帶的人居住、並讓他們從事農耕和手工業的「聚落」。另外，他們也間接將西域綠洲城市國家納入統治之下，得到這些地方的財富。本書雖然沒有介紹，但斯基泰的領域當中也存在由定居農耕民經營的聚落（其住民與斯基泰的統治關係不明）。另外，斯基泰似乎與黑海北岸的希臘人殖民城市也保持良好的關係。也就是說，雖然自己不定居，但這些遊牧民都享受了聚落和城市的果實。到了八世紀後半，回鶻人在蒙古草原上建設城市，西方的可薩人和保加爾人也開始建設城市。然而就算到了這個時代，城市依舊是外來定居地帶出身者居住的地方，遊牧民只有王族在冬天會住在城市，一般遊牧民則依舊居無定所。

關於王權的誕生和巨大構造的建築物，本書已有詳細介紹。至於官僚制度和審判制度，已經確認匈奴擁有簡樸的體系。然而要注意的是，特別在官僚制度的運作上，定居地帶出身的人士扮演了很吃重的角色。匈奴雖然使用部分漢字，但沒有自己的文字。然而進入數世紀後的突厥時代，遊牧民便發明了自己的文字；西部草原地帶雖然較不明確，但也出現類似的動靜。

如此看來，斯基泰和匈奴時代的「文明」要素雖然不多，但八世紀之後，可說具備了文明的各個條件。此外如同回鶻人有摩尼教、可薩人有猶太教、保加爾人有伊斯蘭和基督教一般，他們也開始接受擁有體系化經典的宗教。除了這些發展之外，特別值得注意的是統治體制的中央集權化，山田信夫在學說中，便主張「草原遊牧城市文明」的開花，是在八至九世紀的回鶻時代（山田信夫，《北亞遊牧民族史研究》，東京大學出版社，一九八八年）。

就算是根據過去關於城市型文明的定義，也可以看出遊牧國家逐漸爬上文明的階梯，不過我認為還有其他只有遊牧國家才可能達成的「文明」要素，那就是本書再三強調的多樣性和靈活性，以及伴隨而來的國際性。想必這些都是來自於遊牧民特有的自由和高度流動性。然而這些優點同時也是缺點。當對政權的向心力不足的時候，很容易就會分裂、崩壞。雖然有缺點，但遊牧國家根據自己的特長，對東西「文明」的交流作出極大的貢獻。

◎遊牧民的將來

直到不久之前為止，很多人都斷言遊牧民將會完全消失。為了享受城市型近代文明的恩惠，只能定居。不只如此，社會主義政權也因為各種理由而推動定居化。然而近年，又開始重新審視遊牧。遊牧民不會餵食家畜配方飼料，只讓家畜吃自然生長的草，因此肉和乳製品也是純粹的自然食品。另外，由於家畜的糞便只有草的纖維，因此只要曬乾就可以當作燃料使用（尤其是牛的糞便大又好用）。由於不會長時間停留在同一個地方，因此不會吃盡該地的草。另外，也沒有必要施予化學肥料。在他們離開之後，最多只會留下帳篷的圓形痕跡，或是爐灶位置的土有點燒焦而已。因此，遊牧可說是對環境最友善的生活方式。

儘管如此，遊牧民還是會想看電視，使用網路。這個時候還有太陽發電和風力發電的選項。不需要特別大的裝置，就可以滿足遊牧民一家的用電需求。只要有風向標和簡單的螺旋槳以及一塊榻榻米大小的太陽電池面板就足夠。裝上碟型天線就有看不完的衛星電視。用行動電話打聽喀什米爾羊毛的市價，有好的價格便可立刻賣出。過著這種生活的遊牧民愈來愈多。

在中央歐亞的草原和高原，想必遊牧民今後也將會堅韌地生存下去。

學術文庫版後記

本書原本是二〇〇七年六月（日文精裝版）出版的「興亡的世界史」系列第三冊。在這次文庫版中，儘管當初執筆時的見解幾乎原封不動地保留，而本文的訂正，只停留在明顯誤記或誤植的最低限度，但就像「結語」提到的，考古學常常在事後才相繼出現重要的發現與認知。故在此謹介紹本書初次出版之後的研究動向，以作為「後記」。

首先是第一章開頭提到的我們團隊的挖掘。我們在一九九九年將赫列克蘇爾與鹿石周邊出土的馬頭骨，各帶兩塊回日本進行年代測定。雖然我們立刻委託了某間大學分析，但過了好一陣子之後，對方卻告訴我們無法分析。後來重新委託了東京大學總合研究博物館放射性碳素年代測定室，終於在二〇〇九年有了結果。

因為在鹿石上，可以看到呈現出卡拉蘇克時代（前十三／十二～前八世紀）的短劍，以及初期斯基泰時代（前八～前六世紀中左右）的動物圖案，存在兩種要素的混合，所以我將豎立起上面有短劍的鹿石的赫列克蘇爾的時間，從卡拉蘇克時代的後期延伸至接續的「前九～前七世紀左右」的時代，並認為騎馬遊牧民社會中權力者的出現是在「前九世紀左右」。對於這一點，根據放射性碳定年法的年代測定，雖然四塊馬骨的數值稍微有點分散，但整體來說，可判斷是落在前十三世紀到前九世紀，這個年分正相當於卡拉蘇克時代。另外，美國團隊調查的大型赫列克蘇爾的馬骨，年代測定為前十到八世紀。這個年代跟我的推定幾乎一致。（林俊雄，〈中亞的王墓〉，亞洲考古學四學會編，《亞洲的王墓》，高志書院，二〇一四）

關於家畜化的年代也是一樣，根據新的年代測定，顯現的年代比以往更古老。羊跟山羊約在前八千六百年至前八千年左右，跟牛與豬的家畜化幾乎是同時進行。（鞍田崇編，《歐亞農耕史3　沙漠、牧場的農耕與風土》，臨川書店，二〇〇九）關於馬的家畜化，我先前寫下了「情勢最近似乎對安東尼不利」，但安東尼之後仍持續努力，在新加入的歐森（Sandra Olsen）支援下，努力讓自己的說法成為定論。但是我現在仍認為李汶的說法比較正確。

關於車的起源，歐洲中部與美索不達米亞幾乎同時在前三千五百年左右出現的說法仍然比較有力。車的原型是形狀呈A字形的橇，像是日本的「修羅」那樣的工具。沒有車輪，由牛牽引。亦即，兩個地區是各自獨立發展的。

至於草原地帶與「西周時代的中國交流」，在伏爾加河中游的塞伊瑪—圖爾賓諾（Seima-Turbino）青銅器文化（前一千五百年左右）中，青銅製的矛的特徵是槍頭的根部附有尖刺，而在中國（青海、河南）前兩千年至一千五百年間的遺跡中，也發現了同樣的武器，受到中國學會的矚目。（松本圭太，〈北方歐亞（俄羅斯東部、蒙古）〉，《季刊考古學》一三五號，雄山閣，二〇一六）。

第三章中提到歸還阿爾泰出土木乃伊的要求，在二〇一二年九月，木乃伊終於還給了俄羅斯聯邦下的阿爾泰共和國。不過歸還最大的瓶頸在於，首都戈爾諾—阿爾泰斯克的國立博物館的設備很簡陋；為此，該博物館進行了大改裝，增設了包含全面溫溼度管理的展示設施。幫助出資金的是俄羅斯天然氣工業公司（Gazprom），這間公司是半國營企業，以世界最大規模的天然氣供應量為傲。向他們購買天然氣的最大客戶是中國。可是，西伯利亞西部產出的天然氣要如何運到中國呢？俄羅斯的遠東地區跟中國有很長的國境相接，但是從西伯利亞西部繞到遠東地區距離太遠。於是，俄羅斯天然氣公司便注意到了阿爾泰共和國。阿爾泰共和國和中國的新疆維吾爾自治區國境相接（西邊是哈薩克，東邊是蒙古），僅有五十公里的短距離。而到新疆為止，都可以使用既有的管線。事實上，木乃伊出土的地點非常靠近中國的國境，若是這裡發生反對管線鋪設的運動，那事情可就不妙了，因此資金援助可以說是防患於未然的對策。後來博物館大幅改裝完成，而二〇一四年十一月，俄羅斯天然氣公司的總裁與中國石油天然氣集團公司（CNPC）的董事長，在普丁總統與習近平主席的與會見證下，簽署了天然氣供給協議（The New Research of Tuva, 10 January 2012. Gazprom news, 9 November 2014）。

第四章中別斯沙特爾古墳群的木材年代測定結果已出爐。三號墳的木材屬於前八世紀。比我猜測的還略古老一點，但還在合理範圍內（參照〈中亞的王墓〉）。章末提及的菲力波夫卡古墳群的調查繼續進展，發現了鑲嵌有黃金戰士圖像的鐵劍與金柄銅鏡、許多黃金製品、青銅製的鍑等等。

關於第五章開頭稍微談到的匈奴語言，武阿勒（Alexander Vovin）的假說受到矚目。他認為五胡十六國時代的羯（匈奴的一支）的語言不是突厥語，而是屬於現在幾乎滅絕的葉尼塞語系。

中國向中亞方面的發展不能只從經濟面來看。二〇一四年，他們和哈薩克與吉爾吉斯兩國一起，打算把從長安經天山走廊一直到中亞的絲路，向聯合國教科文組織申請登錄為世界遺產，這點應該還讓許多人記憶猶新。二〇一三年十二月時，中國西安的西北大學和烏茲別克的考古學研究所締結協定，著手調查天山西部的古代遊牧文化，在蘇爾漢河畔發現了前一世紀大月氏的古城遺址。

第八章中布里亞特的伊里莫瓦墳丘內有用石頭排列區分成幾個小空間。儘管當時我說這是「獨特」的呈現，但之後發掘出的匈奴的大型墳墓，全部都是同樣的構造。因此這其實是很普遍的形式。

當時挖掘到一半的查拉姆七號墳，目前已挖掘完畢，發現了有兩根車轅的兩輪馬車、四隻利用約二到四歲的幼兒頭骨製作的人偶（編起來的一撮撮頭髮像是用膠黏上去的）、一些使用白樺樹皮製的化粧顏料、銀製動物造型的裝飾板、漢代銅鏡、玉製品、鑲嵌綠松石的黃金製品等等。從塗漆的木製容器上所刻的製作工坊名稱等線索推斷，這個容器不是在王莽的新朝，而是在其之前的西元前八年到後四年間做出來的。另外，對墳墓的主體部分出土的物品進行放射性碳定年法年代測定，結果發現它比陪葬墓的年代略新，最有可能落到的年代是西元三〇年到一二〇年。將兩者一起考慮的話，把這座墳墓定位在西元一世紀前半應是妥當的。（Minyaev, S. S. et al. The Silk Roads 4(1), 5(1), 2006-07. 可網路閱覽）。

在高勒毛都II墓地，挖掘了最大的一號墳是匈奴的墳墓。方形的露台單邊是四十六公尺、高三公尺，尖端縮減的突出部分長度是三十七公尺。東側緊鄰稍微大一點的陪葬墓，其外側有二十七座陪葬墓成弧狀排列，然後北側有一座馬的墳墓，西側也有一座小型的陪葬墓。陪葬墓中的埋葬者大多是成年男子，不過也有三名七歲以下的幼兒。從幼兒的墓裡發現兩百六十七個羊的距骨（腳踝的骨頭），當中有三十六個刻下了各種印記（可能是表示氏族的印記）。這種物品至今日還是草原地帶的遊玩器具。

關於匈奴古墳的構造，我寫下了「沒有能夠斷言是受到中國影響的確切證據」，但看了之後的發掘報告後，可以說西漢的影響確實存在。

匈奴時代的聚落遺址發掘也變得更加盛行了。結果，在蒙古國內也發現和伊沃爾加遺跡同樣的聚落遺址。雖然進行這些遺址發掘的主要是歐美的調查團，但如果特別去看美國調查團的報告書，當中主張的說法是這些遺址的住民都是半農半牧的匈奴人；我想，這應該是受到了極力排除住民遷徙或是文化傳播可能的新考古學派（New Archeology）的影響。（林俊雄，〈遊牧國家中的聚落與都市——從匈奴到柔然〉，佐川英治編，《大青山一帶北魏城址的研究》，二〇一三）

關於吐魯番郊外出土的項鍊跟相關的出土文物，我發表了比較式的考察研究。（林俊雄，〈雅爾湖〔交河故城〕溝西墓地發現的匈奴、薩爾馬提亞式裝飾品〉，高濱秀先生退職記念論文集編集委員會編，《歐亞考古學》，六一書房，二〇一四）

包含蒂拉丘地遺跡出土文物的大規模展覽「黃金的阿富汗」，二〇一六年在福岡與東京舉辦，出版了豪華的目錄。

匈牙利出土了幾乎形狀完整的新「匈型」鍑。包含這些在內，我也有參加的研究會出版了從斯基泰至匈人時代的鍑的圖鑑。（草原考古研究會編，《鍑的研究——歐亞草原的祭器與日用器具》，雄山閣，二〇一一）本書出版後，在克里米亞半島又發現了鍑的把手碎片。

本文中寫道，作為前突厥時期特徵的紅色鑲嵌貴金屬工藝品，曾在哈薩克和新羅發現，不過二〇〇九年我參予作業的阿爾泰共和國東部邊緣的遺跡中，出土了鑲嵌著大顆紅色瑪瑙的金製品。這個遺跡距離與蒙古的國境只有三十公里，稍微縮減了哈薩克與東方孤立的新羅之間的距離。（Hayashi, T. The Importance of the Steppe Silk Road: Archaeological Findings of the Altai. The Eastern Silk Roads Story: 2015 Conference Proceedings. UNESCO: Paris & Bangkok, 2016. 可網路閱覽）

以上只列舉出主要的調查研究進展。未來也會像這樣持續增加應該更正的地方吧。

二〇一六年十一月二十日　林 俊雄

▶ 包含蒙古考古學家寫的諾彥烏拉墓地發掘報告。

- 堀敏一『東アジア世界の形成』　汲古書院　2006 年
  ▶ 包含〈匈奴と前漢との国家関係に関する考察〉一文在內，略為艱深的專業論文集。
- 『松田壽男著作集 2　遊牧民の歴史』　六興出版 1986 年
  ▶ 包含探討絹馬互市和匈奴和西域的關係、匈奴農耕的論文。
- 籾山明『漢帝國と辺境社会』　中公新書 1473　1999 年
  ▶ 解讀烽火台出土的木簡，了解與匈奴對峙前線的樣貌。
- 護雅夫『李陵』 中公文庫 1992
  ▶ 考究如李陵這般住在遊牧國家中的漢人所扮演的角色。
- 護雅夫『古代トルコ民族史研究 III』　山川出版社　1997 年
  ▶ 包含匈奴的掠奪原因和匈奴的統治機構相關論文等。
- 山田信夫『北アジア遊牧民族史研究』　東京大学出版会　1989 年
  ▶ 研究匈奴統治體系，主張匈奴的國家組織尚未成熟，接近酋長國。
- A. Davydova. *The Ivolga Archaeological Complex,* Part 1 & 2. St. Peterburg, Centre for Oriental Studies, 1995-96.
- N. Di Cosmo. *Ancient China and Its Enemies.* Cambridge University Press, 2002.

◎匈時代、前突厥時代

- Ｌ・アンビス／安齋和雄訳『アッチラとフン族』　文庫クセジュ　白水社 1973 年
  ▶ 提倡將匈人的起源與葷粥（譯文僅以英文字母表示）連結的學說。
- 『榎一雄著作集 3　中央アジア史 III』　汲古書院 1993 年
  ▶ 包含匈奴與匈同族問題的論考。
- 東京国立博物館／ＮＨＫ／ＮＨＫプロモーション編『シルクロード　絹と黄金の道』ＮＨＫ・ＮＨＫプロモーション　2002 年
  ▶ 包含前突厥時代新疆的波馬遺跡出土品在內的展覽會目錄。
- Ｅ・Ａ・トンプソン／木村伸義訳『フン族』　法政大学出版局　1999 年
  ▶ 從文獻史料考察匈人的歷史。沒有特別深入探討與匈奴的關係。
- O. Maenchen-Helfen. *The World of the Huns.* Berkeley and Los Angeles, University of California Press, 1973.

- R. Rolle. *The World of Scythians*. London, B. T. Batsford, 1989.
- S. I. Rudenko. *Frozen Tombs of Siberia*. London, J.M.Dent & Sons, 1970.
- B. B. Piotrovskii. *Scythian Art.* Leningrad, Aurora Art Publishers, 1986.

◎斯基泰神話

- Ｇ・デュメジル／松村一男訳『神々の構造』　国文社　1987 年
  - ▶ 包含斯基泰在內，將印歐語族的宇宙觀分成三種機能進行解釋。
- 吉田敦彥『アマテラスの原像』　青土社　1980 年
  - ▶ 比較斯基泰神話和日本神話。
- D. Raevskiy. *Scythian Mythology.* Sofia, Secor Publishers, 1993.

◎匈奴時代、薩爾馬提亞時代

- Ｓ・Ｉ・ヴァインシュテイン、Ｍ・Ｖ・クリュコフ／林俊雄訳「『李陵の宮殿』、あるいは一つの伝説の終り」『ユーラシア』新 2 号　1985 年
  - ▶ 論證阿巴坎市近郊的中國式宅邸是李陵之後 100 年的建築物。
- 內田吟風『北アジア史研究　匈奴篇』　同朋舍 1975 年
  - ▶ 包括《後漢書》南匈奴傳的譯注、匈奴和匈同族論等在內的論文集。
- 梅原末治『蒙古ノイン・ウラ発見の遺物』　東洋文庫　1960 年
  - ▶ 諾彥烏拉墓地出土品的報告書。照片圖版鮮明。
- 『江上波夫文化史論集 3　匈奴の社会と文化』　山川出版社　1999 年
  - ▶ 包含匈奴的祭祀、匈奴和匈同族論等在內的專業論文集。
- 江上波夫・加藤九祚監修『南ロシア騎馬民族の遺宝展』　朝日新聞社　1991 年
  - ▶ 統整薩爾馬提亞時代出土品的展覽會目錄。
- 小谷仲男『大月氏』　東方書店　1999 年
  - ▶ 認為月氏和貴霜皆是以阿姆河流域為根據地的同一遊牧民族集團。
- 加藤謙一『匈奴「帝国」』　第一書房　1998 年
  - ▶ 以馬克思、恩格斯的理論解釋匈奴史這一點非常新穎。
- 『季刊文化遺産』4 号　1997 年
  - ▶ 特輯「トルファン」。包含早稻田隊發掘的黃金製品的記述。
- Ｖ・Ｉ・サリアニディ／加藤九祚訳『シルクロードの黄金遺宝』　岩波書店　1988 年
  - ▶ 北阿富汗蒂拉丘地發掘記。或許是大月氏的王墓？
- 沢田勳『匈奴』東方書店 1996 年
  - ▶ 容易理解的匈奴史概說書。關於匈奴掠奪的原因提出獨自的見解。
- 冨谷至『ゴビに生きた男たち　李陵と蘇武』　白帝社 1994 年
  - ▶ 中國史研究家的文學作品。
- Ts. ドルジスレン／志賀和子訳「北匈奴 1 ～ 5」『古代学研究』117 ～ 121　1988 ～ 1990 年

- 『シルクロードの遺宝』　日本経済新聞　1985 年
  - ▶ 包括西伯利亞藏品和伊塞克墓地黃金人在內的展覽會目錄。
- 『大草原の騎馬民族』　東京国立博物館　1997 年
  - ▶ 從世界各地收集歐亞草原地帶東部的青銅器所舉辦的展覽會目錄。高濱秀的編年非常重要。
- 高濱秀・岡村秀典編『世界美術大全集　東洋編 1　先史・殷・周』　小学館　2000 年
  - ▶ 高濱秀概說從草原地帶東部的斯基泰時代起至匈奴時代為止的美術史。
- 田辺勝美・前田耕作編『世界美術大全集　東洋編 15　中央アジア』　小学館　1999 年
  - ▶ 林俊雄概說從草原地帶中部和西部的斯基泰時代起至匈時代為止的美術史。
- 『ナショナル　ジオグラフィック』（日本版）2003 年 6 月号　日経ナショナル　ジオグラフィック社
  - ▶ 包含阿爾贊 2 號古墳發掘特輯的文章。
- 畠山禎「北アジアの鹿石」『古文化談叢』27:207-225 1992 年
  - ▶ 日本最初以鹿石為主題的專論。
- 林俊雄『ユーラシアの石人』　雄山閣 2005 年
  - ▶ 提及鹿石和斯基泰的石人。
- 林俊雄『グリフィンの飛翔』　雄山閣 2006 年
  - ▶ 描述西亞誕生格里芬的圖案，傳播至歐亞各地的樣貌。
- Ｂ・ピオトロフスキーほか／加藤九祚訳『スキタイ黄金美術』　講談社　1981 年
  - ▶ 斯基泰黃金製品的高級豪華照片集。
- Ｉ・Ｂ・ブラシンスキー／穴沢和光訳『スキタイ王の黄金遺宝』　六興出版 1982 年
  - ▶ 黑海北岸、北高加索斯基泰王墓的發掘故事。
- 山本忠尚「スキタイの興亡」『古代文明の謎と発見 9』　毎日新聞社　1978 年
  - ▶ 於草原地帶西部尋求斯基泰的起源，之後往東擴展的舊有學說。
- 雪嶋宏一「キンメリオイおよびスキタイの西アジア侵攻」『西アジア考古学』4 号 2003 年
  - ▶ 從亞述史料和考古資料探討辛梅里安和斯基泰入侵西亞。
- Ｓ・Ｉ・ルデンコ／江上波夫・加藤九祚訳『スキタイの芸術』　新時代社　1971 年
  - ▶ 研究巴澤雷克的出土品，並與波斯文化比較。
- J. Aruz et al., ed. *The Golden Deer of Eurasia.* New York, The Metropolitan Museum of Art, 2000.
- K. Jettmar. *Art of the Steppes.* London, Methuen, 1967.

- 川又正智『ウマ駆ける古代アジア』講談社選書メチエ 1994 年
  - ▶ 探討馬的家畜化、車的起源等相關學說。
- 川又正智『漢代以前のシルクロード』雄山閣 2006 年
  - ▶ 整理並探討上一本著作之後的新發現和新學說。
- J・クラットン＝ブロック／清水雄次郎訳『図説馬と人の文化史』東洋書林 1997 年
  - ▶ 作者是動物學家。問題在於承認革製鐙的存在。
- 末崎真澄編『馬と人間の歴史』馬事文化財団 1996 年
  - ▶ 包含 D. Anthony 的「馬の家畜化と乗馬の起源」（本郷一美譯）。
- 小長谷有紀編『北アジアにおける人と動物のあいだ』東方書店 2002 年
  - ▶ 林俊雄提及蒙古的遺跡調查和馬的家畜化論戰的發展。
- 藤井純夫『ムギとヒツジの考古学』同成社 2001 年
  - ▶ 西亞有關農耕和畜牧、遊牧起源，較偏向專門的概說書。
- R. Drews. *Early Riders.* New York and London, Routledge, 2004.
- M. Gimbutas. *Bronze Age Cultures in Central and Eastern Europe.* The Hague, Mouton & Co., 1965.
- M. Levine et al., ed. *Prehistoric Steppe Adaptation and the Horse*. University of Cambeidge, 2003.
- D. Telegin. *Dereivka (BAR International Series 287).* Oxford, B. A. R., 1980.

◎前斯基泰時代、斯基泰時代

- 『アルタイの至宝展』　西日本新聞社　2005 年
  - ▶ 包括 1993 年於阿爾泰發掘的凍土墓出土品在內的展覽會目錄。
- 五木寛之編　『ＮＨＫエルミタージュ美術館 4』　日本放送出版協会 1989 年
  - ▶ 介紹艾米塔吉博物館收藏的斯基泰黃金製品和巴澤雷克出土品。
- 加藤九祚「スキト・シベリア文化の原郷について」『江上波夫教授古稀記念論集　考古・美術篇』　山川出版社　1976 年
  - ▶ 介紹阿爾贊 1 號古墳的發掘報告。
- 香山陽坪『沈黙の世界史 6　騎馬民族の遺産』　新潮社　1970 年
  - ▶ 介紹斯基泰和塞迦的遺跡發掘。
- 香山陽坪「イッシク・クルガン」『足利惇氏博士喜寿記念オリエント学インド学論集』国書刊行会　1978 年
  - ▶ 介紹出土「黃金人」的伊塞克墓地。
- 『古代王権の誕生Ⅲ　中央ユーラシア・西アジア・北アフリカ編』　角川書店　2003 年
  - ▶ 包括高濱秀「ユーラシア草原地帯東部における王権の成立」、雪嶋宏一「騎馬民族スキタイの王権の成立と発展」、林俊雄「中央ユーラシア遊牧民の古墳からみた王権の成立と発展」。

參考文獻

◎史料

- ヘロドトス／松平千秋訳『歴史』上・中・下 岩波文庫 1971～1972
  - ▶ 另有青木巖的譯本（新潮社 1960），但就譯注和索引的充實程度而言，松平千秋的譯本勝出。
- 司馬遷／小竹文夫・小竹武夫訳『史記』1～8 ちくま学芸文庫 1995年
  - ▶ 野口定男（平凡社 1972年）的譯本也很重要。另外還有數種列傳等的抄譯。
- 班固／小竹武夫訳《漢書》1～8 ちくま学芸文庫 1997～1998年
- 內田吟風他訳注『騎馬民族史1正史北狄伝』平凡社 東洋文庫 197 1971年
  - ▶ 針對《史記》和《漢書》的匈奴傳等在正史當中與北狄傳相關部分的譯注。由於是北亞史的研究學者翻譯，因此注釋的專門性高。
- J. C. Rolfe. ed., tr. *Ammianus Marcellinus* III (Loeb Classical Library). Cambridge, Mass., Harvard University Press, 1972.

◎與本書整體相關的參考資料

- 石黑寛編訳『もう一つのシルクロード』東海大学出版会 1981年
  - ▶ 針對一般讀者敘述歐亞草原地帶從馬的家畜化至中世為止的各種問題。
- 『季刊文化遺產』12号 2001年
  - ▶ 特輯「騎馬遊牧民の黄金文化」。斯基泰、塞迦、薩爾馬提亞、匈、突厥。
- 藤川繁彥編『中央ユーラシアの考古学』同成社 1999年
  - ▶ 從馬的家畜化開始至蒙古帝國時代為止，整理了歐亞草原地帶考古學專業知識的概說書。
- 護雅夫編『東西文明の交流1漢とローマ』平凡社 1970年
  - ▶ 包含增田精一有關青銅器時代文化交流和斯基泰、薩爾馬提亞的2～4章和護雅夫有關巴澤雷克、諾彥烏拉、匈人的5、7章。關於斯基泰和馬鐙的起源，增田精一的學說和我的學說相異。護雅夫在第5章中，詳細介紹了榎一雄有關月氏領域範圍的學說。
- A. M. Khazanov. *Nomads and the Outside World.* Cambridge University Press, 1984.

◎遊牧和騎乘的起源

- 今西錦司『遊牧論そのほか』平凡社ライブラリー 1995年
  - ▶ 谷泰在卷末以批判的口吻解說今西關於畜牧起源的學說。

由於衛律熟知漢軍和朝廷的內情，且原本是匈奴人，因此在單于的身邊擔任顧問，成為丁零王。丁零是位於蒙古高原北方的騎馬遊牧民族，歸屬於匈奴，但由於衛律是單于的親信，一直都隨單于留在中央地帶，因此應該沒有常駐丁零。也許是每年接受丁零的朝貢，或是單純名目上的稱號。《漢書》記述衛律進讒言陷害李廣利，又為了讓蘇武投降而加以恐嚇，描繪得有如惡人一般，但推測是為了美化蘇武而刻意做出誇張的記述。

呼韓邪單于

（西元前 58 ～前 31 年在位）

東西分裂後東匈奴最初的單于。西元前六〇年代，漢連年的攻勢加上烏桓、丁零、烏孫的叛離、從西域撤退，同時又發生飢荒，匈奴內部於是分裂成為和親派和強硬派。西元前五七到前五六年，甚至出現五人自稱「單于」並立的事態。當中打倒政敵、留到最後的是郅支單于和呼韓邪單于兩兄弟。這場兄弟對決於西元前五四年，以兄長郅支單于的勝利告終，弟弟呼韓邪單于南下，選擇臣屬漢的道路。西元前五一年正月，呼韓邪拜謁巡行甘泉宮的漢宣帝，表明臣屬的意思。結果每年得到漢賜與的許多貴重金銀和糧食，呼韓邪的東匈奴才得以喘一口氣。在郅支單于被滅的西元前三三年，呼韓邪單于提出希望成為漢帝室女婿的請求，得到元帝所賜的王昭君。之後西元四八年匈奴南北分裂之後，決定臣屬東漢的南匈奴單于（呼韓邪的孫子），使用的稱號也是呼韓邪。

郅支單于

（西元前 56 ～前 36 年在位）

分裂後遷往西方的匈奴單于。在呼韓邪成為單于的時候，為了用親人鞏固身邊勢力，於是找到身在民間的兄長立為左谷蠡王。然而，呼韓邪單于最後的敵人正是他的兄長郅支單于。郅支單于攻破弟弟的軍隊，在單于原本應該身處的根據地設置大本營。郅支判斷南下的呼韓邪沒有那麼快回來，於是將精力放在西方和北方。他擊敗丁零、堅昆、烏孫，將大本營移到堅昆之地。然而，呼韓邪恢復勢力，且有可能與漢進行共同作戰，於是郅支單于接受康居的提議往西方遷移，但中途遭遇大寒流，勢力嚴重受損。與康居的結盟也不如預期，在四面楚歌的情況之下，最終在中亞塔拉斯河邊的城中奮勇抗戰而死。

司馬遷

（西元前 145 ／ 135 ～前 93 ／ 87）

侍奉西漢武帝（西元前一四一～前八七在位）的史官。繼承父親司馬談的志業完成《史記》，被稱為中國的「歷史之父」。雖然不及希羅多德，但司馬遷走訪的範圍也非常廣。然而，他走訪的範圍以南方和東方為主，從未直接踏入西域或匈奴的土地。《史記》的結構秩序條理分明，包括以編年史風格記述從傳說中的五帝至漢武帝之重要事件的〈本紀〉，以及記述人物傳記和異國情勢的〈列傳〉等。司馬遷不趨附權威，保持客觀的角度，同時巧妙地描繪人情的細微之處，因此《史記》作為文學作品也得到很高的評價。西元前九九年，對於善戰但不幸遭到匈奴俘虜的李陵，朝廷內指責的聲浪不斷，唯有司馬遷一人為李陵辯護。但他也因此觸怒武帝，遭到宮刑（切除生殖器官的刑罰）處分。

中行說

（西元前 2 世紀前半）

被漢派遣到匈奴，之後留在匈奴侍奉單于的宦官。西元前一七四年冒頓死去，老上單于即位之後，文帝將劉氏一族的女性立為公主，送給新單于當閼氏。此時隨著公主前往的就是中行說。他抵達匈奴之後便發誓效忠單于，單于也非常重用他。他在內政、外交的各個領域上提出讓匈奴作為一個遊牧國家得以安定發展的建言，並加以實行。從他的種種建言可以發現，中行說非常了解匈奴的生活模式和社會制度。這也許與他出身於鄰接匈奴的燕地（現在的北京附近）有關。他同時也是辯論的高手。他一一駁倒漢使者提出的各種論調。司馬遷記載了讓漢使者啞口無言的辯論過程，可說痛快淋漓；這或許代表了司馬遷自己也認同匈奴的價值觀。

衛律

（西元前 2 世紀後半～前 1 世紀前半）

單于的親信。父親原本是匈奴人，但投降於漢，在長安附近擔任漢的軍務。衛律就是在這時出生。他在漢人之間長大，與受到武帝寵愛的李夫人的兄長李延年（同時也是李廣利的兄長）交好。在李延年的推薦之下，衛律以使者的身分前往匈奴。踏上歸途後，聽到李延年因為某事件而遭到處刑的消息，因為害怕遭到牽累而立刻掉頭，逃亡匈奴。推測這是發生在西元前一〇〇年稍早的事。

阿提亞斯

（Ataias，西元前 429 左右～前 339）

後期斯基泰時代全盛時期的王。也寫作 Ateas。西元前三六四年起，共發行了兩次刻有自己肖像和名字（希臘文字）的貨幣。西元前三五〇年左右進軍多瑙河口附近，為了占領希臘人的殖民都市伊斯特里亞而與馬其頓王國的腓力二世結盟。然而，在伊斯特里亞王死後，不再需要援軍，阿提亞斯立刻趕走了馬其頓軍。且在腓力二世包圍拜占庭市（後來的君士坦丁堡）時，阿提亞斯拒絕了腓力二世希望派遣援軍的要求。在這些齟齬累積之下，兩軍終於在西元前三三九年於多瑙河口的南方發生衝突。阿提亞斯戰死，斯基泰軍毀滅，但腓力二世也身負重傷，可見戰況之激烈。黑海北岸有幾個古墳被認為有可能是阿提亞斯的墳墓，但從規模大小來看，位於喬爾托姆利克的古墳的可能性最大。

冒頓

（西元前 209 ～前 174 在位）

匈奴的單于，僅一代就建立起歐亞草原東部最初的強大遊牧國家。善用看似冷酷無情的策略和迅速的戰法，這一點與織田信長相通。即位後立刻擊敗在此之前比匈奴更強盛的東方東胡和西方月氏，勢力東起大興安嶺，西至塔里木盆地。這個時期中國正值劉邦與項羽展開生死之鬥，好不容易完成統一、開創漢朝。很巧合地，中國和其北方同時誕生了兩個強大的統一王權。冒頓於西元前二〇一年入侵中國北部，與反抗劉邦的勢力結合，從建國之初便對漢造成危脅。面對這樣的動作，劉邦也親率大軍，雙雄正面對決。匈奴軍包圍劉邦的本隊，占據上風，但最終以締結對匈奴有利的和親條約收場。很難判斷冒頓是否企圖征服中國，但在劉邦死後的西元前一九二年，冒頓向掌政的呂太后提出結婚的請求，西元前一七七年又趁著漢濟北王的叛亂，派遣兒子右賢王大軍入侵（雖然冒頓辯解入侵並非出自本意），從這些動作來看，匈奴從未改變入寇的姿態。然而，右賢王入侵後，冒頓贈文帝十匹馬，而文帝回贈豪華的衣裝一套，絲綢一百六十匹。以結果來說也就是用馬交換絲綢，這可說是之後所謂絹馬互市的原型。入侵、俘虜中國北部和西域的人民、絹馬互市、與公主結婚等，開創了許多之後遊牧國家也採用的政策。

主要人物略傳

希羅多德

（Hēródotos，西元前 485 左右～前 424 左右）

古代希臘的歷史家。通稱「歷史之父」。出生於小亞細亞西南部哈利卡那索斯（現土耳其南部博德魯姆）的上流家庭，有一個敘事詩人的叔叔。他被捲入出生地的政爭而不得不逃亡，之後遊歷各地。以當時的超級大國阿契美尼德王朝波斯和希臘人為何而戰為主題，他進行了自己的「調查研究」（Historiae），所完成的著作就是《歷史》（Historiae）。這個名詞後來被當作「歷史」的意思使用。他為了調查而走訪埃及、美索不達米亞、斯基泰所在的黑海沿岸，但不知道費用從何而來。西元前四四五年左右，據說他在雅典講讀著作，獲取高額的講師費用。他的敘述風格並非是標準的編年史風格，而是隨著關心所至之處不斷地往下敘述，有時也會回過頭敘述之前發生的事，整體的印象並非條理分明。然而，他對於非希臘人不帶有偏見，對於特定的事件也提供複數的說法，保持客觀的態度。四散書中各處的許多故事和習俗有些明顯過於稀奇或「過於完善」，因此被批評是「吹牛」，但如斯基泰王埋葬儀式的相關記述等，在考古學方面都獲得證實。就像這樣，希羅多德同時也提供了考古學和文化人類學的資料。

托米麗司女王

（Tomyris，西元前 6 世紀）

中亞騎馬遊牧民馬薩革泰的女王。在夫君死後成為女王。阿契美尼德王朝波斯的居 士大帝（西元前五五九～前五三〇在位）在消滅呂底亞和新巴比倫之後，又企圖統治中亞的馬薩革泰。他首先派遣使者提出想要迎娶托米麗司為妻的請求，但托米麗司看穿他的計謀而拒絕。居魯士於是率領大軍入寇，用酒食引誘托米麗司的兒子並加以俘虜。托米麗司的兒子羞愧自殺，托米麗司知道後，率領全軍與波斯軍作戰，激戰中殺了居魯士。據說托米麗司砍下居魯士的頭，丟入裝滿人血的皮袋裡。（關於居魯士之死，說法不一）馬薩革泰人的服裝和生活樣式與斯基泰人非常相似，都崇拜太陽，以馬為犧牲祭祀。

西元	歐亞草原東部	其他世界
49	呼韓邪單于進攻北匈奴（蒲奴），北匈奴往北撤退。	
50	呼韓邪單于向漢行臣禮。以後每年入朝。	1世紀中，貴霜建國。
59～60	北匈奴進入西域。	57年，奴國王向東漢朝貢。
89～90	南匈奴和漢軍大勝北匈奴。	
123	北匈奴的呼衍王在天山東部設置大本營。	
151	北匈奴的呼衍王攻打伊吾。	
150年代	鮮卑的檀石槐確立在蒙古東部的勢力。	
166左右	檀石槐勢力範圍東起遼東，西至烏孫。	166年，大秦王安敦的使者來到日南。

西元	歐亞草原東部	其他世界
前49	呼韓邪單于入朝漢。	
前48	呼韓邪單于向漢元帝訴說民眾的窮困，得到雲中和五原的穀物2萬石。	前47年，克麗奧佩脫拉成為女王（埃及豔后）。
前49～48左右	郅支單于擊敗烏孫，合併烏揭、堅昆、丁零，將大本營設在堅昆之地（＝西匈奴）。	
前44	郅支單于殺害漢使者谷吉等人。	
前44／43	郅支單于回應康居的請求，在遷往康居的途中遭遇大寒流，勢力銳減至3000人。	
前43	漢使者韓昌和張猛與呼韓邪單于締結匈奴式的盟約。	
前43～46	呼韓邪單于北歸。	
前36	漢的陳湯、甘延壽等在塔拉斯河畔擊敗郅支單于。西匈奴滅亡。	
前33	呼韓邪單于入朝漢。呼韓邪迎娶王昭君為閼氏。	前27年，羅馬帝政開始。
前5	烏孫王的庶子入侵匈奴西邊，烏珠留若鞮單于反擊。	西元前後，中國傳入佛教。
2	車師後國和婼羌國王率妻子和人民逃亡匈奴，但王莽不承認，並禁止匈奴接受在漢人和漢間接統治下的西域諸國人亡命。 囊知牙斯（烏珠留單于）在王莽的示意之下改名知。 王莽禁止烏桓向匈奴進貢。	
9	王莽授予單于降級的「新匈奴單于章」，單于反彈。	8年，王莽建立新朝。
10	匈奴開始接受來自西域的逃亡者。王莽企圖分裂匈奴，任命15位單于。西域戊己校尉的部分手下殺害戊己校尉，率眾逃亡匈奴。	
19	呼都而尸單于派遣的使者雲（王昭君的女兒）和夫婿遭到王莽俘虜。	。
25～42左右	呼都而尸單于介入漢政治。與盧芳一起不時入侵漢。	23年，王莽歿。雲也被殺。
46	呼都而尸若鞮歿。長子即位沒多久就死去，次子蒲奴成為單于。匈奴因連年的旱魃和蝗害，飢荒和疫病擴散。烏珠留單于的長子比，作為歸順漢的證據，獻上地圖。	30年左右，耶穌被處刑。
48	比，使用呼韓邪單于的稱號（＝南匈奴）。	

西元	歐亞草原東部	其他世界
前99	貳師將軍李廣利從酒泉出發，在天山攻擊右賢王，在歸途戰敗。李陵成為俘虜。 漢派遣介和王與樓蘭的軍隊攻擊車師。匈奴救援車師，漢軍退兵。	
前98	匈奴入寇雁門。	
前97	且鞮侯單于在余吾水之南迎擊李廣利大軍，雙方皆損失慘重。	
前91	匈奴入寇上谷和五原。	
前90	匈奴入寇五原和酒泉，殺害兩郡的都尉（軍司令官）。 匈奴迎擊李廣利軍。李廣利投降匈奴。	
前89	漢命介和王率領西域6國之兵攻擊車師。車師投降。狐鹿姑單于欲與漢締結和親條約，但最終決裂。	前87年，武帝歿。
前78左右	匈奴記恨烏桓挖掘單于的墓，攻擊烏桓。	前81年，蘇武歸漢。
前78	匈奴入寇五原。漢謀殺樓蘭王。	
前74左右	匈奴攻擊烏孫，取得車延和惡師。匈奴在車師屯田4000騎，車師與匈奴聯手。	
前72	漢與烏孫的聯軍對匈奴發動總攻擊。	
前71	壺衍鞮單于對烏孫發動報復攻擊，但遭遇大雪、飢荒，又受到丁零、烏桓、烏孫的攻擊。	
前74～49左右	漢宣帝驅逐在車師屯田的匈奴兵，車師再度與漢結盟。烏貴即王位後，與匈奴聯姻，再度投靠匈奴。	
前68／67	西域諸國與漢一起攻擊車師，車師投降。	
前60	日逐王先賢撣率領數萬騎在西域投降漢。漢在烏壘設置西域都護府。	
前58	在匈奴的左地，稽侯狦被推舉成為呼韓邪單于。握衍朐鞮單于自殺。呼韓邪單于命兄長呼屠吾斯為左谷蠡王。	凱撒開始遠征高盧。
前56	呼屠吾斯自立成為郅支單于。	
前54	郅支單于擊敗呼韓邪。	
前53	呼韓邪單于南下。呼韓邪和郅支單于皆送子入漢朝廷。	
前51	呼韓邪單于拜謁漢宣帝，稱「藩臣」。郅支單于也遣使獻上貢物。	
前50	兩單于向漢獻上貢物。漢賜給呼韓邪更多的東西。	

西元	歐亞草原東部	其他世界
前169	匈奴入侵狄道。	
前166	老上單于親自率兵越過長城，逼近漢的首都長安。之後每年入寇。	
前160年代後半	老上單于繼續攻擊月氏。殺了月氏王，以他的頭骨為酒杯。	
前162	再度確認匈奴與漢的和親條約。	
前158	匈奴入寇上郡和雲中。	
前154	吳楚七國之亂，企圖與匈奴聯手但失敗。	
前152	景帝送公主給匈奴，開通關市。	前146年，羅馬軍占領迦太基。
前139／138	張騫作為武帝的使者，出發與月氏結盟。	前130年代，大月氏征服大夏。
前135	匈奴請求與漢和親，漢允許和親。	
前133	武帝計畫在馬邑謀殺軍臣單于但被發現。之後匈奴拒絕與漢和親。	
前129	匈奴入侵上谷。漢將衛青等人反擊。之後，對抗愈演愈烈。	
前129／128	張騫逃出匈奴，抵達大宛。	
前126	伊稚斜單于即位。於單逃亡漢地。張騫回到漢。	
前126／125	匈奴入寇代。	
前124	漢對匈奴發動大攻勢。匈奴入寇代。	前123年左右，安息全盛期的米特里達梯2世即位。
前121	漢的霍去病攻擊匈奴，獲得「金人」。匈奴西方的渾邪王殺害休屠王，投降漢。	
前119	匈奴遭到漢軍的總攻擊。	漢開始實施鹽鐵專賣。
前115	張騫向武帝提議與烏孫結盟。	漢開始實施均輸法。
前105	烏孫娶漢公主。	前111年，南越滅亡。
前104	漢使者弔問單于，企圖擾亂匈奴內部但失敗。	武帝派李廣利軍前往大宛。
前102	匈奴入侵雲中到張掖的各地。漢軍奪回酒泉、張掖。	
前101	且鞮侯單于送還拘留的漢使。	
前100	漢以蘇武為使節團長派遣至匈奴 衛律亡命匈奴。	前100年左右，漢設置武威郡、酒泉郡。之後又分置張掖郡和敦煌郡。

西元	歐亞草原西部	其他世界
447左右	羅馬帝國每年支付給匈人的金額提高到2100磅。	
450	西羅馬帝國瓦倫提尼安三世的姐姐奧諾莉亞向阿提拉請求援軍。 阿提拉向高盧進軍。	5世紀中，嚈噠強盛。
451	6月，發生卡塔隆平原會戰。匈軍和西羅馬帝國、西哥德聯軍激戰。 阿提拉暫時退回根據地。	
452	阿提拉攻陷阿奎萊亞，進軍到波河，但之後回到根據地。	
453初	阿提拉歿。	

西元	歐亞草原東部	其他世界
	匈奴、中國	
前338～311左右	秦奪取義渠戎的25城。	前327年，亞歷山大大帝入侵西北印度。
前4世紀末	趙武靈王導入胡服騎射，擊敗林胡和樓煩，築長城。	
前3世紀初	燕驅逐東胡到北方，築長城。	前272年，羅馬統一義大利半島。
前3世紀前半	秦滅義渠，築長城。	
前3世紀中	趙將李牧防禦匈奴入侵。	
前215	秦始皇派遣蒙恬攻擊匈奴。匈奴後退到黃河以北。	前221年，秦始皇統一天下。
前210	秦始皇歿。蒙恬自殺。匈奴再度渡到黃河以南。	
前209	冒頓成為單于後立刻征服東胡，月氏西逃，合併黃河以南。	
前201	匈奴包圍馬邑的韓王信。韓王信投降匈奴，攻擊太原。	前202年，劉邦建漢。
前200	匈奴包圍漢的劉邦（白登山之役）。	
前198／197	冒頓從漢得到閼氏，締結和親之約。	前195年，劉邦歿。
前192	冒頓送書簡向漢呂太后求婚，遭到拒絕。	
前180	漢文帝即位。匈奴確認與漢的和親條約。	前184年，巴克特里亞軍入侵北印度。
前177	匈奴右賢王入侵黃河以南。	
前176／174	匈奴逼迫月氏西逃，將樓蘭、烏孫、呼揭、西域諸國置入統治之下。	
前174	冒頓歿。老上單于即位。	前171年，安息建國。

西元	歐亞草原西部	其他世界
376	匈人擊敗東哥德（繼承厄爾曼納里克之後的維提米爾戰死）。西哥德被匈人逼迫尋求羅馬帝國的庇護。	
378中左右	巴爾幹半島各地頻頻發生匈、東西哥德、阿蘭的掠奪、戰鬥。	
378	哥德軍在阿德里亞堡郊外大勝羅馬軍。東羅馬皇帝瓦倫斯戰死。	
378～380左右	色雷斯各地頻頻發生匈、東西哥德、阿蘭的掠奪、戰鬥。	
380左右	匈人和阿蘭人越過多瑙河回到草原地帶。	380年，基督教成為羅馬的國教。
384	匈人經過諾里庫姆和拉埃提亞，朝高盧方面前進。	386年，北魏建國。
395	匈人渡頓河穿過高加索山脈，入侵亞美尼亞、羅馬行省、波斯。其中一支匈人攻擊安那托利亞東南部，在幼發拉底河附近遭到羅馬軍討伐。另一支匈人敗給波斯軍，逃往草原北方。	羅馬帝國東西分裂。
397	匈人入侵亞美尼亞。	
406	匈人援助西羅馬帝國，在翡冷翠附近擊敗哥德軍。	5世紀初，柔然強盛。
405～408	西羅馬的最高司令官埃提烏斯成為匈人的人質。	
408	匈人的首領烏爾丁入侵色雷斯。	
412～413	東羅馬帝國的奧林匹奧德魯斯以使者的身分前往匈。	
415～420	匈繞裏海東側（有一說是越過高加索）入侵波斯。	420年，南朝宋建國。
422	匈王盧加（盧阿）入侵色雷頓，威脅君士坦丁堡。東羅馬帝國以每年支付匈350磅黃金為條件，簽訂和平條約。	
430	盧加的弟弟奧克塔爾在與勃艮第族的戰爭中死亡。	
434	盧加歿。侄子布列達和阿提拉繼後。	
435	布列達和阿提拉在多瑙河南岸的馬各斯會見羅馬帝國的使節團。東羅馬帝國每年支付匈人700磅。	439年，北魏統一華北。
442	阿提拉消滅多瑙河南岸的拉夏里亞。	
444／445	阿提拉殺害兄長布列達，成為唯一的統治者。	

西元	歐亞草原西部	其他世界
前6世紀初？	斯基泰人受到基亞克薩雷斯的侮辱，於是尋求呂底亞的阿呂亞泰斯庇護。	
前590～585	由於阿呂亞泰斯不願交出斯基泰人，因此米底亞和呂底亞發生戰爭。	前597年，第一次巴比倫之囚。
前6世紀後半？	斯基泰出身的賢人安納查西斯回到斯基泰後遭到殺害。	
前6世紀中？	詩 人 阿 里 斯 提 亞 斯 從 斯 基 泰 向 東 旅 行（？）。	前551年，孔子誕生。
前530	阿契美尼德王朝的居 士二世進攻女王托米麗司女王帶領的馬薩革泰，戰死。	前539年，阿契美尼德王朝滅新巴比倫。
前515～512左右	大流士一世遠征斯基泰。	前490年，波斯與希臘在馬拉松交戰。
前480	「戴尖帽子的塞迦人」參加阿契美尼德王朝薛西斯一世的希臘遠征。	前485年左右，希羅多德誕生。
前480～470	斯基泰王阿里亞佩鐵司迎娶色雷斯人某部族國王的女兒。	
前475～450	阿里亞佩鐵司遭到阿伽杜爾索斯族的王殺害，司庫列司繼位。在位於聶斯特河下游的尼可尼亞發行司庫列司的貨幣。	前463年左右，佛陀誕生（有各種說法）。
前460～440	斯基泰王司庫列司遭到弟弟歐克塔瑪撒戴司殺害。	前424年左右，希羅多德歿。
前400～375	黑海北岸的博斯普 斯王國與斯基泰結盟。	前403年，戰國時代開始。
前364～346	斯基泰王阿提亞斯在黑海南岸的赫拉克利亞發行貨幣。	
前345～339	阿提亞斯在黑海西岸的卡拉提斯發行貨幣。	
前339	阿提亞斯在與馬其頓王國腓力二世的戰爭中死亡。	前336年，亞歷山大即位。
前313左右	斯基泰人加盟反對陣營，與亞歷山大大帝死後統治色雷斯的利西馬科斯為敵。	前330年，阿契美尼德王朝滅亡。
前4世紀末	斯基泰王阿加羅斯介入博斯普魯斯王國的內部紛爭。	
前3世紀後半	斯基泰人受到東方薩爾馬提亞的壓迫，後退到第聶伯河下游和部分克里米亞。	
西元	歐亞草原西部	其他世界
匈人		
後350～360左右	匈人越過伏爾加河攻擊阿蘭，讓其臣服。	後361年，尤利安帝即位。
375左右	匈人入侵厄爾曼納里克王治理之下的東哥德王國。	

年表

西元	歐亞草原西部	其他世界
	辛梅里安、斯基泰	
前714左右	Gimirri（辛梅里安人）擊敗烏拉爾圖的王。	西元前770年，進入春秋時代。
前705左右	亞述的薩爾貢二世在與辛梅里安（？）的戰爭中死亡。	
前695／675	辛梅里安逼得佛里幾亞王國的邁達斯王自殺。	
前679～676左右	阿薩爾哈東的軍隊在奇里乞亞地方擊敗辛梅里安的首領圖什帕。	
前679～676左右	阿薩爾哈東擊敗了曼奈軍和其援軍「Askuzai國（斯基泰）的王伊斯帕卡」。	
前673左右	伊斯帕卡遭到亞述殺害。	
前672左右	阿薩爾哈東的女兒與Askuzai國（斯基泰）的王巴爾塔杜亞結婚。	
前670～660年代初	辛梅里安一度占據呂底亞王國的首都薩第斯。	
前650～645左右	呂底亞王「巨吉斯」遭到Gimirri的攻擊被殺，墳墓也遭到掠奪。	
前650～640左右	辛梅里安的王都古達美（萊格達米斯）與亞述的亞述巴尼拔結盟（？）。	
前640左右	辛梅里安軍遭到亞述軍擊敗。都古達美歿。	
前7世紀後半？	斯基泰人展開「亞洲統治」。	
前620年代？	米底亞王基亞克薩雷斯包圍亞述的首都尼尼微的時候，普洛斯杜阿斯的兒子瑪杜阿斯所率領的斯基泰大軍現身，擊敗米底亞軍。	
前625～？	基亞克薩雷斯邀請斯基泰人參加酒宴加以殺害。逃過一劫的殘留斯基泰人回到故國。	
前7世紀末	辛梅里安軍被呂底亞王阿呂亞泰斯擊敗。	前612年，亞述滅亡。
前7世紀末？	在本國發動叛亂的一支斯基泰遊牧民遷往米底亞。基亞克薩雷斯保護斯基泰。	

興亡的世界史 03

草原王權的誕生

斯基泰與匈奴，早期遊牧國家的文明

スキタイと匈奴 遊牧の文明

草原王權的誕生：斯基泰與匈奴，早期遊牧國家的文明
林俊雄著／陳心慧譯／
初版／新北市／八旗文化出版／
遠足文化發行／二〇一九年二月
譯自：スキタイと匈奴 遊牧の文明
ISBN 978-957-8654-42-6（精裝）
一、中亞史 二、遊牧民族 三、歐亞大陸
734.01
107021860

作者 林俊雄
日文版編輯委員 青柳正規、陣內秀信、杉山正明、福井憲彥
譯者 陳心慧
企劃 蔡慧華
特約編輯 鄭天恩
責任編輯 穆通安、洪源鴻
總編輯 富察
封面設計 莊謹銘
排版設計 宸遠彩藝
彩頁地圖繪製 青刊社地圖工作室（黃清琦）
社長 郭重興
發行人兼出版總監 曾大福
出版發行 八旗文化／遠足文化事業股份有限公司
地址 新北市新店區民權路 108-2 號 9 樓
電話 〇二～二二一八～一四一七
傳真 〇二～八六六七～一〇六五
客服專線 〇八〇〇～二二一～〇二九
信箱 gusa0601@gmail.com
臉書 facebook.com/gusapublishing
部落格 gusapublishing.blogspot.com
法律顧問 華洋法律事務所／蘇文生律師
印刷 成陽印刷股份有限公司
出版日期 二〇一九年二月（初版一刷）
二〇一九年十月（初版四刷）
定價 五五〇元整